FORM & LEERHEIT

FORM UND LEERHEIT

BUDDHISMUS UND WISSENSCHAFT

Hrsg. Dr. Artur Przybyslawski

Form und Leerheit

„Buddhismus ist eine Methode. Er stützt sich nicht darauf, was jemand gesagt hat oder glaubt, sondern auf Fakten. Wenn wir diese Methode bei unserem Bemühen um Wahrheit verwenden, nutzen wir nicht nur die buddhistische Lehre, sondern auch alle anderen Quellen und alles Wissen, das wir aus dieser Welt schöpfen können, ohne daran zu haften."

17. Karmapa Trinley Thaye Dorje

Die Deutsche Bibliothek - CIP-Einheitsaufnahme
Dr. Przybyslawski, Artur:
Form und Leerheit: Buddhismus und Wissenschaft/ Dr. Przybyslawski Artur
Aus dem Engl. von Max Fürth, Ingried Gegner, Claudia Krysztofiak, Heidi Mischel, Antony Pfriem.
– Wuppertal: Buddhistischer Verlag 2007
From Buddhism to Science and back dt.
ISBN13 978-3-937160-11-5

Besuchen Sie uns im Internet: www.buddhistischer-verlag.de

Titel der englischen Originalausgabe:
From Buddhism to Science and back
Herausgeber: Dr. Artur Przybyslawski - 2005 erschienen bei Wydawnictwo HUNG, Opole
Aus dem Englischen von
Max Fürth, Ingried Gegner, Claudia Krysztofiak, Heidi Mischel, Antony Pfriem
Lektorat: Bianca Theurer, Heidi Mischel und Pit Weigelt

1. Auflage 2007 Buddhistischer Verlag, Wuppertal
Umschlaggestaltung: Florence Dubois, Dortmund
Umschlagfoto: Ginger Neumann, Stuttgart
Gestaltung und Satz: Florence Dubois, Dortmund
Druck und Bindung: Westermann Druck Zwickau GmbH
Printed in Germany
ISBN13 978-3-937160-11-5

Inhalt

DEN KOSMISCHEN WITZ LEBEN

LAMA OLE NYDAHL IM GESPRÄCH MIT DR. ARTUR PRZYBYSLAWSKI

In Kopenhagen, wo du geboren bist, wurde die berühmte „Kopenhagen-Interpretation" der Quantenphysik formuliert. Von hier aus begann auch der Diamantweg-Buddhismus, sich über den ganzen Westen zu verbreiten. Ein Zufall?

Wir starteten unsere erste Meditationsgruppe in der Stadt, in der Niels Bohr zusammen mit Werner Heisenberg, Erwin Schrödinger und anderen Wissenschaftlern ihre erstaunliche Arbeit leisteten. Heute haben wir über 500 Diamantwegsgruppen und Zentren der Karma-Kagyü-Schule rund um die Welt, unter der Schirmherrschaft des 17. Karmapa Thaye Dorje. In den größeren Städten der gemäßigten Klimazonen kann man heute an der örtlichen Universität Vorlesungen über Quanten-Physik hören und zugleich in unseren Diamantwegszentren meditieren lernen. Menschen die in diesen Breitengraden leben, haben die Gelegenheit, eigene Vergleiche zwischen Entdeckungen der Physik über die äußere Welt und den Ergebnissen der Meditation anzustellen, die unmittelbar auf die innere Welt deuten.

Du sagst, dass der gleiche scharfe und präzise Blick benutzt wird – sowohl von Wissenschaftlern beim Untersuchen der äußeren Welt, als auch von Buddhisten beim Untersuchen der Innenwelten. Bedeutet das, dass Buddhismus eine wissenschaftliche Methode ist?

Man kann buddhistische Meditation mit einem Labor vergleichen, das vielfältige und beste Mittel bietet, um den Geist genau zu untersuchen. Es besteht heute kein Zweifel daran, dass alle Ereignisse miteinander verbunden sind. Und es ist nicht möglich, Dinge in der äußeren Welt zu beobachten, ohne sie dabei zu verändern. Nach innen schauen – auf die geistigen Prozesse, wo die gleichen Gesetzmäßigkeiten gelten – ist genauso wissenschaftlich. In beiden Fällen beeinflussen sich Mengen verschiedener Bedingungen, aber Buddhismus fügt die erleuchtende Einsicht hinzu.
Es hat großen Nutzen zu erkennen, dass es, zusätzlich zu den Geschehnissen, eine unveränderliche Mitte gibt, einen beobachtenden Raum, also den Geist. Er ist bewusst und schafft eine letztendliche Sichtweise zu dem, was geschieht. Die findet man nirgendwo sonst, und es ist ein umwerfendes Erlebnis, das für Erfahrungsreligionen ausschlaggebend ist. Wenn man danach buddhistisch weiter meditiert, steigt das Gewahrsein von dem, was zwischen und hinter den Gedanken liegt und was sie wahrnimmt. Dieser Vorgang hat etwas völlig Befriedigendes, ist reich und wunderbar an sich. Noch dazu bringt die zunehmende Erfahrung eine innere Sicherheit, dass der Geist nicht abhängig von Gedanken, Eindrücken oder irgendetwas anderem ist. Es gibt kein beständigeres Ziel als dies. Was einen danach dauerhaft fesselt, sind die innewohnenden Möglichkeiten des Bewusstseins und die grenzenlose Tatkraft von Körper, Rede und Geist.
Die vom Geist untrennbare Klarheit, die weiß und versteht, und der uferlose Raum, in den die Gedanken wieder zurückkehren, sind beide Seiten seiner Unbegrenztheit. So wird allmählich die Tatsache, dass man überhaupt Eigenschaften haben kann, wichtiger als die Frage, ob Gedanken und Gefühle einen angenehmen oder schwierigen Unterton haben.

In der Wissenschaft spielen Experimente eine entscheidende Rolle. Wie steht es damit im Buddhismus?

Die Arbeit mit dem eigenen Geist, die Verhaltensänderungen, die daraus entstehen und die Fähigkeit, die Welt zu sehen wie sie ist – und nicht, wie man sie erhofft oder befürchtet – sind nachweisbar. Sie beruhen darauf, über Jahre hinweg die richtigen Erklärungen bekommen zu haben und bauen auf ein ständiges Untersuchen auf, von sowohl Geist als auch von der umgebenden Welt. Der Beweis des Immer-tiefer-Gehens ist schließlich dauerhafte Freude durch das mühelose Verweilen im strahlenden Zustand des Geistes. In dieser Weise ist es wissenschaftlich. Zu sehen wie die Dinge sind – und dauerhaft sinnvoll zu arbeiten – dieser Wunsch bringt Wissenschaft und Buddhismus zusammen.

Wie erwähnt ist Buddhas Lehre eine Erfahrungsreligion, im Gegensatz zu den Glaubensreligionen des Mittleren Ostens. Seine Grundsätze sind im Folgesatz enthalten und die Mittel führen deswegen lückenlos zum Ziel. Wahrheit – also wie die Dinge sind – wird hier verstanden als „alles durchdringend" und „allen Wesen innewohnend". Um dies zu erkennen, ist die eigene Übung ein ständiges Aufmerksam-Sein auf den Geist und bringt eine dauerhafte Einsicht in sein Wesen. Letztendlich führt diese praktische Arbeit mit Körper, Rede und Geist, wie bei Buddha selbst, zur Erfahrung von der Ganzheitlichkeit des Geistes – der Erleuchtung. Wie es das gegenwärtige Oberhaupt unserer Linie, der 17. Karmapa Thaye Dorje, ausdrückt: „Buddhismus ist keine Religion. Buddhismus sind geeignete Mittel, die uns mit unserem Wesen verbinden."

Ist es nützlich, die buddhistischen Lehren in den absolut logischen Rahmen der Wissenschaft zu stellen? Könnte dies ein Weg sein, in den Buddhismus einzutreten?

Viele Menschen glauben heutzutage an Gurus in weißen Kitteln, die unsere Welt durch genaueste Messgeräte immer weitergehender beherrschen. Wo begabte Menschen etwas lernen wollen, sollte Buddhismus zugänglich sein. Wo Vertrauen besteht und klar gedacht wird, sollte ein Rahmen für

weitere Entwicklung gegeben sein. Buddhas Lehre sollte als eine nahe liegende Alternative zur Verfügung stehen, wenn Leute für ihre Möglichkeiten offen sind.
Das beinhaltet, dass man als Buddhist genügend die Lehre untersucht und im Leben immer verständlich für andere bleibt. Weil der Glaubensdruck fehlt, können alle Lehren untersucht werden, und Buddhismus geht hier sehr weit. Wenn es einen Punkt gäbe, an dem Buddha und die Wissenschaft nicht übereinstimmen und die Wissenschaft hätte offensichtlich Recht, dann sollte man der Wissenschaft vertrauen. Selbst der Buddha würde das wünschen. Es kann keine Lehre geben, die über der Wahrheit steht, sowie keine Religion anerkannt werden sollte, die gegen die Grundgesetze und die Wahrheit der Geschlechter geht.

Ist das nicht ein sehr intellektueller Ansatz?

Aus Erfahrung sprechen, schließt einen Unterbau klaren Wissens nicht aus. Es ist aber wichtig, dabei ein Mindestmaß an menschlicher Erfahrung zu haben. Wer versucht, den Geist ohne eigene Reife – also ausschließlich intellektuell – zu erklären, redet am Ende nur Wortsalat.
So hat zum Beispiel die durchgehende Logik im Buddhismus vielen Westlern das Gefühl gegeben, dass die Lehren etwas Trockenes oder Freudloses seien. Das sind sie aber offensichtlich nicht, was man in den Diamantweg-Buddhismus-Zentren hautnah erleben kann. Auch Touristen, die Buddhisten in deren Ländern treffen, machen solch eine Erfahrung nicht: Sie finden sie meistens entspannt und lächelnd vor.
Die Idee, Buddhismus sei freudlos, stammt von einem fehlerhaften Verständnis des Ausdrucks „Leerheit". Als westliche Übersetzer in die buddhistischen Kulturen kamen und die Texte kennen lernten, war ihre Sicht auf eine zweiheitliche Denkweise begrenzt. Damit ist die Entweder-oder-Wahl gemeint, die wir im Westen benutzen. Für diejenigen, die diese zeitlose Weite des Erlebens nicht erkannten, konnte „Leerheit" nur Nicht-Existenz bedeuten. Aufgrund dieses begrenzten Verständnisses erklären viele der frühen Übersetzungen buddhistischer Texte und Kommentare

„Nirwana“ – das höchste Ziel – als Auslöschen oder Verschwinden. Natürlich ist das nicht der Fall. Befreiung ist schon großartig und Erleuchtung ist eine Explosion von Freude, Weisheit und Mitgefühl – mit nichts anderem vergleichbar.

Wie sollen wir im Westen mit unserer modernen, eher wissenschaftlichen Sprache, dieses buddhistische Verständnis von Raum als „nicht etwas" oder „nicht nichts" erklären? Wie können wir das Extrem nihilistischer Auffassung vermeiden, Raum als bloßes Nichts zu sehen?

Raum ist Wissen, das ist vielleicht die beste Weise, es auszudrücken. Oder: Raum ist innewohnende Möglichkeit, Raum ist selbst entstandene Freude. Diese drei Behauptungen können selbst überprüft und nachgelebt werden. Wer nach innen schaut, begegnet nackter Bewusstheit. Dann erscheint ein Gedanke, ein Gefühl, eine Erinnerung, und verschwindet zurück in den Raum.
Die äußere Welt arbeitet in der gleichen Weise: Galaxien erscheinen, entfalten sich, verschwinden wieder in Schwarze Löcher und liefern vielleicht den Wasserstoff für das nächste Universum.

Wie können kritische Westler den Buddhismus annehmen – mit seiner fremdartigen Ausdrucksweise wie Meditationsformen und Mantras?

Die Leute brauchen nur drei Arten des Vertrauens, um Vorteil vom Buddhismus zu haben. Zum einen, dass es ein wertvolles Ziel zu erreichen gibt – die volle Entfaltung des Geistes, auch Buddha genannt. Zweitens, Vertrauen zu den Mitteln, die einen dorthin führen – Buddhas Lehren. Und schließlich die Freunde auf dem Weg. Diese drei „Juwelen“ sind alles, was wir brauchen. Sie bilden die äußere Zuflucht, die Grundlage.
Um bestimmte Geisteszustände zu erreichen, kann man aber auch besondere Mittel einsetzen. Die wirksamsten davon arbeiten mit Einswerdung und Verschmelzung, mit Rückkopplungserfahrung

von weiblichen, männlichen, einzelnen oder vereinigten, friedvollen oder schützenden Formen, in besonderen Farben und mit friedlichen oder schützenden Werkzeugen in ihren Händen. Sie beeinflussen die eigene Vorstellung, den Energiefluss im Körper und dadurch auch grundlegend den Geist. Solche Meditationsformen stellen Seiten der eigenen erleuchteten Natur dar und sind nicht zu verwechseln mit so etwas wie Göttern. Ihre Arbeit hilft den Wesen, mit ihrem eigenen Wesen in Verbindung zu treten. Diese Art der Meditation hilft uns, mit der uns innewohnenden Erleuchtung vertraut zu werden, und Erfahrung von unseren vollen Möglichkeiten zu machen.
Die verwendeten Silben – Mantras – leiten Energie in erwünschte Zentren des Körpers. OM zum Beispiel setzt den Kopf in Schwingung, AH bringt Kraft in die Kehle, und HUNG oder HRI beleben innere Zustände in der Brust.
Da solche Ergebnisse messbar sind und deswegen überzeugen, suchen sowohl Wissenschaftler als auch Meditierende, die sich entwickeln wollen, zunehmend ihre Erfüllung im Geist anstatt in der äußeren Welt, die ja weder Glück noch Leid erlebt. Nur der Geist erfährt alles und ist dauerhaft, deswegen ist es klug, dort den Sinn des Lebens zu suchen.

Wie gehen wir mit Materialismus um?

Wenn wir gewohnheitsmäßig den Menschen in die Mitte der Geschehnisse stellen, werden unsere Werte sehr einfach. Man beurteilt dann, ob eine Handlung den Menschen Entfaltung bringt oder nicht. Bis zu einem bestimmten Punkt ist Materialismus nützlich: Besitzt man zum Beispiel ein schnelles Auto, kann man mehr Menschen begegnen – hoffentlich nicht mehr Verkehrspolizisten, sondern Leuten mit Belangen, über die man reden möchte. Hat man ein warmes Haus, muss man nicht so schwere Mäntel tragen, dass die Arbeit schwierig wird. Aber ab einer bestimmten Menge von Besitz muss man Leute anstellen, die diese Dinge bewachen, die man hat, aber nicht braucht. Allmählich fangen dann die Dinge an, die eigene Energie und Zeit aufzubrauchen, was nicht nützlich ist. Kalu Rinpoche, einer unserer feinen Lamas, empfahl den Leuten, wie in einem Hotel zu leben: Man kann alles benutzen, weiß aber auch, dass man nichts mitnehmen wird.

Wie ist deiner Ansicht nach die Verbindung zwischen Gehirn und Geist?

Ich mag die Sicht, dass das Gehirn vor allem Eindrücke filtert, die wir nicht zum Überleben brauchen, während es die wichtigen Auskünfte an den Geist durchlässt. Wie bekannt diese Sichtweise unter meinen Kollegen ist, weiß ich nicht. Bestimmt würden aber die Lamas allgemein darin übereinstimmen, dass das Gehirn den Geist nicht erzeugt, sondern ihn umformt. Es ist der Empfänger, nicht der Sender. So wie die Wissenschaft denken wir auch, dass das Gehirn die Stelle ist, wo Wissen gespeichert wird. Dort liegen die geistigen Eindrücke, die einen vergewissern, wer man ist und was geschah. Der Strom von Eindrücken, der Unerleuchtete zu sein glauben, wird jedoch nicht vom Gehirn erzeugt, sondern laufend von ihm umgeformt und arbeitet dann durch Nerven und Körper der Wesen. Geist ist seinem Wesen nach anfangsloser Raum. Er erfuhr zahllose Leben zuvor und wird weitere erleben, bis die Fähigkeit zur Bewusstheit stärker erlebt wird als alles, was er sich bewusst sein kann. Zu dieser Zeit kann man dann wählen, ob man in einem zeitlosen Zustand jenseits des Ego verweilen und die grenzenlosen Eigenschaften und Einsichten des Geistes erfahren will, oder neue Körper annehmen mag, um den Wesen in der bedingten Welt zu helfen. Zu dieser Frage gehört auch, dass die Tibeter – sowie sicher eine Mehrzahl der Kulturen der Welt – sich den Geist im Herzen vorstellen. Das Gehirn ist der Sitz für die Steuerung des Körpers. Bei Herz-Transplantationen wird bemerkt, dass das gespeicherte Wissen des Empfängers bestehen bleibt, wohingegen Gefühle und Neigungen oft denen des Herzspenders ähnlich werden. Solche Fälle sind beschrieben in dem Buch „Heilung aus dem Herzen“(engl. „The Heart‘s Code“) von Paul P. Pearsall. Übrigens zeigen meine eigenen Erfahrungen vollständig in dieselbe Richtung.

Du hast mehrfach erlaubt, dass deine Hirnaktivität wissenschaftlich aufgezeichnet wurde, während du meditiert hast. Denkst du, dass die Resultate solcher Studien von direktem Nutzen sind?

Erst einmal: große Erleichterung. Sie bewiesen alle, dass ich ein Gehirn habe. Seit meiner Kindheit kamen da öfter Zweifel auf ...
Die Dutzende von Elektroden an meinem Kopf, während der Experimente in Zürich und Chicago, zeigten, dass 35 Jahre gelebter Diamantweg-Buddhismus nachweisbare Zeichen hinterlassen. Es gab selbstverständlich auch Bedingungen dabei, die diese Befunde erschwerten: Vier Jahre Boxen, neun Jahre chemischer Eigenversuche, durch die meine Generation hoffte, sie könnten die Welt verbessern, sowie einige Motorrad-Unfälle und -Stürze haben ebenfalls ihre Spuren hinterlassen. Viele Messergebnisse waren jedoch nicht dadurch erklärbar. Innerhalb von vier bis sechs Sekunden in die zweite, höchst erholsame Tiefschlafstufe einzutreten, ist ungewöhnlich. Im Durchschnitt braucht das etwa 90 Minuten. Oder: einen Kopf voller Theta-Wellen zu haben, die normalerweise im Alter von zwei Jahren im Zentralhirn verschwinden, und bewusst die dramatischen Kurven epileptischer Anfälle zu erzeugen, während in jeder Zelle des Körpers riesige Wonne erfahren wird. Es war tatsächlich witzig: Aus den Augenwinkeln sah ich (... nahe Chicago) die Wissenschaftler aufgeregt um ihre Computer umherlaufen, während ich das erste Mal für dreieinhalb Minuten und das zweite Mal noch länger, diesen Zustand mittels tiefen Atems und die Einstellung auf das Magnetfeld durch meinen Körper hielt.
Man sollte solche Darstellungen vor allem für wissenschaftliche Zwecke geben. Die Nutzwirkung, wenn man mit unerwarteten Ergebnissen die vorgefassten Meinungen der Leute aufzulösen versucht, ist zu kurzlebig. Wenn in diesem Fall einigen der Millionen unter Epilepsie leidenden Menschen irgendwie geholfen werden könnte, wäre das eine große Freude. Die ganze Sache ist aber sehr langwierig und da die Wissenschaft jetzt Hannahs und meine hochverwirklichten Lehrer, so wie Bokar Rinpoche, unter der Lupe haben, höre ich damit auf. Auf keinen Fall dürfen Vergleiche oder Gedanken an Wettbewerb aufkommen zwischen Lehrern und Schülern.

Aus buddhistischer Sicht ist die Quantenphysik von besonderem Interesse, nicht wahr? Einige Physiker sagen, die Welt sei eine „Schwankung des Vakuums“ ...

Es ist spannend, dass man die gleichen Einsichten bekommt, ob man mit Fernrohren, Mikroskopen und Teilchenzertrümmerern in die äußere Welt schaut oder durch Meditation in die innere Welt. Vor 2500 Jahren drückte Buddha diese Sichtweise so aus: „Form ist Leerheit, Leerheit ist Form. Form und Leerheit sind untrennbar.“ Unsere hellen Köpfe auf dem Diamantweg, würden es wohl so formulieren: Wenn nichts ist, ist das der Raum des Geistes. Was innerlich oder äußerlich erscheint, ist das freie Spiel des Geistes. Schließlich ist die Tatsache, dass beides, Raum wie Erfahrung möglich sind, der ungehinderte Ausdruck des Geistes.

Alain Aspect bewies die Tatsache der Untrennbarkeit in der Quantenwelt. Teilchen können augenblicklich kommunizieren, ohne für den Informationsaustausch Zeit zu benötigen. Du behandelst dieses berühmte Experiment auch als Beweis für buddhistische Wahrheiten ...

Solche Beweise sind sehr willkommen. Sie entfernen begrenzende zweiheitliche Gewohnheiten und fügen den, für das Überleben notwendig, Entweder-oder-Beurteilungen die befreiende Sowohl-als-auch-Sichtweise des Gewahrseins selbst hinzu.

Es gibt da noch eine wissenschaftliche Schlussfolgerung, die für Buddhisten vertraut klingt ... Vor der Beobachtung ist Schrödingers Katze weder am Leben, noch tot – oder eigentlich sowohl tot als auch lebendig. Beeinflussen Methoden und der Beobachter das Resultat der Beobachtung?

Nichts ist von der Ganzheit abgeschnitten. Die Tatsache, dass etwas beobachtet wird, verändert sie bereits. Man beeinflusst das Karma und die Erwartung des Untersuchers und färbt jede Erfahrung.

Buddha gibt sehr genaue und vielfältige Erklärungen zur Wissenschaft der Wahrnehmung. Er beschreibt die normale, folgernde Erfahrung als im Gegensatz stehend zum unmittelbaren Erlebnis, wenn der Geist in einem begrifflosen Zustand ist.
Buddhismus versteht diese Welt – unser Leben und alles um uns herum – als einen Traum, denn alles fließt. Jede Lage ändert sich die ganze Zeit und nichts bleibt. Nichts, außer dem Raum, verweilt unverändert in sich selbst und ist durch sich selbst bestimmt. Weil alles erscheint, sich nach den gegebenen Ursachen entfaltet und wieder auflöst, wird die Welt als ein gemeinsamer Traum verstanden, als die gefrorenen Gedankenformen bzw. Karmas der Wesen.

In tiefer Versenkung wird erkannt, wie die ausgleichende Weisheit – von Unerleuchteten als Stolz erlebt – alles Feste entstehen lässt; wie die spiegelähnliche Weisheit – aus unreiner Sicht, der Zorn der Wesen – alles Fließende erzeugt; die unterscheidende Weisheit – meistens als unsere Anhaftung und Begierden erlebt – die Hitze hervorruft, und wie die Erfahrungsweisheit – als gemeinsame Eifersucht verkannt – der Ursprung von Bewegung ist. Mit dieser wachsenden Erkenntnis und seiner reinen Sichtweise, lösen sich Unwissenheit und Verwirrung auf und Raum verändert sich von etwas Trennendem, zu einem alles umfassenden Behälter. Es gibt also keine Welt, die von den Wesen, die sie träumen, formen und erfahren, getrennt wäre.

Der Beobachter verändert das Beobachtete und umgekehrt, denn alles ist Teil der gleichen Ganzheit. Deswegen ist die Unterscheidung in Subjekt und Objekt als getrennte und unabhängige Größen künstlich. Da sie durch Störgefühle geblendet und ohne letztendliche Erfahrung vom Geist arbeiten, liefern die Sinne aber den Wesen in jedem Augenblick genau die gegenteiligen Auskünfte. Die Bereitschaft, die Weisheiten statt der Störgefühle zu sehen, heißt, ein sehr starkes und dauerhaftes Gedankenmuster zu durchtrennen. Es braucht Jahre der Meditation, um es aufzubrechen oder auch nur ernsthaft einzubeulen.

Wir sprechen viel über Gemeinsamkeiten zwischen Buddhismus und Wissenschaft. Aber es gibt auch Unterschiede. Wird es jemals möglich sein, die höchsten buddhistischen Lehren, die Untrennbarkeit von Raum und Freude, wissenschaftlich zu beweisen?

Das setzt wohl einen Geist voraus. Bis der Tanz des Geschehens messbar und als an sich freudvoll festgestellt werden kann, werden solche Höhen der Einsicht nur durch lebende Wesen in Meditation und durch ihr Leben und ihre Aussagen bewiesen werden können. Der Grund dafür, warum man Raum und Freude als untrennbar annehmen kann – wobei eine entspannte und erwartungslose Einstellung für ihren Genuss nötig bleibt – ist, dass alle Verwirklicher Zustände tiefster Ruhe als selbst entstandene Erfahrungen von Sinn, Liebe und Glück beschreiben, als einen grenzenlosen Reichtum, den keine Worte umfassen können. Diese Erfahrung kann man sicher niemals wissenschaftlich, also unabhängig von dessen Erleber, beweisen.

Dann ist Buddhismus also eher durch Psychologie definierbar?

Buddhismus ist einfach „wie die Dinge sind". Wenn also Psychologie gut genug wird, wird sie zu Buddhismus. Wir haben tatsächlich schon jetzt eine sehr gute Zusammenarbeit. Psychologen führen die Leute aus ihren gestörten Erlebnissen in ein Innenleben, mit dem sie leben können. Von hier aus führt Buddhas Lehre sie jenseits von Vorstellungen und Ich-Wahn, zu einer Erkenntnis davon, was sie wirklich sind. Die Psychologie arbeitet innerhalb der gewöhnlichen Geisteszustände. In diesen wird die Zweiheitlichkeit als wirklich erlebt und man hält auch das Disneyland der Gefühle für wahr. Solange dies so ist, bleibt die Kraft des Geistes gebunden und die bewusste Strahlkraft zwischen und hinter den Gedanken und Gefühlen zeigt sich nicht. Bei genügend guten Taten wandelt sich jedoch Menge in Wert. Nützliche Handlungen sind unentbehrlich, um in Zuständen von Befreiung und Erleuchtung aufzuwachen, während schlechte Eindrücke die Freiheit des Geistes behindern. Mit anderen Worten: Der Geist wird sich mit einem Überschuss und den richtigen Belehrungen von guten Gefühlen stufenweise selbst erkennen, aber nie aus einem Zustand voller Neurosen und Ängsten. Während man also immer noch in der bedingten Welt fest hängt und mit wechselnden Erlebnissen schwankt, sind gute Gedanken und Gefühle der Weg. Wenn aber die Bewusstheit dessen, was die Gedanken erzeugt und erlebt, immer häufiger entsteht, lösen sich Erwartungen, sowie Ängste, auf und jede Erfahrung ist fantastisch, da sie die innewohnende Möglichkeit des Geistes zeigt.

Du sagst, Buddhismus sei keine Philosophie. Aber wir kennen Gemeinsamkeiten zwischen buddhistischem Denken und beispielsweise der Philosophie Heraklits ...

Ja, Heraklit lebte kurz nach Buddha. Er war auch mutig und großartig. Statt zu versuchen, Unverständliches durch einen unbeweisbaren Gott wegzuerklären, haben beide stattdessen den Raum als grundsätzlich schwanger verstanden: innerlich mit Gedanken und Gefühlen spielend und äußerlich mit Welten und Ereignissen. Da Buddhismus die volle Verwirklichung des Geistes anstrebt und kein Glaubenssystem ist, muss alles logisch erklärbar sein. Wenn der Geist vollständig wirkt, enthält jede Frage ihre eigene Antwort und jede Entfaltung ist logisch befriedigend. Der Unterschied zwischen Buddhas Lehre und der Philosophie im westlichen Sinne ist, dass Buddhismus real und nicht formal ist und dass er keine leeren Grundsätze oder Schlussfolgerungen zulässt, die nicht mit Erfahrungen gefüllt werden können. Buddhistische Philosophie arbeitet lebensnah. Selbst die vielseitigsten Aussagen fügen dem Geist kein zusätzliches Sperrgepäck hinzu. Stattdessen zielen sie darauf ab, Gedankenmuster aufzubrechen, die den Wesen bei der Erfahrung der vollen Möglichkeiten des Geistes hinderlich sind. Buddhistische Gelehrte sind sich durchgehend bewusst, dass Begriffe so sind wie der Finger, der auf den Mond zeigt – aber nicht der Mond selbst. Wer sich nur auf den Finger einstellt, wird nie den Mond sehen.

Stichwort: tibetische Medizin und westliche Medizin? Stellt das einen Widerspruch dar oder können sie sich ergänzen?

Sie arbeiten gut zusammen. Die Kunst westlicher Ärzte ist hervorragend für alles, wenn schnelle Entscheidungen gebraucht werden, wie zum Beispiel bei plötzlich auftretenden Krankheiten und chirurgischen Eingriffen. Der fernöstliche Ansatz ist hervorragend gegen lang dauernde Krankheiten, und um den Körper wieder ins Gleichgewicht zu bringen. Sie gehören wirklich zusammen. Wenn jemand zum Beispiel Krebs hat, empfehle ich, zuerst die Ursache weitgehend wegzuschneiden und danach mit der richtigen Mischung fernöstlicher Mittel alles wieder ins Gleichgewicht zu bringen.

Kann man sagen, dass tibetische Medizin mit den Ursachen und westliche Medizin mit den Symptomen arbeitet?

Vielleicht eine gute Weise, es auszudrücken. Man kann auch sagen, dass die fernöstliche Heilkunst mit den künftigen Bedingungen im Körper arbeitet, wohingegen westliche Medizin auf das kurzfristig Auftauchende eingestellt ist.

Bringt Wissenschaft einen besonderen Nutzen für Praktizierende des Buddhismus?

Jede wissenschaftliche Errungenschaft hat buddhistische Bedeutung, wenn sie eingesetzt wird, um den Lebewesen zu nutzen. Es geht ja um die Erfahrung von Glück, und je länger und besser man lebt, umso mehr kann man für andere tun.

Welche wissenschaftlichen Gebiete könnten in naher Zukunft am meisten vom Buddhismus profitieren?

Auf dem Gebiet des Breitflächigen, der Ausrichtung und der Sichtweise. Die Wissenschaft klettert gut. Unsere Aufgabe ist es herauszufinden, in welchen Bäumen es sich lohnt und wo die Frucht steckt. Ein reifes Verständnis von der Welt ist wichtig. Hier gibt es zahllose, offene Fragen und Wissens-Bruchstücke wie die vom Hubble-Teleskop und anderer erstaunlicher Quellen, die singgebend zusammengebracht werden sollen. Hier wäre ein Verständnis auf Grundlage des Diamantweg-Buddhismus nützlich. Es zeigt, dass Raum und Geschehen beide Geist sind und wie sie sich ergänzen. Es könnte nützlich sein, ausreichendes und klares Wissen politisch unkorrekt zu verallgemeinern und ehrlich mit einer allumfassenden Weltsicht zu verbinden.
Viele Wissenschaftler schaffen trotz ihres linearen Denkens eine breite allgemeine Sichtweise. Wenn sie sich Raum als enthaltend und ohne Anfang vorstellen können, wäre es logisch anzunehmen, dass, wenn „Big Bang“ nachweisbar ist, es auch zahllose andere gegeben haben muss und geben wird. Dies würde den Belehrungen Buddhas entsprechen, denen zufolge der zeitlose Geist immer spielt, und äußere wie innere Welten entstehen lässt und wieder in sich aufnimmt. Raum muss seinem Wesen nach ungehindert sein und nichts kann seinem zeitlosen Wesen hinzugefügt werden. Was auf eine bestimmte Zeit und einen Ort begrenzt ist, wie zum Beispiel ein Körper, kann auch nicht die Ursache von etwas Nicht-Dinglichem wie dem Geist sein. Zyklische, nicht-lineare Verläufe herrschen im Abhidharmakosha vor und erklären das Entstehen und Verschwinden von Universen über unglaublich lange Zeiträume, die Kalpas und Antekalpas genannt werden. Auch die Vorstellung von Parallel-Universen bildet eine Brücke zum Buddhismus. Es setzt zahllose Welten voraus, die aus den innewohnenden Möglichkeiten des Raumes entstehen. Damit verschwinden die letzten noch denkbaren Begrenzungen der Bewusstheit.

Kannst du dir vorstellen, dass Buddhismus und Wissenschaft in besonderen Weisen zusammenarbeiten werden?

Ich betrachte Buddhismus als den Kopf und Wissenschaft als die Arme, Beine und Augen. Wissenschaft erklärt „wie“ und macht das praktische Leben der Leute reicher. Buddhismus zeigt „warum“ und macht sie glücklich. Er hilft Leuten, besser zu leben, zu sterben und besser wiedergeboren zu werden.

Einstein sagte, dass Buddhismus die einzige Religion ist, die ein konsistentes, logisches System ist, das der Erfahrung der Wirklichkeit als Ganzem folgt und dass er deswegen wissenschaftlichen Standards entspricht. Können wir sagen, dass die höchsten buddhistischen Lehren wie das „Große Siegel“ eine Wissenschaft des Geistes sind?

Das ist ganz deutlich der Fall. Wenn es eine Geisteswissenschaft gibt, in der der Geist mit ganzer Kraft unmittelbar auf sich selbst schaut, dann sind dies die Lehren des „Großen Siegel“ und der „Großen Vollendung“ – des Mahamudra und Maha-Ati.
Die Mittel des Mahamudra oder Tschagtchen in Tibetisch werden verwendet wenn das umzuwandelnde Gefühl Begierde ist. Maha Ati oder Dzogtschen in Tibetisch wird bei Zorn gelehrt. Wer solche starken Gemütsregungen bewusst verwenden kann, um die äußere Wirklichkeit sowie die Arbeitsweise des eigenen Geistes zu erfahren, erreicht schnell Erleuchtung. Sie sind ganzheitliche und dadurch kraftvollste Mittel und lassen einen den Raum als Freude erfahren. Aus dieser Sicht ist jedes Geschehnis ein kosmischer Scherz des Raumes, eine Entdeckung seines unbegrenzten Reichtums. Es gibt nichts Spannenderes und Aufregenderes als das strahlende Spiel des Geistes mitzumachen, zu erfahren wie er sich ausdrückt als furchtlose und alles durchdringende Weisheit, als selbst entstandene Freude und tatkräftiges Mitgefühl. Diamantweg-Buddhismus ist die Wissenschaft, die zu dieser Erfahrung führt.

„DENKT DARAN, DASS ES AUF DIESER WELT VIELE RELIGIONEN GIBT. SIE LASSEN SICH NICHT ZUSAMMENFASSEN, DA SIE NICHT ALLE DEN GLAUBEN AN EINEN IMMATERIELLEN, UNSTERBLICHEN GEIST VORAUSSETZEN. EINIGE VON IHNEN – WIE ETWA DER BUDDHISMUS – KÖNNEN DEN VORSTELLUNGEN DER MODERNEN WISSENSCHAFT SEHR NAH SCHEINEN."

FRANCIS H.C. CRICK

TEIL I

LAMA OLE NYDAHL, Ein Überblick über die Weltreligionen

PROF. DR. BURKHARD SCHERER, Mahāyanā-Philosophie und Mahāmudrā. Ein historischer Überblick

DR. ARTUR PRZYBYSLAWSKI, Kann ein Buddhist im Fluss baden? Buddhistische Ideen und der Ursprung der europäischen Kultur

Teil I

EIN ÜBERBLICK ÜBER DIE WELTRELIGIONEN

LAMA OLE NYDAHL

In einer Zeit wachsender Spezialisierung werden vergleichende Sichtweisen nicht oft zu Rate gezogen, besonders was Dinge des Geistes betrifft. Dies ist ein großes Hindernis für klares Denken. Deshalb werde ich hier eine generelle Übersicht der Religionen und ihrer Aktivitäten aufzeigen. Evaluiert von einem Dänen und daher mitfühlend, aber mit gesunder politischer Unkorrektheit, hoffe ich, dass es ein paar Punkte geben wird, die einleuchtend sind.

Um sowohl Religionen, als auch andere spirituelle Aktivitäten verstehen zu können, ist es nötig mit dem am weitest möglichen Kontext anzufangen, demjenigen von Angebot und Nachfrage. Eigentlich scheint es so, dass ab einer gewissen Stufe der Intelligenz die Wesen anfangen zu sehen – oder das Bedürfnis spüren, zu sehen –, dass es eine Verbindung gibt zwischen dem, was in ihnen selbst geschieht und dem, was in der Welt um sie herum geschieht. Auf diese Weise fangen sie an, symbolische Wege zu finden, um ihre Umwelt zu beeinflussen.

NATURRELIGIONEN

Der erste Hinweis, den wir davon haben, ist eine rumänische Höhle, in der vor 100.000 Jahren Neanderthaler die Schädel von erjagten Höhlenbären in einem rosetten-ähnlichen Muster anordneten.
Später, vor etwa 40.000 Jahren, malten die Cro-Magnon-Menschen die Tiere, die sie essen wollten, auf die Wände ihrer Höhlen, um sie mental zu kontrollieren und töten zu können. Auch stellten sie ihre Frauen als dick dar, welches einfachere Schwangerschaften herbeiführen sollte. Selbst heute, wenigstens in der Kindheit, hat wahrscheinlich jeder versucht, entweder auf die Linien zwischen den Betonplatten zu steigen oder hat versucht, genau dies zu vermeiden, während man Zeichen für zukünftige Erfolge oder Misserfolge deutete.
So erscheinen Naturreligionen und leben fort bis heute. Ob neutral wie Schamanismus, schädlich wie Voodoo und seine rastafari-artigen Ableitungen oder positiv, aber inklusiv und daher schwach, wie die weiße Magie des New Age. Fast jeder wird davon ein wenig berührt, oftmals es sich selbst gegenüber als eine Art milden Aberglaubens rechtfertigend.

Zusätzlich zu solch einem Fokus auf Naturkräfte, existieren zwei Arten von Religionen, die sich selbst als fortgeschritten sehen. Sie haben eine ausführliche Symbolik, arbeiten mit Abstraktionen und festen Vorstellungen über Kausalität, Vergangenheit und Zukunft, und wollen Menschen beeinflussen. Sie postulieren Eigenschaften und Wesen, die nicht einfach erfahren werden können und zielen generell darauf ab, eine vollkommene Sichtweise der Welt anzubieten. Sie sind bekannt als Glaubensreligionen und Erfahrungsreligionen, auch sind sie im Allgemeinen in ihrer Sichtweise, Praxis und in ihrem Ziel gegensätzlich.

GLAUBENSRELIGIONEN

Um Glaubensreligionen verstehen zu können, muss man die Bedingungen untersuchen, unter denen sie entstanden. Alle Glaubensreligionen entstanden im Mittleren Osten unter sehr vom Konkurrenzkampf geprägten Bedingungen. Jüdische, arabische und philistinische Stämme kämpften regelmäßig um das Land, welches so karg war, dass Menschen monatelang herumwanderten, bloß um einen Ort mit genügend Milch und Honig zu finden. Unter solchen Bedingungen kann man ihre Ausrichtung verstehen. In der Schlacht zum Beispiel wächst die Chance eines Sieges mit der Zahl der Soldaten, die man auf seiner Seite hat. Daher missionieren diese Religionen, um Anhänger zu finden und zu behalten.
Dies wurde für das Überleben von Christentum und Islam als nötig erachtet. Judaismus sicherte lieber seine Grundlage und daher konnte man lange Zeit nur Jude sein, wenn man von einer jüdischen Mutter geboren wurde. Dies ist in einigen Sekten heute immer noch der Fall. Aus dem selben Grund, dem

des Überlebenwollens, entschieden sich diese drei Glaubensreligionen für personalisierte, richtende und strafende Götter. Sie stellen sie als absolut dar, und daher als unbestechlich, um die Menschen unter Kontrolle zu halten. Sie entwickelten eine hierarchische Priesterschaft, um den Willen der Götter zu interpretieren oder zu deuten. Obwohl es ziemlich unlogisch ist, dass schöpfende Götter männlich sind, da wir normalerweise weibliche Organismen sehen, die Dinge erschaffen – auch friedliche, erhaltende Kulturen um die Welt haben normalerweise weibliche Götter – auf dem Schlachtfeld jedoch sind sie um so überzeugender.

Die Gebote, die in Glaubensreligionen gefunden werden, haben jahrhundertelang funktioniert, um die Energien der Menschen und Nationen zu bündeln und zu fokussieren, auch gegen ihre direkten Wünsche. Oft schüttelt die humanistische und ausgebildete Welt ungläubig den Kopf, wenn die Kraft zu bestrafen im Namen von absoluten und unberührbaren Göttern angerufen wird, oft auf brutalste Art und Weise. Etwas, das auch heute noch immer vorkommt.
Möglicherweise das größte Hindernis der Zentralisation von Macht in Glaubensreligionen wurde um das Jahr 340 in Istanbul entfernt, wo entschieden wurde, die Idee der Wiedergeburt abzuschaffen. Dann glaubten die Menschen, sie hätten nur eine Chance und die Priester entschieden, ob man in den Himmel oder in die Hölle gehen würde – für immer! In der heutigen Welt, denke ich, ist es wundervoll, dass die zivilisierten Strömungen im Christentum entschieden haben, sich auf die Liebe von Jesus zu konzentrieren und den barbarischen Gott und die Stammesriten des Alten Testaments unter den Tisch fallen zu lassen. Unter anderem hat es der vorchristlichen Tradition freier und gleichwertiger Partnerschaften zwischen Männern und Frauen, die eine große Quelle des Reichtums in unserer Kultur ist, ermöglicht zu überleben.
Dies geschah nur durch die kraftvolle Aktivität dreier sehr wichtiger Personen, die allerdings in unseren Geschichtsbüchern selten erwähnt werden. Sicherlich verdienen sie es, gelobt zu werden. Ohne sie, wie es in einigen Kulturen immer noch der Fall ist, würden die Frauen zwei Schritte hinter den Männern gehen, außer in Gebieten mit Landminen. In diesem Fall würden sie drei Schritte vor dem Mann sein.
Der erste dieser Männer ist Karl Martell oder eher sein Soldat Holger Danske, unser dänischer Nationalheld. Er hielt die Araber in den Pyrenäen, um das Jahr 750, auf. Der ansonsten eher weniger gelobte Dschingis Khan hielt den Islam in Zentralasien um 1200 auf, und schließlich König Jan der Dritte von Polen, der die Türken vor Wien 1683 nach Süden in den Balkan schickte. Wer die Frauen liebt, sollte bereit sein, im Geiste dieser Herren zu handeln, auch heute noch.

Das Christentum betreffend, sollte man auch sein Geschick, immer nah am Zentrum der Macht zu bleiben, erwähnen. Was daraus erwuchs, war ein wasserdichtes Kontrollsystem, nicht der Nutzen menschlicher Freiheit. Wenn die Obrigkeit einen in diesem Leben nicht erwischte, die Kirche würde einen auf jeden Fall nachher in die Hölle befördern. Es war eine ziemliche Heldentat, dass unsere Vorväter sich von diesem Laster befreiten.

Dies waren einige Punkte über Glaubensreligionen, die ich für einen modernen Buddhisten als interessant erachte. Natürlich gibt es kein Ende dieses Themas und der möglichen Wege, es zu beurteilen, wie z.B. der Fokus auf ihr soziales Mitwirken. Hier haben wir ein paar zentrale und zeitgemäße Punkte angesprochen, die ich selten erwähnt sehe.
Um sie noch einmal zusammenzutragen: Glaubensreligionen erheben Anspruch auf eine Wahrheit, die als absolut und universell gesehen wird. Sie wird beschrieben als getrennt von dem, was sie erschafft und kann davon nur teilweise beeinflusst werden. Die Erfüllung von Menschen in dieser Religion ist es, den zehn Geboten ihrer Götter zu entsprechen, die Schöpfer, Richter und Vollstrecker in einem sind, und andere in dieselbe Gemeinde zu bringen.
Während der spirituellen Öffnung des wieder reich gewordenen Westens nach dem Zweiten Weltkrieg war zuerst der Hinduismus im Vormarsch. Zahlreiche Gurus wurden berühmt und bauten große Organisationen auf. Nach so vielen Jahren ermüdender Kämpfe, und mit dem Hintergrund der Glaubensreligionen, in denen jeder, der anders war, automatisch unrecht hatte und vielleicht sogar verfolgt wurde, wollten die Menschen nicht unterscheiden müssen.
Alles sollte warm, unscharf, ohne Konfrontierung und von irgendeinem Gott sein. Dann, hauptsächlich wegen des Hintergrundes einer guten Ausbildung, entwickelten sich viele zu einer Ebene, auf der sie verstanden, dass verschiedene Wahrheiten für verschiedene Personen relevant sind, und in letzter Zeit sind Leute sogar mutig genug geworden, Religionen auf einer humanistischen Skala zu beurteilen, je nachdem wie viel Unterdrückung oder Freude sie der Welt bringen.
Die beinahe universelle Verdammung gewisser Kulte, z.B. von Scientology und vom Islam, sehe ich als gesundes Zeichen und ein Erwachsen werden. Solange Kritik auf der Ebene der Information bleibt, genau aufzeigend, was passiert, schützt sie jene – wie die Frauen im Islam – denen niemand anderes helfen kann, es ist eine menschliche Verantwortung, die wir alle teilen. Eigentlich, trotz ihrer höchsten Lehren des Advaita Vedanta, die vom Buddhismus vor 1500 Jahren übernommen wurden, gehört auch der Hinduismus zu den Glaubensreligionen, weil sie Anspruch auf einen Schöpfer namens Brahman erheben. Einige buddhistische Methoden der Meditation sind schon bekannt, wie auch zahlreiche nicht-duale Erklärungen ihrer Resultate. Generell jedoch beinhaltet der Hinduismus hauptsächlich Informationen über das Überleben in Indien.
Ohne viel Auseinandersetzung absorbiert er einfach, was er als nützlich und kraftvoll in anderen Traditionen findet. Jesus zum Beispiel wurde dort ein Gott der Gesundheit wegen zahlreicher Heilungen in seinem Namen, und Buddha wird als achte Inkarnation von Vishnu, ihrem Gott der Bewahrung,

dargestellt, etwas von dem ich nicht glaube, dass er davon irgend etwas wußte. Während eines Vortrages 1976 erzählte ein älterer Hindu-Professor in Benares, wurde zwei Busladungen voll meiner ansonsten gut informierten Schüler erzählt, dass Buddha als Hindu geboren wurde, als solcher lebte, und starb und zum Ort der Belehrung über die Vier Edlen Wahrheiten auf einer Hindu-Pilgerreise mit einigen seiner Freunde kam. Buddhisten haben Mitgefühl und niemand sagte etwas, um den ehrwürdigen Professor nicht vor den Kopf zu stoßen.
Wie dem auch sei, wann immer im Laufe der Geschichte Moslems einen heiligen Krieg beginnen, holen die Hindus ihre Bhagavad Gita heraus, in der ihr Gott Arjuna sagt, dass sie kämpfen sollen und schon steigt die Party.

UNTERSCHIEDE ZWISCHEN GLAUBENSRELIGIONEN UND ERFAHRUNGSRELIGIONEN

Was Erfahrungsreligionen angeht, sehen wir, dass sie etwas ziemlich anderes sind, sowohl in ihrer Sichtweise als auch in ihrem Ziel. Wo sich das Christentum und der Islam durch Missionierung und durch das Schwert ausbreiteten, und sich das Judentum durch ein starkes, orthodoxes Ritualsystem zusammenhielt, kann man sagen, dass Erfahrungsreligionen sich durch Snobismus ausbreiteten. Wie kann man das verstehen? Das soziale Feld dieser Religionenwie im Christentum oder im Islam entwickelte sich nicht von unten nach oben. Als diese sich ausbreiteten, waren die kulturellen Schichten ihrer Zeit zutiefst aufgebracht. Sie sahen, wie fanatische und unausgebildete Gläubige aus niederen Kasten oder Wüsten-Araber zerstörten, was man damals als humane und vernünftige Zivilisationen angesehen hat.
Stattdessen wurden im Taoismus und im Buddhismus begabte Individuen aus gutem Hause von den Lehren überzeugt. Menschen in ihrem Umfeld taten dasselbe oder imitierten sie einfach, und auf diesem Weg wurden Kulturen allmählich beeinflusst. Wie zu erwarten war, geschah dies ohne „heilige" Kriege, Inquisitionen oder andere Formen der Unterdrückung. Wenige dachten, dass die Wahrheit, die sie inspirierte, unbedingt die Bedürfnisse aller erfüllen müsse, oder überhaupt von den meisten verstanden werden könne. Da die Gesellschaften, in denen diese Religionen entstanden, zusätzlich wohlhabend und offen waren, wuchsen sowohl Buddhismus als auch Taoismus in einer gesunden Atmosphäre friedlicher Konkurrenz auf, und schärften ihre Philosophien im Austausch mit anderen Sichtweisen. Zum Beispiel kannte Buddha alle Richtungen der Philosophie, die heute noch bekannt sind, von seiner Zeit des Lernens, und debattierte später mit ihnen.

ERFAHRUNGSRELIGIONEN

Ziel dieser Religionen ist nicht der Glaube, sondern eine Wahrheit, die erfahren werden kann, und die volle Entwicklung der Eigenschaften der Wesen. Ob das Ziel ein langes Leben im Einklang mit den Kräften der Natur ist wie im Taoismus, oder die Erkenntnis des Geistes als ungeborener, unsterblicher, klarer Raum, wie es im Buddhismus das Ziel ist, die Wesen unabhängig und frei zu machen. Aus diesem Grund missionieren diese Religionen nicht. Auch wenn es für viele merkwürdig aussieht und einige die Erfahrungsreligionen unnahbar und arrogant finden, ist ihre Herangehensweise, den Wesen zu nutzen, gegründet auf einem tiefen Verständnis des Raumes. Zitate wie „Wenn der See da ist, werden Schwäne kommen" und „Wenn die Blumen da sind, werden Bienen erscheinen" bedeuten, dass der Raum wie ein Behälter gesehen wird, als Information. Alle Wesen sind darin enthalten, er ist von Natur aus gütig, und wenn jemand für eine gewisse Belehrung oder Segen bereit ist, werden sie erscheinen. Wenn jemand stirbt, ist es nicht die Zeit, Geschichten zu erzählen. Jeder würde sicherlich gerne etwas Sinnvolles in dieser Zeit ausdrücken. Ich bin sicher, dies gilt auch bei der Erleuchtung; und die letzten Worte, die der historische Buddha Shakyamuni vor 2500 Jahren sagte, geben die Essenz der Erfahrungsreligionen auf den Punkt gebracht wieder. Als er im Alter von 80 Jahren an einer Nahrungsmittelvergiftung starb, unfähig ein suspekt aussehendes Mahl abzulehnen, das ihm der ärmste Mann in einem nordostindischen Dorf namens Kushinagar, oder Stadt der Freude, angeboten hatte, der nichts anderes geben konnte, sagte Buddha zwei Dinge: „Ich kann glücklich sterben, ich habe keine Belehrungen in einer geschlossenen Hand gehalten. Was immer euch nutzen kann, habe ich schon gegeben."

Und zuletzt: „Und jetzt glaubt nicht ein einziges Wort, bloß weil ein Buddha es gesagt hat, sondern seht, ob es zu eurer Erfahrung passt. Seid euer eigenes Licht." Nach einem langen Leben als lebendes Beispiel der Freiheit machen seine letzten Worte klar, dass ein Buddha den Wesen sagen wird, wie sie denken sollen, aber nicht, was sie denken sollen, dass er unabhängige und erwachsene Schüler wünscht.
Details seines Lehrsystems gehören nicht in diese generelle Übersicht und können in meinem Buch „Wie die Dinge sind" gefunden werden.
Ich wünsche euch die Zeit und die Kraft, den Weg, der euch anzieht, zu praktizieren. Ein ungeübter Geist ist wie ein Haus ohne Dach, man ist immer verwundbar.

Teil 1

MAHĀYANĀ PHILOSOPHIE UND MAHĀMUDRĀ

Ein historischer Überblick

PROF. DR. BURKHARD SCHERER

Teil I

Zunächst sollte ich wohl mit einem Eingeständnis beginnen: Als Religionshistoriker und Buddhismuskundler falle ich etwas aus dem Rahmen inmitten dieser illustren Runde von herausragenden Naturwissenschaftlern. Also werde ich nicht so tun, als ob ich sehr viel von moderner Naturwissenschaft verstehe, und schließlich hat Buddha ja auch keine Physikformeln gelehrt.
Der historische Buddha Shakyamuni (Sanskrit *Śākyamuni*) war vielmehr sehr darum bemüht, nicht zu sehr auf die kosmologischen Spekulationen einzugehen, die zu seiner Zeit so in Mode waren.

Im Laufe der Zeit hat der Buddhismus viel von der indischen Folklore und seinen Mythen übernommen, auch was den Bereich der Kosmologie angeht. Aber Buddhisten erinnern sich daran, dass dies nur kulturbedingte Nebensächlichkeiten sind. Glaubt daran, wenn es euch auf eurem Weg zur Befreiung und Erleuchtung hilft; wenn nicht, verwerft es! Tatsächlich ermutigen uns Buddhas erste und letzte Worte an seine Schüler, allem zu misstrauen, was er uns gelehrt hat - bis wir es für uns selbst geprüft haben.
Ehi passa: „Kommt und seht selbst". Und was die Wissenschaft angeht – falls moderne Theorien im Widerspruch zu traditioneller, buddhistischer Lehre stehen, brauchen wir daraus keine Glaubensfrage zu machen: Lasst uns der Wissenschaft vertrauen! Buddha zeigte nur den Weg zur Erleuchtung; wir können für uns selbst sehen, unsere eigenen Erfahrungen mit dem Geist machen. Letztendlich werden wir die Dinge so erfahren, wie sie wirklich sind.
Hier unterscheidet sich der Buddhismus wesentlich von Glaubensreligionen. Das Christentum und der Islam haben - und tun es zum Teil noch immer - ihre Lehren über wissenschaftliche Einsichten gestellt, mit all den blutigen Konsequenzen, die uns die Geschichte lehrt. Der Buddhismus hat nie Wissenschaftler auf dem Scheiterhaufen verbrannt oder illustrative Mythen wie z.B. „Schöpfung" wörtlich genommen.
Der folgende Beitrag umreißt den historischen und philosophischen Hintergrund für das Verständnis der tibetisch-buddhistischen Sichtweise, im besonderen Mahāmudrā. Er sollte den Leser befähigen, den Vergleich zwischen buddhistischen Sichtweisen und denen der modernen Naturwissenschaft auf einer tieferen Ebene wertschätzen zu können.

TIBETISCH-BUDDHISTISCHE PHILOSOPHIE: DIE GRUNDLAGEN

Nach der traditionellen buddhistischen Sichtweise verbrachte Buddha Shakyamuni die 45 Jahre nach seiner Erleuchtungserfahrung damit, seine Lehre (Skt. *dharma*) in 84.000 Einzelbelehrungen darzulegen.[1]

Diese Belehrungen kann man grob in drei Kategorien aufteilen:

1) Menschen, die von ihrem eigenen Leiden, den sich beständig verändernden Geisteszuständen, frei sein wollten, gab Buddha Lehren über *Ursache und Wirkung* (Skt. *karma*): welche Handlungen Leid bringend sind und die es besser zu vermeiden gilt, und welche Taten, Worte und Gedanken die Grundlage für dauerhaftes Glück sind. Dieses wird das „Kleine Fahrzeug" oder der „Kleine Weg" (Skt. *Hīnayāna*) genannt, das erste „Umdrehen vom Rad des *Dharma*", welches übrigens nicht unbedingt dasselbe ist wie das *Theravāda* des südlichen Buddhismus.
2) Die Lehren des sogenannten „Großen Weges" (Skt. *Mahāyāna*) wurden denen gegeben, die verstanden hatten, dass sie nicht die einzigen auf der Suche nach Glück waren und Leid ver-

meiden wollten, sondern dass dies für alle fühlenden Wesen gilt. In diesem Fall ist das Ziel, *Mitgefühl* für alle Wesen zu entwickeln, und *Weisheit*, Einsicht in die Leerheit aller Erscheinungen. Dies ist das „Zweite Umdrehen vom Rad des *Dharma*" gegeben bei der Geierspitze in Rajagṛha.

3) Die dritte Art von Belehrungen wurde den wenigen Menschen gegeben, die ein intuitives Vertrauen hatten, dass Erleuchtung kein weit entferntes Ziel ist, welches es zu erreichen gilt, sondern ein Potenzial des eigenen Geistes, das verwirklicht werden kann. Sie sahen den Buddha weniger als äußeren Lehrer oder als Übermenschen, sondern als den Spiegel, der die volle Entfaltung des Geistes zeigt. Auf dieser dritten Ebene gab Buddha Belehrungen über die Buddhanatur, Einssein mit Erleuchtung. Dies ist das „Dritte Drehen vom Rad des *Dharma*", der *Vajrayāna* (Skt.) oder Diamantweg Tibets.

NEUE WEISHEITSSCHULE

Da tibetisch-buddhistische Philosophie auf den Prinzipien des Mahāyāna-Gedankens beruht, werden wir mit einer kurzen Zusammenfassung von zwei ihrer klassischen Schulen beginnen. Die „Neue Weisheitsschule" (ein Begriff der von Edward Conze für die „Vollendete Weisheit"-Texte und *Madhyamaka* geprägt wurde)[2] und die „Nur-Geist-Schule".

Historisch betrachtet, erschienen die philosophischen Lehren des Mahāyāna in Texten aus dem ersten oder zweiten Jh. v. u. Z. in einer Sammlung von *Sūtras* (Lehren) namens „Vollendete Weisheit" (Skt. *Prajñāpāramitā*). Diese „Neue Weisheitsschule" betont die Belehrungen über die Leerheit einer innewohnenden Existenz aller Erscheinungen.

Obwohl der Buddha immer einen mittleren Weg zwischen Substanzialismus und Nihilismus betont hat, können Entwicklungen in der frühen *Hīnayāna* Philosophie bereits als davon abweichend angesehen werden, da sie kleinsten Daseinsfaktoren eine Existenz zuschreiben (Pāli *dhammas*, Sanskrit *dharmas*), die den ewig wechselnden Fluss geistiger und zustandlicher Prozesse ausmachen.

Prajñāpāramitā und ihre philosophische Systematisierung in Nāgārjunas „Mittlerer Lehre" (*Madhyamaka*, 2. Jh. u. Z.) widersprach dieser Sichtweise und behauptete, dass nicht nur das Selbst einer empirischen Person nicht vorhanden ist (Skt. *pudgalanairātmya*), sondern auch dass die Erscheinungen selbst leer sind (Skt. *dharmaśūnyatā*). Die neue Weisheitsschule überbrückte die Kluft zwischen konventioneller Wahrnehmung und wahrem Wesen durch die Lehren über die zwei Wahrheiten, der empirischen und konventionellen (Skt. *saṃvṛti*), und der absoluten (Skt. *paramārtha*). Der dritte Hauptaspekt dieser Lehre handelte von Motivation und Entwicklung buddhistischer Praxis. Das aktive Mitgefühl in der dynamischen Auslöschung von Störgefühlen des Erleuchtungswesens (Skt. *Bodhisattva*) wurde spiritueller Weg und Ziel im Gegensatz zum starren Nirvana des Hīnayāna Ideals, des *Arhats* (Skt.).

NUR GEIST

Die Nur-Geist-Schule (Skt. *cittamātra*, *Yogācāra*) auf der anderen Seite benutzte den Begriff ‚Geist' als linguistische Bezeichnung des Absoluten, Wahrnehmender und Wahrgenommenes.

Die wichtigsten Denker des *Yogācāra* waren Maitreya(-natha), Asaṅga (310-390) und Vasubandhu (4. Jh. u. Z).

Eigentlich stimmen frühe Nur-Geist Lehren wie das *Laṅkāvatāra Sūtra* (4. Jh. u. Z)[3] Nāgārjuna und der Neuen Weisheitsschule zu, z.B. in ihrer Bezeichnung der bedingten Welt als leer und letztendlich illusionsgleich; alle Erscheinungen existieren nur als Denkmodell und Übereinkunft.[4] Aber die Nur-Geist Philosophie fragt dort weiter, wo Madhyamaka aufhört: Wenn alle Erscheinungen illusionsgleich sind, nach welchem Vorgang entstehen dann Erscheinungen? Wie erklären sich Träume, Erinnerungen? Und vor allem: Was ist es, das letzte Wirklichkeit formlos wahrnimmt? Die Antwort lautet: „Geist". Die Vorgänge entstehen im Geist nach dem Gesetz von Ursache und Wirkung (Karma): Bewusstseinseindrücke, Ideen sinken in ein absolutes „Grundbewusstsein". Dieses Speicherbewusstsein (Skt. *ālayavijñāna*, oder *mūlavijñāna*) hat viel gemein mit dem, was C.G. Jung das kollektive Unbewusste genannt hat. Es ist darüber hinaus absolut, Geist (Skt. *citta*) im engeren Sinne: die Matrix aller Erscheinungen. Aus den hier versammelten Eindrücken verdichtet sich immer wieder ein Einzelbewusstsein, ein Ich-Bewusstsein: Denken und Denkbewusstsein (Skt. *manas* und *manovijñāna*). So erklären sich Wiedergeburt und die Welt des Leidens (Skt. *saṃsāra*). Erkenntnis des absoluten Geistes ist gleich mit Befreiung. In den Worten des Zen-Meisters Sōsan (Seng ts'an): „Wenn unser Bewusstsein zur Ruhe kommt, verschwindet es von selbst."[5]

Nach der Abstufung ihrer tatsächlichen Wirklichkeit werden die Erscheinungen in drei Gruppen (Skt. *trisvabhāva*) eingeteilt, wie im 6. Kapitel des grundlegenden *Saṃdhinirmocana-Sūtras*[6] (2. Jh. u. Z.) dargestellt. Die vollendete Existenzweise (Skt. *pariniṣpanna-svabhāva*) ist Geist, dieser erschafft in fortwährendem Kreislauf abhängige (Skt. *paratantra*) Aspekte, die „Subjekte" des Denkvorgangs, die Gedanken denken und so Konzepte, äußere Erscheinungen und ein „Ich-Bewusstsein" erschaffen.

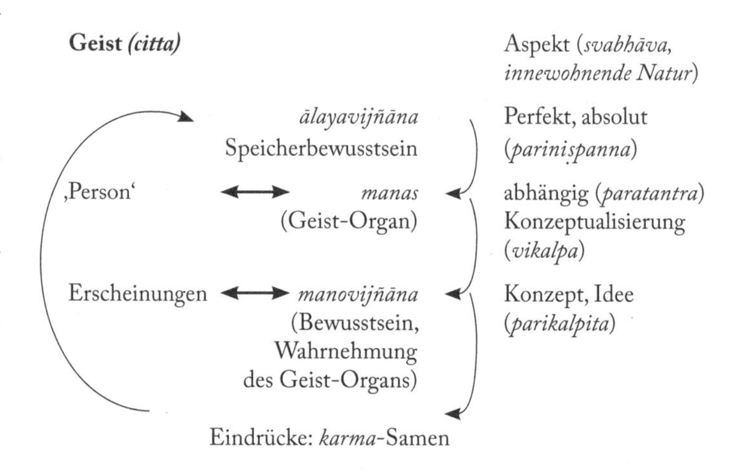

Unser heutiger Zustand ist die Folge früherer geistiger Eindrücke: wir erleben entsprechend den auf Ursache und Wirkung basierenden Erscheinungen, erstarrte Konzepte, Denk- und Gefühlsmuster.

DIE DREI BUDDHAZUSTÄNDE

Die Vorstellung der „drei Buddhazustände" (Skt. *trikāya*, wörtlich „drei Körper") hilft uns, das Wesen von Erleuchtung auf verschiedenen Ebenen des Bewusstseins und der Wahrnehmung zu begreifen. Ihre Anfänge liegen in der Neuen Weisheitsschule und die volle Entwicklung entstand im klassischen dreifachen System des Nur-Geist Kontextes. Im *Prajñāpāramitā-Sūtra in 8000 Versen*[7] wird ein Unterschied zwischen dem körperlichen Leib (Formzustand, Skt. *rūpakāya*) des Buddha und seinem spirituellen Wesenskern (Wahrheitszustand, Skt. *dharmakāya*) deutlich.

Ausgangspunkt ist die schon häufiger erwähnte Auffassung von den zwei Wirklichkeiten, der bedingten und der absoluten Wirklichkeit, hier durch „Formzustand" und „Wahrheitszustand" angedeutet. Dabei hat der Formzustand (Skt. *rūpakāya*) im klassischen System zwei Stufen: den „Ausstrahlungszustand" (Skt. *nirmāṇakāya*) und den Freudenzustand (Skt. *saṃbhogakāya*). Ersterer entspricht der physischen Erscheinung eines Buddha in der Welt, z.B. Buddha Shakyamuni oder im tantrisch-tibetischen Buddhismus auch bewusst wiedergeborene verwirklichte Lehrer (Tulku = Skt. *nirmāṇakāya*, Tib. *sprul sku*) wie die Karmapas und die Shamarpas der Karma-Kagyü-Schule.

Der Freudenzustand entspricht dem, was manchmal transzendente Buddhas und Bodhisattvas genannt wird: Aspekte der Erleuchtung, die als Spiegel für das Potenzial des Geistes arbeiten und in der Meditation wahrgenommen werden können.

Der Wahrheitszustand wird auch als „Soheit" (Skt. *tathatā*), „Wahrheits-heit, Wahrheits-reich" (Skt. *dharmatā*, *dharmadhātu*) und „Reinheit" (Skt. *viśuddhi*) bezeichnet.

Candrakīrti beschreibt den Wahrheitszustand so: „Die Stille des *dharmakāya* ist der Brandstoff, der alle möglichen Wahrnehmungen verzehrt."[8]

In späteren Traditionen wird der Wahrheitszustand manchmal noch in den „Einsichts-Zustand" (Skt. *jñānakāya*) - letztendliches erleuchtetes Bewusstsein des Geistes als Leerheit - und den „Wesens- oder Essenzzustand" (Skt. *svabhāvikakāya*) unterteilt - Leerheit als bloße Möglichkeit.

Die verschiedenen Buddhazustände lassen sich anschaulich durch den Vergleich mit Wasser verdeutlichen. Formloser Wasserdampf gleicht dann dem Wahrheitszustand, seine Verdichtung zu Wolken dem Freudenzustand: wahrnehmbar und doch unwirklich weit weg; dem Regen, der unsere Haut berührt, gleicht der Ausstrahlungszustand. Alles ist Wasser, H_2O, der Wesenszustand.[9]

BUDDHANATUR

Die Belehrungen zur Buddhanatur erschienen zum ersten Mal um das Jahr 200 u. Z. im kurzen *Tathāgatagarbha Sūtra*[10] (Lehre über das Samenkorn der Erleuchtung). Seinen klassischen Ausdruck findet diese Lehre in einer in Ostasien und Tibet zutiefst verehrten Schrift, dem *Ratnagotravibhāga* (Erläuterung des Keimes der (drei) Juwelen), häufig schlicht „höchste Lehre“ (*Uttaratantra*, 3. Jh. u. Z.) genannt.[11]
Diese Lehren werden in Tibet traditionell dem zukünftigen Buddha Maitreya zugeschrieben, welches auf eine nahe Verbindung zur Nur-Geist-Schule des Mahāyāna Buddhismus schließen lässt.
Lehren wie das wichtige *Śrī-Mālādevī-siṃhanāda Sūtra* (Löwengebrüll der Königin Shri Mala, frühes 3. Jh. u. Z.)[12] und das *Laṅkāvatāra Sūtra* (4. Jh. u. Z.) stellen die Entwicklung der Lehren über die Buddhanatur innerhalb der Bewegung der frühen Mahāyāna Philosophie.

Die innewohnende Grundlage der Erleuchtung wird Buddhanatur genannt (Skt. *buddhatva, buddhatā*).
Die Lehre der Buddhanatur macht eine natürliche Entwicklung der „buddhologischen" Theorie über die Natur eines Buddha aus.
Der ‚Buddha‘ wird sowohl als immanent als auch transzendent verstanden, d.h. ein Buddha wirkt sowohl innerhalb der Welt, wie wir sie vorläufig wahrnehmen, als auch auch jenseits davon auf der Ebene der letzten Wirklichkeit. Erleuchtung wird mit liebevoller Aktivität zum Besten aller Wesen verbunden, welches dem Ideal eines Bodhisattvas (wörtlich „Erleuchtungswesen“, etwa: „Erleuchtungsstrebender“) des Großen Weges (Skt. *Mahāyāna*) entspricht, der letztendlich aktives *Nirvāṇa* ausdrückt.
Die philosophische Folgerung davon ist, dass in allen Wesen die Erleuchtung als Möglichkeit vorhanden ist - mehr noch: dass Erleuchtung die wahre Natur aller fühlenden Wesen ist.
Diese Essenz wird allerdings verschleiert und verdunkelt durch „Tat-Impulse" (Ego-Trips) und karmische Eindrücke, die ihren Ursprung in drei grundlegenden, gefühlsmäßigen Reaktionen haben: Verwirrung, Zuneigung und Abneigung. Diese drei „Wurzeln des Unheilsamen" (Skt. *akuśala-mūla*) sind der Motor der Welt der Wiedergeburten und des Leidens (Skt. *saṃsāra*).
Der Weg zur Erleuchtung besteht vor diesem Hintergrund aus der stufenweisen Reinigung dieser karmischen Verschleierung.
Die entscheidende Deutungsverschiebung besteht also darin, dass Erleuchtung kein Ziel mehr ist, das erreicht wird, sondern

die wahre Natur, die entschleiert und verwirklicht werden muss. Dies wird in der frühesten Schrift zur Buddhanatur, dem *Tathāgatagarbha Sūtra*, in neun Gleichnissen erklärt, die dann im *Ratnagotravibhāga* ausführlich erläutert werden (RV 1, 95 - 129):

1) eine Buddhastatue in einer verwelkten Lotosblüte
2) Honig unter Bienen
3) Korn in der Hülse
4) Gold im Müll
5) vergrabener Schatz
6) Samenkorn in einer Frucht (aus dem ein Baum wächst)
7) eine Buddhastatue unter wertlosem Trödel
8) der künftige Weltenfürst im Schoß einer hässlichen alten Frau
9) eine Statue aus edlem Metall in der Umhüllung von Lehm und Ton

Das *Tathāgatagarbha Sūtra* bezeichnet auch zum ersten Mal die Buddhanatur als *garbha* („Schoß" bzw. „Embryo") des *Tathāgata* (= Buddha), *tathāgatagarbha.* Der für uns ungewöhnliche Ausdruck „Schoß" ist in Wortzusammensetzungen im Sanskrit aber eine normale Ausdrucksmöglichkeit, etwa im Sinne von „Behälter". Der Deutlichkeit halber, und um Verwirrung zu vermeiden, übersetzen wir tathāgatagarbha mit „Keim der Buddhaschaft".

In dem bereits erwähnten frühen Sūtra „Löwengebrüll der Königin Shri Mala" (3. Jh. u. Z.) wird Buddhanatur in ihrem „reinen" Zustand mit dem Wahrheitszustand gleichgesetzt (Skt. *dharmakāya*).

Spätere Schriften erweitern das System; unter ihnen besonders wichtig ist das bereits mehrfach erwähnte *Ratnagotravibhāga* oder *Mahāyāna-Uttaratantra Śāstra.*[13] Dieser Text verwendet den Begriff Soheit (Skt. *tathatā*), um die zugrunde liegende, absolute Wirklichkeit sowohl hinter dem Potenzial – Buddhanatur - als auch als dessen Verwirklichung anzudeuten: *tathāgatagarbha* kennzeichnet jetzt den verschmutzten oder verschleierten Aspekt der Buddhanatur, den unverschmutzten und unverschleierten als *dharmakāya.*

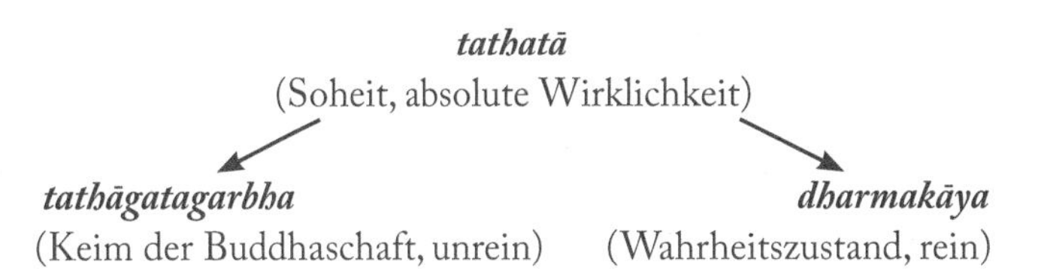

Die Gleichung „Soheit" = „Keim der Buddhaschaft" = „Wahrheitszustand" korrespondiert mit der Mahāyāna-Gleichung „Samsara" = „Nirvana" = „Leerheit":

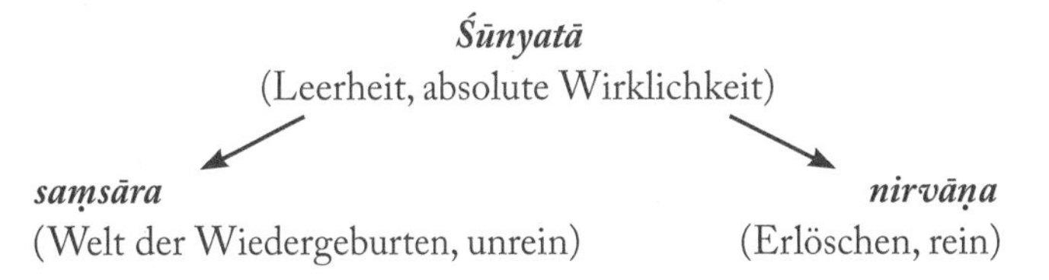

Und „Nur-Geist“ (Skt. *cittamātra*) Schriften wie das erwähnte Laṅkāvatāra Sūtra setzen dann den Keim der Buddhaschaft mit dem Speicherbewusstsein gleich.
Dieser Schritt der Gleichsetzung bildet die letzte indische Phase der Theorie von der Buddhanatur. In Ost-Asien wurde die *tathāgatagarbha* Philosophie besonders innerhalb des Ch'an/Zen fruchtbar verwendet und weiterentwickelt.
Dogen, der erste japanische Soto-Zen Patriarch, gibt der *tathāgatagarbha*-Lehre eine bezeichnende Wendung: Es heißt nun nicht, alle Wesen *haben* Buddhanatur, sondern alle fühlenden Wesen *sind* Buddhanatur.

„EIGEN-LEER" UND „FREMD-LEER"

In Tibet selbst unterscheidet die Deutung der *tathāgatagarbha*-Lehre die Philosophen der alten Schulen von denen der jüngsten Schule, Tsongkhapa's Reformschule der Gelugpas (die „Tugendhaften"). Ursprünglich eine Lehre der heute erloschenen Jo nang Schule, erblühte die sogenannte „fremd-leer" Auslegung bei den *Nyingma* („Alte Schule"), *Sakya* (d.h. Schule des Sakya Klosters) und den *Kagyü* („mündliche Überlieferung") Schulen. Hier wird Nāgārjunas Philosophie der Offenheit oder Leerheit (Skt. *śūnyatāvāda*) in Einklang mit der Buddhanatur und dem Speicherbewusstsein gebracht. So wird letztlich Leerheit zu Leerheit von etwas anderem: fremd-leer (Tibetisch *gzhan stong*). Der Geist als grenzenlose Ausdehnung und als Behälter aller Erscheinungen. Die Natur des Geistes wird gesehen als unteilbare Einheit von Raum und Bewusstsein (Tib. *rig pa*), Leerheit und „klares Licht" (Tib. *'od gsal*).
Im Gegensatz dazu deuten die *Gelugpas* Leerheit viel konservativer als „Leerheit in sich selbst". Dies wird *rang stong* (Eigen-Leer) genannt.
Die *rang stong* Sichtweise geht nicht so weit, ein wirkliches innewohnendes Absolutes anzunehmen, sie begnügt sich damit, lediglich dialektisch das Fehlen einer innewohnenden Existenz aller Erscheinungen aufzuzeigen.

DAS GROSSE SIEGEL

Mahāmudrā, das „Große Siegel" (Tib. *Phyag rgya chen po*), nennt man die höchste Sicht in der Kagyü-Tradition des tibetischen Buddhismus, obwohl Mahāmudrā Lehren auch von den anderen „neuen" Schulen des späteren Verbreitens des Buddhismus in Tibet (ab 978) verwendet werden, den Sakya und Gelug. Zudem behaupten tibetische Meister wiederholt, dass Mahāmudrā essenziell dasselbe ist wie die höchsten Lehren in der alten Schule des tibetischen Buddhismus (Tib. *Nyingma*): die „Große Vollendung" (Tib. *rdzogs chen*):
„Mahāmudrā und Dzogchen unterscheiden sich in den Worten, aber nicht in der Bedeutung."[14]
Wenn man buddhistische Meditation in gewöhnliche Mittel (wie Einsicht und ruhiges Verweilen), visionäre und extatische

Mittel (Energiearbeit, Tantra) und spontane Mittel einteilt, kann das Große Siegel sicherlich als „spontane Technik der Erleuchtung" bezeichnet werden.[15] Nichtsdestotrotz wird die Verwirklichung von Mahāmudrā entweder als stufenweise (Tib. *rim gyis pa*) oder spontan beschrieben (Tib. *cig car*).
Historisch betrachtet ist Mahāmudrā in den Erleuchtungserfahrungen der 84 *Mahāsiddhas* verwurzelt, die ihre direkte und mühelose Einsicht in spontanen kurzen Gedichten ausdrücken, den sogenannten Vajragesängen.
Oft handeln diese Verse wie Sarahas *dohās* vom natürlichen Zustand des Geistes (Tib. *sems kyi gnas lugs*) als innerlich, natürlich, ursprünglicher Zustand des Geistes (Skt. *sahaja*, Tib. *lhan cig skyes pa*).
Mahāmudrā bedeutet diese mühelose, natürliche Vereinigung von Weisheit (♀) und Mitteln (♂), Raum (♀) und Freude (♂). Es ist die Erfahrung der simultanen Erscheinung von Erleber und dem erlebten Objekt; die letztendliche Bedeutung des berühmten Herz-Sūtras:
Form ist Leerheit, Leerheit ist Form ...
In dieser Sichtweise drückt sich der Geist als zeitloser Raum aus (Skt. *dharmakāya*), als Klarheit oder freies Spiel (Skt. *saṃbhogakāya*) und als grenzenlos (Skt. *nirmāṇakāya*) entsprechend den Verwirklichungen von Furchtlosigkeit, selbstentstandener Freude und müheloser, natürlicher Liebe.
Die Übertragung des Großen Siegels der Kagyü-Schule kommt direkt vom indischen Meister Maitrīpa, der wiederum in der Übertragungslinie von Śabarī, Saraha, Nāgārjuna und letztlich Ratnamāti (=Mañjuśrī, normalerweise der Weisheitbuddha, aber in diesem Zusammenhang den *dharmakāya* ausdrückend, wie im *Mañjuśrī-mūla-kalpa*).[16]
Unter allen wichtigen tibetischen Mahāmudrā-Texten spielt das *Phyag chen smon lam* (Wünsche des Großen Siegels) des 3. Karmapa Rang byung rdo rje (1284-1339), eine bedeutende Rolle, welches in zahlreichen Übersetzungen mit Kommentaren von herausragenden Meistern der Kagyü-Linie erhältlich ist.[17]
Auf dem stufenweisen Weg vollendet der Praktizierende nach der Zufluchtnahme normalerweise einen Zyklus von vier besonderen Vorbereitungen (Tib. *sngon 'gro*). Dann werden traditionell drei Arten von Mahāmudrā unterschieden:
Sūtra-Mahāmudrā ist im Wesentlichen die Lehre des *Ratnagotravibhāga* (*Uttaratantra Sāstra*) und bezieht sich auf die stufenweise spirituelle Wandlung des Bodhisattvas auf den „fünf Wegen" (Ansammlung, Anwendung, Sehen, Geistesschulung und Nicht-mehr-Lernen) und die zehn Stufen (Skt. *bhūmi*) eines Bodhisattvas auf dem Weg zur vollen Erleuchtung.[18]
Tantra-Mahāmudrā entspringt aus der tantrischen Meditation als Erfahrung der „vier Freuden" - Einheit von Leerheit und Freude (Tib. *bde ba chen po*, Skt. *mahāsukha*), gleichzusetzen mit der Erfahrung der wahren Natur des Geistes (Skt. *sahaja*). Dies ist der Weg der Mittel (Skt. *upāyamārga*): insbesondere die sechs Yogas des Nāropa (Tib. *Nā ro chos drug*; Energie-Yoga).
Essenz-Mahāmudrā zeigt den eigenen Alltagsgeist in seinem ungekünstelten, konzeptlosen Naturzustand, nicht entstehend, ungehindert und sichtbar. Essenz-Mahāmudrā wird oft

Teil I

zusammen mit ruhigem Verweilen und Einsichtsmeditation praktiziert (Tib. *zhi gnas – lhag tong*). Dies wird als der Weg der Befreiung beschrieben (Tib. *grol lam*, Skt. *muktimārga*). Der *Grund* ist der ungehinderte Alltagsgeist, der *Weg* der nackte, ungekünstelte Zustand des Geistes und das *Resultat* der Zustand der Nicht-Meditation.

Grund, Weg und Resultat werden oft als Kategorien verwendet, wenn man über das Kagyü-Mahāmudrā redet. Um die Sicht des *Weg-Mahāmudrās* zu erlangen (den mühelosen, nicht-erzeugten Zustand des Geistes) werden vier *Yogas* verwendet: „Einsgerichtetheit" (Skt. *ekāgratā*, Tib. *rtse gcig*), „Ungekünsteltsein, Konzeptlosigkeit" (Skt. *aprapañca*, Tib. *spros bral*), „Ein-Geschmack" (Skt. *ekarasa*, Tib. *ro gcig*) und „Nicht-Meditation“ (Skt. *abhāvanā* Tib. *sgom med*). Die drei Kategorien werden in einer kurzen „Antwort" des Kagyü/Sakya Meisters Karma Phrin las pa: (15./16. Jh.) ausgedrückt:
„Den Geist selbst anzuschauen ist die höchste Sicht. Davon nicht abgelenkt zu sein ist die höchste Meditation. Mühelose Tat ist die höchste Tat. In der Grundlage sind die drei Buddhazustände schon immer da; treten sie zutage, ist dies das höchste Resultat."[19]
Ein letzter Begriff verdient es erwähnt zu werden: Der Weg des Segens (Tib. *byin labs*) oder Vertrauens (Skt. *śraddhā*). Dies bezieht sich auf das Mahāmudrā, in dem ein besonders wirksames Mittel genutzt wird: *guru yoga*, die Meditation auf den Lama (Tib. *bla ma'i rnal byor*).

Der sprachliche Ausdruck dieser Erfahrungen in den *Dohās* (Skt.) und Diamantliedern der Meister deutet als „Symbole" oder „Siegel" (Skt. *mudrā*) auf die wahre Natur des Geistes. Dabei werden häufig Beschreibungen von unweigerlicher Farblebendigkeit und von der Freudhaftigkeit und der Verspieltheit aller Erscheinungen verwendet; Schönheit und Jugend sind häufig verwendete Symbole für die überwältigende Freude und Frische der Erfahrungen.[20] Die immerwährend äußerste Unmittelbarkeit des Erlebens ist Mahāmudrā genauso, wie die größte Einfachheit und Natürlichkeit. Mahāmudrā-Sprache spricht vom Zauber dessen, was ist, von höchster Glückseligkeit und vom Begreifen des Seins, wie es ist. Maitrīpa drückt dies so aus:

„Der gedankenfreie Yogi ist wie ein Kind,

eine Biene im Blumengarten, alle Blüten kostend,

wie ein Löwe, brüllend im Dschungel,

wie der Wind, der weht, wo er will.“[21]

QUELLEN:
1 Lama Ole Nydahl, Wie die Dinge sind, Knaur, München 2004, S. 11.
2 z. B. Edward Conze, Der Buddhismus, Kohlhammer, Stuttgart 1995, 10. unveränderte Auflage, S. 112 ff.
3 Karl-Heinz Golzio, Die makellose Wahrheit erschauen. Das Lankavatara-Sutra, Scherz, Bern 1995.
4 LV 2, S. 125.
5 Seng Ts'an, Hsin hsin ming (Shinjenmei), in R. H. Blythe & Fr. Franck (Hrsg.), Zen and Zen Classics, Band 1, Weatherhill, Boston 2002.
6 John Powers, Wisdom of Buddha: The Samdhinirmocana Sutra, Dharma Publishing, Berkeley 1995.
7 Edward Conze, The Perfection of Wisdom and its verse summary, Four Seasons, Berkeley 1973.
8 Paul Williams, Mahāyāna Buddhism, Routledge, London 1989, S. 63.
9 Lama Ole Nydahl, Das Große Siegel. Die Mahamudra-Sichtweise des Diamantweg-Buddhismus, Knaur, München 2006, S. 42 ff.
10 Michael Zimmermann, A Buddha Within: The Tathāgatabarbhasūtra, International Research Institute for Advanced Buddhology, Soka University, Tokyo 2002.
11 Herausgegeben und übersetzt von E. H. Johnston, Patna 1950.
12 Alex & Hideko Wayman, The Lion's Roar of Queen Śrīmālā, Columbia, New York 1974.
13 Dieser Text stammt wahrscheinlich aus der Mitte des 3. Jh. u. Z., auch wenn dessen Zuschreibung an Sāramati in chinesischen Quellen auf das Ende des 5. Jh. u. Z. deutet, falls dieser Sāramati der Yogācāra Philosoph Sthiramati ist; die früheste chinesische Übersetzung stammt aus dem Jahre 511.
14 Trangpo Tertön Sherab Öser, zitiert durch Tulku Urgyen Rinpoche in: Tsele Natsok Rangdrö, The Lamp of Mahamudra, Shambala, Boston 1989, XIV.
15 S. Beyer in: Charles S. Prebish (Hrsg.), Buddhism, Pennsylvania University Press, University Park 1975, S. 148-158.
16 Die Geschichte des Kagyü Großen Siegels findet sich ausführlich im 11. Kapitel der tibetischen Blauen Annalen beschrieben (Deb ther sngon po, tr. Roerich, Calcutta 1949).
17 z. B. Chökyi Nyima, Kathmandu 1992; 7. Tā'i Situ, Ithaca 1994; Lama Ole Nydahl, Knaur, München 2006.
18 Wie zum Beispiel im Dāśabhūmika Kapitel des Avataṃsaka oder dem Bodhisattvabhūmi Kapitel des Yogācāra-bhūmi-śāstra beschrieben.
19 Übers.: Jim Rheingans, Das Leben und Gesamtwerk des ersten Karma prhin las pa, Magisterarbeit, Hamburg 2004, S. 33.
20 Reginald A. Ray, Secret of the Vajra World, Shambala, Boston 2002, S. 286-289.
21 Ta ba sgom pa spyod pa 'bras bu'i dohā mdzod, Keith Dowman in: Masters of Mahāmudrā, State University of New York Press, New York 1985, S. 23.

FORM & LEERHEIT

KANN EIN BUDDHIST IM FLUSS BADEN?

Buddhistische Ideen und der Ursprung der europäischen Kultur

DR. ARTUR PRZYBYSLAWSKI

Teil I

Dieser Aufsatz soll nicht zeigen, dass die Griechen Kryptobuddhisten waren. Obwohl einige ihrer Ideen der buddhistischen Sichtweise ähnlich sind, steht uns diese Definition nicht zu, da die altgriechische Kultur nicht erhalten ist. Ich möchte stattdessen einige strukturelle Ähnlichkeiten aufzeigen und die These untermauern, dass buddhistische Anschauungen dem westlichen Geist nicht so fern liegen, wie es allgemein angenommen wird, da sich viele faszinierende, buddhistisch anmutende Spuren in den Wurzeln der europäischen Kultur finden.

Manche Leute sagen, dass Dinge, die aus dem Osten kommen, wegen kulturellen Unterschieden nicht vom westlichen Geist erfasst und benutzt werden können. Kulturelle Unterschiede bedeuten allerdings nicht immer, dass die Sachen unverständlich und unzugänglich sind. Wer das behauptet, ist wohl einfach zu bequem, sich intellektuell auf etwas Neues einzustellen. Aspirin aus dem Westen funktioniert sehr wohl in indischen Krankenhäusern, in Europa fährt man japanische Autos, ohne dass man sich an kulturellen Unterschieden stoßen würde und chinesische Akupunktur macht im Westen keinem mehr Angst, wurde sie doch früher als eine aufwendige Ausübung von Sadismus angesehen.

Im Osten kann man europäische Mathematik nachvollziehen; es haben sogar Quantenphysiker aus Indien den Nobelpreis erhalten: Warum soll es also für Westler nicht möglich sein, buddhistische Belehrungen über die Natur des Geistes zu verstehen? Jeder hat einen Geist – obwohl manche diese Tatsache zu verstecken suchen – also kann auch jeder seinen Geist beobachten und praktische Schlüsse aus diesen Beobachtungen ziehen. Um nichts anderes geht es bei buddhistischen Übungen nämlich. Natürlich stellen buddhistische Belehrungen über den Geist ein neues Konzept dar, aber sie sind uns nicht vollkommen fremd. Auch müssen kulturelle Unterschiede zwischen der westlichen und der östlichen Weltsicht berücksichtigt werden, besonders wenn wir Buddhismus lehren oder darüber diskutieren. Dennoch: ihre Wurzel ist der gleiche spielerische und freudvolle Geist.

Hier ist die Frage im Titel dieser Abhandlung von Bedeutung. Dabei wird nicht etwa Hygiene angesprochen, sondern eine bestimmte Weltsicht und auch alltägliches Verhalten. Wenn ein Fluss wirklich ist, kann man darin baden. Aber worin baden wir, wenn – wie es nach buddhistischer Sicht erklärt wird – der Fluss nicht wirklich ist? Können wir dann überhaupt darin baden? Der Ansatz im Buddhismus ist grundlegend zur europäischen Philosophie verschieden, die nach einem unabhängig existenten, absoluten und realen Wesen sucht (diese Suche heißt Ontologie, vom griechischen Wort ontos – „das was existiert", oder, „das was ist"). Aus europäischer Sicht kann auf diese Weise Buddhismus leicht als Nihilismus missverstanden werden, was natürlich nicht gemeint ist. In Sarahas berühmtem Lehrsatz aus „Dohakosha" heißt es: „Leute, die denken, dass die Dinge wirklich sind, sind so dumm wie Kühe. Leute, die denken, dass die Dinge nicht wirklich sind, sind noch dümmer."

Am Anfang eines philosophischen Gedankengangs aus dem Westen wählt man meist von vornherein Sein oder Nichtsein.[1] Normalerweise führt die erste Möglichkeit zur Ontologie und die zweite zum Nihilismus. Sogar in unserem täglichen Leben haben wir diese Wahl getroffen, indem wir denken, dass die Dinge real sind und dass die Welt, die wir sehen, an sich existiert.[2]

Diese allgemein gebräuchliche Sichtweise kann jedoch auch ein Hindernis für das wahre Erkennen des Geistes, wie es im Buddhismus angestrebt wird, darstellen. Nach buddhistischer

Anschauung kann man in der Welt nichts finden, das wirklich existiert. Für einen europäischen Philosophen klingt das wohl wie eine Anerkennung des Nicht-Seins, die zum Nihilismus führt. Der Buddhismus entscheidet sich aber nicht für eine Seite der beiden Anschauungen – Sein oder Nicht-Sein, sondern genießt den berühmten „Mittelweg" zwischen diesen beiden Extremen. Dieser Weg führt zum Raum oder zur Leerheit, die auf höchster Stufe „Geist" genannt wird, der weder ist, noch nicht ist. In buddhistischen Texten wird das so ausgedrückt: „Obwohl man nicht sagen kann, DAS ist der Geist, er ist dieses oder jenes, durchdringt er Samsara oder Nirvana."[3] Oder: Geist ist „Raum, als Ding nicht erfassbar."[4] Der Ursprung und die Natur aller vergänglichen Dinge ist Raum, in den am Ende wieder alles zurückkehrt. „Was äußerlich wie innerlich entsteht, wahrgenommen wird und wieder verschwindet, ist dessen Klarheit."[5] Dass das Nicht-Sein existiert, wird in buddhistischer Sicht so ausgedrückt, dass alles von Natur aus raumgleich ist, ein Ausdruck des spielerischen und freudvollen Raumes, und deshalb auch leer von den Eigenschaften aller existierenden Dinge. So ein Geist muss natürlich unvergänglich sein, da er kein Ding ist und auch nicht zerstört werden kann.[6] Buddhistische Belehrungen über Leerheit kann man also sehr wohl genießen!

In der westlichen Geschichte findet man eine Zeit, in der buddhistisches und europäisches Denken im Einklang waren. Interessanterweise ist das die Zeit, in der unsere europäische Kultur in den Kinderschuhen steckte: das alte Griechenland.
Auf den ersten Blick erscheint diese Idee abwegig, da die Griechen ja in Europa die Idee über das Absolute als permanentes, unzerstörbares Element eingeführt hatten. „Allgemein beunruhigten sie die Belehrungen zur Leerheit von allem Inneren wie Äußeren, die von Buddha aus Indien kamen. Sie brauchten etwas dinglich Bestätigendes und führten deswegen die Vorstellung eines „*atomos*" oder Atoms ein."[7] Später entwickelte Plato die Theorie, dass die Dinge unvergänglich und unzerstörbar sind. Aristoteles fügte die Belehrungen über die Substanz hinzu. Dieses Gedankengut prägte später die europäische Philosophie und die westliche Anschauungsweise der Welt. Von Aristoteles übernahmen wir die Annahme, dass die Welt an sich wirklich existent ist, und von Plato die, dass wenn die Welt doch ein Traum ist, sie als Grundlage ein an sich existierendes Modell haben muss, das perfekter ist, als die Welt selbst.
Eine genauere Untersuchung zeigt, dass sogar solche „materialistischen" Philosophen wie Demokrit und Plato die Idee des Raumes oder Vakuums einführen mussten, um ihre logischen Erklärungen über die Welt und ihre Herkunft zu erklären. Tatsächlich war die Idee vom Raum als Leerheit bei den Griechen schon lange vor Plato vorhanden und zwar ganz von Anfang an.[8]
Etwa 200 Jahre vor der Zeit des Buddha Shakyamuni kam Hesiod zu einer erstaunlichen Einsicht, die fast schon buddhistisch klingt. Er begann seine berühmte Theogonie mit der

Feststellung, dass die ganze Welt aus dem Chaos entstanden ist. Hierzu muss man wissen, dass der Begriff *chaos* zu dieser Zeit nicht Unordnung bedeutete – eine Definition, die erst später kam, als im Gegensatz der Begriff *cosmos*, Ordnung, hinzukam. Davor bedeutete Chaos schlicht und ergreifend „leerer Raum".[9] Die Griechen waren ebenso wie die Buddhisten der Ansicht, dass die Welt aus einem leeren, aber auch an sich schwangeren Raum ohne die Hilfe von autonomen, göttlichen Kräften von außen entstanden war. So ist der Raum zwar leer, aber nicht an sich nichts und man kann sogar sagen, dass er alles ist, da er der Ursprung für alles ist, was existiert. Vielleicht war die bekannte Aussage Buddhas aus dem Herz-Sutra, dass „Leerheit Form ist", ihnen doch nicht so fremd.

Als erstes sei Gaia aus dem Raum entstanden – die Erde. Diese hatte eine konkrete Form und war das erste „Ding". Es scheint, dass sie komplett verschieden zum Raum war – da ihr Ursprung komplett leer von den Eigenschaften dieses Dinges war (was an sich nicht logisch ist, da etwas nur aus etwas entstehen kann, das die gleichen Eigenschaften hat). Allerdings blieb die Erde grundlegend mit dem Chaos verbunden, da in ihrer Mitte *erebos* zu finden war, ein leerer, dunkler Raum, der mit den gleichen Attributen wie *chaos* beschrieben wurde. Wieder finden wir den Raum, dieses Mal im Herzen des ersten, real existierenden „Dinges". Die Idee, dass „Form gleich Leerheit" ist, scheint den Griechen also auch nicht so fremd gewesen zu sein.

Im Herz-Sutra heißt es, dass Raum Leerheit ist, Leerheit Raum und dass Form und Leerheit nicht verschieden voneinander sind.[10] Dieser Kernsatz der buddhistischen Philosophie erscheint dem europäischen Leser nur dann fremd, wenn er nichts über griechische Philosophie weiß. Wenn wir zudem keine Angst davor haben, frei zu denken, können wir erkennen, dass diese Aussage nicht nur für den Buddhismus von Bedeutung ist. Anders ausgedrückt, wir können diese Aussage als natürliche Schlussfolgerung der Vorväter der europäischen Kultur, der griechischen Mythologie und Philosophie sehen, auch wenn die Griechen diese Schlussfolgerung selbst nicht so formuliert haben.

Wenn man die Philosophie der Griechen genau ansieht, findet man das Problem des Raumes in einigen entscheidenden Textstellen. Sogar solche materialistischen Denker wie Demokrit mussten mit dem nicht materiellen Raum auskommen, da er erkannt hatte, dass die Idee des *atomos* nicht ausreichend war. „Das Wort bedeutet „unteilbar" und gab ihnen somit wenigstens begriffsmäßig etwas Sicherheit: Denn wenn man die Sachen ewig teilen könnte, wäre nach ihrer Vorstellung am Ende vielleicht wirklich gar nichts übrig, und sie stünden vor einem schwarzen Loch."[11] Dies ist die offensichtliche Motivation, die hinter der Begriffsfindung des *atomos* steckt. Auf der anderen Seite muss man jedoch zugeben, dass es, wenn Atome die einzigen Elemente der Wirklichkeit wären, keine Bewegung in der Welt gäbe, da die Atome keinen Raum hätten, in dem sie sich bewegen, geschweige denn komplexe Strukturen wie Welten oder Körper bilden können. Man muss annehmen, dass es einen Ort gibt, in dem sie sich bewegen, und dieser Ort nennt sich Raum – ein nicht wegzudenkender Bestandteil unserer Welt.

Natürlich war die griechische Vorstellung vom Raum nicht so ausführlich wie die buddhistische: „Demokrit (...) nennt den Raum [nur], das Leere', ,Nichts' und ,das Unendliche'."[12] Wie dem auch sei, er nimmt die Welt definitiv als zweiseitig wahr: Auf der einen Seite ist sie eine Ansammlung existierender Partikel, und auf der anderen Seite hat sie eine raumgleiche Natur. Dies ist der zweite Teil der Wirklichkeit, den man nicht wegdenken kann, und der die gleiche Relevanz hat wie das Atom. Tatsächlich ergänzen sich Form (Materie) und Leerheit. Obwohl die Atomisten sich am Ende für das Sein entscheiden, hätten sie vorher nicht erwartet, dass sie einmal sagen würden, „dass das Seiende um nichts mehr sei als das Nichtseiende, weil auch das Leere nicht (weniger) als der Körper sei"[13]. Die Idee von Raum oder Leerheit bei Demokrit ist dann nicht mehr eine einfache Verneinung von Sein. Vielmehr ist der Raum genau so wahr wie die Atome, und so war das „Nichts" der griechischen Philosophen nicht Nichts an sich, sondern „kein Ding". Wir nennen Demokrit den Vater des Atomismus, und vergessen, dass er den Raum (oder das Vakuum, wie er es ausdrückte), als einen ebenso wichtigen Bestandteil der Wirklichkeit ansah. Anstatt einen „Atomisten" könnten wir ihn daher genauso gut „Horisten" nennen, nach dem griechischen Wort für Raum, *hora*. Und obwohl er es nicht wagte zu sagen, dass Form und Leerheit untrennbar sind oder dass Leerheit die eigentliche Natur der Dinge ist, war er aber nicht so materialistisch, wie es allgemein angenommen wird. Sogar diese Theorie muss am Ende eine buddhistisch anmutende Aussage zulassen. So geht es auch der modernen Wissenschaft, die das Atom beschreibt: „ Spätere Experimente zeigten, dass der Kern nur etwa ein Hunderttausendstel der Größe eines Atomes einnimmt: ein Kern, der in der Regel einen Durchmesser von 10-13 cm Durchmesser hat, ist in eine Elektronenwolke eingehüllt, die in der Regel einen Durchmesser von 10-8 cm hat. Um sich diese Zahl zu veranschaulichen, muss man sich im Zentrum der St. Pauls-Kathedrale einen Stecknadelkopf mit einem Durchmesser von einem Millimeter vorstellen, der weit oben in der Kuppel der Kathedrale, etwa hundert Meter entfernt, von einer Wolke aus mikroskopischen Staubteilchen umgeben ist. Dabei stellt der Stecknadelkopf den Atomkern dar, die Staubteilchen sein Gefolge von Elektronen. Das zeigt, wieviel leeren Raum es in den Atomen gibt – und alle anscheinend festen Objekte der materiellen Welt bestehen aus diesen leeren Räumen, die durch elektrische Ladungen zusammengehalten werden."[14] Am Ende müssen wir eben doch zugeben, dass unsere Welt aus einem großen Teil von Nicht-Sein besteht, dem lediglich ein wenig Sein hinzugefügt wurde.[15]
Die gleiche logische Notwendigkeit, die aufzeigt, dass Existenz von Nicht-Existenz untrennbar ist, kann man auch bei

Plato finden, dem Vater des ontologischen Denkens. Obwohl er glaubte, dass die einzige wirkliche Realität aus dauerhaft existierenden Ideen bestehe, führt auch er den Raum als nicht wegzudenkenden Teil der Weltordnung an. Er sagt sogar, dass man die traumgleiche Welt unserer alltäglichen Erfahrung und ihre transzendenten Muster (Ideen) nur anhand einer dritten Komponente erklären kann, die in diesem Diskurs von größtem Interesse ist: „Der neue Anfang nun über das All sei mehr als der vorige auseinandergelegt. Denn früher unterschieden wir zwei Gattungen, jetzt aber müssen wir noch eine von diesen verschiedene dritte aufweisen. Reichten doch jene zwei bei der früheren Darstellung aus, die eine als Gattung des Vorbildes zugrunde gelegt, als denkbar und stets in derselben Weise seiend, die zweite aber als Nachbildung des Vorbildes, als Entstehung habend und sichtbar. Eine dritte aber stellten wir früher nicht auf, indem wir meinten, daß die beiden ausreichen würden; doch jetzt scheint die Untersuchung zu dem Versuche uns zu nötigen, eine schwierige und dunkle Gattung durch Reden zu erhellen. Als welche Natur und Kraft besitzend müssen wir sie also annehmen? Vor allem die: daß sie allen Werdens Aufnahme sei wie eine Amme.“[16]

Und wie beschreibt Plato dieses dritte, notwendige Element? Zuerst erkennt er, dass es von weiblicher Natur ist: „Wir können dieses empfangende Prinzip mit einer Mutter vergleichen.“[17] Er fährt fort, dass dieses weibliche Element „leer“ von irgendeiner Form sein müsste. Deshalb kann die Mutter und das Empfangende alles Erschaffenen und Teilbaren und in allen wahrnehmbaren Dingen nicht Erde genannt werden, oder Luft, Feuer, Wasser oder eine andere ihrer Bestandteile oder ihrer Elemente, die aus diesen entstanden sind, sondern es ist ein unsichtbares und formloses Sein, dass alle Dinge empfängt und auf mysteriöse Weise an dem denkbaren Teil hat. Es ist allzu unerfassbar.[18] Der Grund, warum es fast nicht erfassbar ist, ist natürlich die Tatsache, dass es kein Ding ist. Wenn wir denken, denken wir immer an etwas, und dieses Etwas ist bei Plato entweder die Idee oder das, was nach dieser Idee geschaffen wurde. Jedoch ist dieses dritte Element keines von beiden. Zuletzt nennt er dieses dritte Element bei seinem Namen: „Und da ist die dritte Natur, der Raum, und er ist zeitlos, und kann nicht zerstört werden und stellt ein Zuhause für alle erschaffenen Dinge dar.“[19]

Die Idee eines weiblichen, unerfassbaren Raumes, der ein nicht wegzudenkender Bestandteil der Welt ist, klingt für einen Diamantwegsbuddhisten bekannt, da im Diamantweg das Symbol für den Raum eine weibliche rote Form in tanzender Stellung ist, die Dakini oder auch Khandro genannt wird. Nicht nur Plato sondern auch Buddhisten nehmen den Raum als weiblich wahr (beide denken oft an Frauen, und es gibt schließlich nie genug Gründe, an Frauen zu denken). Auch bringt die Intuition, den Raum als weiblich zu sehen, vieles auf den Punkt: man kann beide nicht verstehen, aber was kann aufregender sein als ihre Gesellschaft!

Allerdings konnte Plato nicht die Idee des für das Diskursive unzugänglichen Raumes philosophisch bearbeiten. Das Unbegreifbare liegt jenseits der Interessen von europäischen Denkern. Stattdessen erforschten sie die Dinge selbst, die man durch Begriffe erfassen konnte. Zwar erkannten sie die logische Notwendigkeit, dass so etwas wie Raum existierte, es war allerdings schwierig, auf der einen Seite Raum als logische Notwendigkeit anzuerkennen, wenn man auf der anderen Seite keinen Zugang zum Raum findet, da man mit dem Verstand nur Sein erfassen kann. Der Verstand benötigt ein Objekt, das etwas an sich oder ein Ding sein muss, und da der Raum kein Ding ist, muss der Philosoph genau dann weitere Untersuchungen über den Raum aufgeben, wenn er ihn durch den logischen Verstand als Notwendigkeit entdeckt hat.[20]
Der 3. Karmapa Rangjung Dorje, ein großer buddhistischer Meister, sagte: „Man kann ihn nicht aufzeigen, indem man sagt ‚dies ist er'; man kann ihn nicht verneinen, indem man sagt ‚dies ist er nicht'."[21] Da also vieles jenseits von Begriffen, aber nicht jenseits von Erfahrungen liegt, verwenden Buddhisten die Meditation.

Der erste philosophische Satz der europäischen Philosophie ist von Thales: „Alles ist das Wasser." Diese Feststellung wird oft vom materialistischen Standpunkt aus als eine Erklärung dafür verstanden, dass dem Universum und jedem Ding darin eine bestimmte Substanz zugrunde liegt. Warum haben jedoch die Autoren dieser Interpretationen, die auf einem Stuhl sitzen, keine nassen Hosenbeine? Was Thales wohl eher meinte, ist die Wahrheit, dass alles eins ist. Das Wasser wurde hier nur als Metapher benutzt.[22] Die Tatsache, dass diese Einsicht von einem Mathematiker ohne mathematischen Beweis entwickelt wurde, weist auch auf diese Deutung. Da diese Untersuchung jenseits von Begriffen lag, konnte er sie wohl nur mit einer Metapher erklären.[23]

Buddhisten sprechen oft vom Ozean, der unter den Wellen liegt. Diese Metapher bezieht sich auf die Tiefe des Geistes, der in sich selbst ruht und sich selbst erkennt. Die Natur des Geistes ist immer die gleiche, in jedem Ausdruck des Geistes – genauso wie das Wasser in jeder Welle das gleiche ist. Diese Metapher beschreibt auch die Tatsache, dass alles eins ist, obwohl es sich immer verschieden zeigt. Jede Welle hat die gleiche Natur, aber jede Welle ist auch verschieden. Die Tatsache, dass Dinge gleichzeitig eins und verschieden sein können, nennt man im Buddhismus die Unbegrenztheit des Geistes. Um auf Thales zurückzukommen, kann man sehen, dass er ähnliche Metaphern verwendete, um die Einheit des Universums auszudrücken. In seinem nächsten berühmten Satz spricht er auch über die Vielheit der Dinge. Natürlich konnte der Grieche Thales dies nur in griechischer Tradition ausdrücken, indem er sagte: „Thales glaubt, daß alles von Göttern voll sei."[24] Das ist natürlich keine buddhistische Behauptung. In den griechischen Vorstellungen der Gottheit finden wir keine persönlichen Götter. Bei näherer Betrachtung der mythologischen Bezeichnungen ist Zeus „das ewige Leben von allem“, Gaia „Erde“, Ouranos „Himmel“, Okeanos „Ozean“. Dies sind keine Personennamen, sondern Bezeichnungen von Ideen, die dafür verwendet wurden, die Welt zu erklären.[25] Es gibt einen Teil der griechischen Mythologie, der keineswegs anthropomorphisch ist. Es gab sogar griechische Denker wie Heraklit und Xenophanes, die sich über ein anthropomorphisches, persönliches Verständnis von Göttern lustig machten. Der letztere sagte sogar einmal ironisch: „Doch wenn die Ochsen und Rosse und Löwen Hände hätten oder malen könnten mit ihren Händen und Werke bilden wie Menschen, so würden die Rosse roßähnliche, die Ochsen ochsenähnliche Göttergestalten malen und solche Körper bilden, wie jede Art gerade selbst ihre Form hätte.“[26]

Anthropomorphische Ausdrücke wurden nur deshalb für abstrakte Ideen gewählt, weil die Griechen zu dieser Zeit noch keine abstrakte Sprache entwickelt hatten. Ein abstrakteres Verständnis der griechischen Mythologie bereitete den Weg, zu einer philosophischen Sprache, die später an das europäische Gedankengut vererbt worden war. Malen Buddhisten das Bild des Buddha Shakyamuni, ist auch hier der Sinn nicht, ein Porträt dieser Person zu malen, sondern ein Symbol für den zeitlosen Geist, der sein Potenzial voll entwickelt hat. „Buddha“ ist nicht etwa ein Name, sondern bezeichnet einen erleuchteten Geisteszustand in jedem Wesen. Es bedeutet „der Erwachte“ aber es gibt keinen, der erwacht ist. Vielmehr ist hier von dem erwachten, unpersönlichen Geist die Rede. Da dieser Zustand jenseits von Begriffen und Wörtern ist, wurde Buddha in den ersten fünf Jahrhunderten nach seinem Tod nicht durch Porträts oder Statuen dargestellt. In Szenen aus Buddhas Leben wurde anstatt seines Körpers ein leerer Fleck gezeigt, und Bilder und Statuen von Buddha gab es erst viel später.

Unsere anthropomorphische und persönliche Vorstellung der griechischen Mythologie ist größtenteils falsch und ein Produkt der Europäer, die von einer Religion erzogen wurden, die ein persönliches Gottesbild gewohnt waren. Die Götter der Griechen waren nicht mehr als Prinzipien, die ein Verständnis der Wirklichkeit ermöglichten – sie waren verschiedene Aspekten der Wirklichkeit ohne persönliche Identität. Scharfsinnige Griechen überlegten sich sogar manchmal, wie es sein kann, dass sich Menschen Götter nach ihrem Ebenbild vorstellten: „Doch wähnen die Sterblichen, die Götter würden geboren und hätten Gewand und Stimme und Gestalt wie sie.“[26] Als Thales sagte, dass „Alles von Göttern erfüllt“ ist, hatte er also nichts Persönliches ausdrücken wollen, sondern einfach nur, dass die Welt vielfältig und reich ist.

Wenn wir die beiden Aussagen von Thales nun zusammenbringen (und hier analysieren wir tatsächlich die Ursprünge der europäischen Philosophie), sehen wir: Alles ist Einheit und Vielheit zugleich. Kurzum, Thales konnte die Wirklichkeit nicht auf einen einzelnen Aspekt (oder auch mehrere) reduzieren. Sein Okeanos hatte viele Wellen. Natürlich war er genauso wenig ein buddhistischer Philosoph wie buddhistische Philosophen Griechen waren. Allerdings erkennen beide, dass die Wirklichkeit sich auf verschiedene Weisen – und auch in verschiedenen Wellen – ausdrückt.

Thales wurde nicht Philosophos, sondern sophos genannt, was übersetzt soviel wie „der Weise" bedeutet. Der Unterschied zwischen *sophos* und *philosophos* ist der, dass der eine Weisheit besitzt, während der andere lediglich die Weisheit liebt. So kann er also auch niemals sicher sein, ob die Weisheit seine Liebe auch erwidert. Die Erkenntnis dass Eines Alles ist, machte Thales zum Weisen. In einer Welt, die von einer polytheistischen Tradition abstammt und in der mehrere Prinzipien die Wirklichkeit erklären, waren das bestimmt schockierende Neuigkeiten.

Der Zustand, den wir Buddha nennen, ist Einheit, der sich allerdings in drei verschiedenen Stufen ausdrückt: Dharmakaya, Sambhogakaya und Nirmanakaya. „Wahrheit, Erfahrung und Tat – was könnte noch dazukommen? Ihre Ergänzung – das Letztendliche. Wenn Raum als Wissen mit dem Wasserdampf verglichen wird, der unsichtbar überall ist, Raum als Klarheit mit den Wolken, die sich daraus bilden und spielerisch vorbeiziehen und Raum als sinnvolle Tat mit dem Regen, der alles wachsen lässt: Trotz der Unterschiede in ihrer Erscheinung sind sie alle Wasser – H_2O. Dies ist der Wesenszustand, Svabhavikakaya (skt.) oder Ngowonyigiku (tib.) genannt."[28]

Moderne Wissenschaftler sagen, dass Buddha um 550 vor Christus geboren ist, also zur Zeit Heraklits, der von vorsokratischen Denkern ein Genie genannt wurde. Als Philosoph zog er sich aus der Welt zurück und lebte abgeschieden. Die Erkenntnisse, zu denen er auf einer einsamen Bergspitze gekommen war, sind aus buddhistischer Sicht schon sehr besonders. „Die Wachenden haben eine einzige und gemeinsame Welt, doch im Schlummer wendet sich jeder von dieser ab in seine eigene"[29], so Heraklit. Erleuchtung wird auch als eine Art Erwachen bezeichnet. Obwohl nicht beide zum gleichen Schluss kommen, wird die Welt sowohl im Westen als auch im Osten oft mit einem Traum verglichen. Nicht-buddhistische Philosophen würden wohl hier nach einer real existierenden Wirklichkeit, jenseits der alltäglichen Welt traumgleicher Erfahrungen suchen. Heraklit jedoch betont die traumgleiche Wirklichkeit selbst, was ihn dem Buddhismus sehr nahe bringt.[30] Er weiss, dass „alles fließt und nichts bleibt", und aus diesem Grunde lohne es sich auch nicht, nach etwas Absolutem und dauerhaft Existentem zu suchen. Er wählte sogar einen buddhistisch anmutenden Vergleich: „Man kann nicht zweimal in denselben Fluß steigen nach Heraklit und nicht zweimal eine ihrer Beschaffenheit nach identische vergängliche Substanz berühren, sondern durch das Ungestüm und die Schnelligkeit ihrer Umwandlung zerstreut sie sich und sammelt sich wiederum und naht sich und entfernt sich."[31]

Was zusammengesetzt wurde, muss auseinanderfallen, was geboren ist, muss sterben, alle Dinge stellen eine unstabile

Komposition von Bedingungen dar – dies sind einfache buddhistische Wahrheiten, die zur gleichen Zeit in Europa ausgedrückt wurden. Lama Ole sagt: „Schaut man aber genau in der äußeren wie der inneren Welt nach, ist nichts fest. Alles wackelt und wandelt sich die ganze Zeit, seien es Welten, Atome, Gedanken oder Gefühle. Ständig befindet sich das, was man als wirklich erlebt, in einem Strom von Änderungen.“[32]

Heraklit benutzt hier die gleiche Metapher – einen Fluss von Veränderungen. „In dieselben Flüsse steigen wir und steigen wir nicht, wir sind und wir sind nicht“[33] – dieser Satz klingt wie aus einem Sutra, ist aber von Heraklit. Keiner kann in einem Fluss baden, da dieser jemand selbst ein sich konstant verändernder Fluss von Gedanken, Gefühlen und Atomen ist. Und sogar wenn das nicht so wäre, könnte niemand in einem Fluss baden, da es tatsächlicn keinen Fluss gibt – „Denen, die in dieselben Flüsse hineinsteigen, strömen immer neue Gewässer zu.“[34]
Die gleiche Logik findet sich in den Sutras. Als der Buddha die leere Natur der Dinge zeigen wollte, wählte er auch einen Fluss als Beispiel. Von der Ferne sah er aus wie etwas Konkretes, an sich Existierendes, aber wenn man näher kam, war da nur neues Wasser die ganze Zeit, und kein stabiler, existenter, unveränderlicher Fluss.[35]

Da sich alles die ganze Zeit ändert, ist nichts im absoluten Sinne wahr. Wie wir sehen können, sehen das nicht nur Buddhisten, sondern auch Griechen ein, und drückten es sogar in ähnlichen Worten mit den gleichen Beispielen aus: „Da sie ferner sahen, daß diese Natur sich überall bewege, und da man über etwas, was sich wandelt, nichts Wahres feststellen kann, glaubten sie, daß sich über das, was sich überall wandelte, überhaupt nichts Wahres feststellen ließe. Aus dieser Annahme ging die überspannteste unter den erwähnten Meinungen hervor, nämlich die Meinung derer, denen man ein 'Herak-litizieren' zuschrieb – und damit die des Kratylos. Kratylos glaubte schließlich überhaupt nichts mehr sagen zu sollen und erhob nur noch den Finger; er kritisierte Heraklit, weil dieser sagte, man man könne nicht zweimal in denselben Fluß steigen': Kratylos glaubte, man könnte es auch nicht einmal.“[36]
Wir können hier sehen, wie die Entdeckung der Wirklichkeit als nicht wirklich jeden weiteren Diskurs ausschließt, da es kein Ding und auch kein Wesen gibt, über das man reden könnte. Hier liegt auch der wichtige Punkt: Aus Angst wählt man dann eine Ontologie und Philosophie, die andere davon zu überzeugen sucht, dass Dinge an sich wirklich sind. Hat man keine Angst, kann man mit seinem Finger zeigen so wie Cratylus es getan hat. Und wenn man sich weder für Finger noch für Ontologien interessiert, kann man meditieren, um den Raum, in dem alles geschieht, oder auch die „Fluktuation des Vakuums“ zu erfahren, um einen Ausdruck aus der Quantenphysik heranzuziehen. Da nichts wirklich existiert, gibt es nur grenzenlosen Raum; da es grenzenlosen Raum gibt, gibt es auch absolute Freiheit; wenn es wiederum absolute Freiheit

gibt, gibt es auch die absolute Freude, die man Erleuchtung nennt. Für diese Erfahrung muss man üben, die Welt als einen unwirklichen Traum wahrzunehmen. Und in Europa war es Heraklit, der der größte Verfechter dieser traumgleichen Natur war.

Doch wie hat Heraklit das alles entdeckt? Die Antwort ist sehr einfach: „Ich beriet mich bei mir selbst."[37] Es besteht wohl kein Zweifel daran, dass er wusste, was Lama Ole auch sagt: „Das, was gerade jetzt durch eure Augen sieht und durch eure Ohren hört, ist wo alles geschieht."[38] Und was war das Resultat einer solchen Suche? Heraklit – ich werde das noch einmal wiederholen – erklärte das in einer buddhistischen Ausdrucksweise: „Die Wachenden haben eine einzige und gemeinsame Welt, doch im Schlummer wendet sich jeder von dieser ab in seine eigene." In einer solchen privaten Welt kann man versuchen, in einem Fluss zu baden, aber wir wissen jetzt, dass das nicht so leicht ist. Glücklicherweise stellt das kein Problem der Hygiene bei Buddhisten dar, die es ja bevorzugen, in dem einzigen Ozean an sich zu baden, in den alle Flüsse, existierende und nicht existierende, früher oder später münden werden.

QUELLEN

1 Das ist eine Vereinfachung, die aus Platzgründen vorgenommen wurde. Der Rahmen dieses Aufsatzes lässt es nicht zu, hier Kant und Heidegger anzuführen.

2 Mit mehr Anspruch würden wir behaupten, dass es ein ideales Modell von dieser vergänglichen Welt gibt, das wirklich existiert, das bei Plato die Idee genannt wird, im Christentum Gott etc.

3 Jamgon Kongtrul, Wie die Mitte des wolkenlosen Himmels, der Mahamudra-Weg der tibetischen Kagyü-Schule, Marpa Verlag, Wien 1989, S. 35.

4 Jamgon Kongtrul, op. cit., S. 35 ff.

5 Lama Ole Nydahl, Das Große Siegel. Die Mahamudra-Sichtweise des Diamantweg-Buddhismus, Knaur, München 2006, S. 109.

6 Lama Ole Nydahl, op. cit., S. 104.

7 Lama Ole Nydahl, op. cit., S. 96.

8 siehe Thomas McEvilley, The Shape of Ancient Thought. Comparative Studies in Greek and Indian Philosophies. Allworth Press, New York 2002.

9 siehe Carl Kerenyi, Die Mythologie der Griechen, Klett-Cotta, Stuttgart 1997.

10 Die Originaltextstelle aus dem Herz-Sutra lautet: „Form ist Leerheit und Leerheit ist Form; Leerheit ist nicht verschieden von Form, Form ist nicht verschieden von Leerheit; Form ist Leerheit, Leerheit ist Form." in: Thich Nhat Hanh,
Mit dem Herzen verstehen, Kommentar zu dem Prajnaparamita Herz-Sutra, Theseus Verlag, Berlin 1996.

11 Lama Ole Nydahl, op. cit., S. 96 ff.

12 Dies ist ein Zitat von Aristoteles nach Geoffrey S. Kirk, John E. Raven, The Presocratic Philosophers: A Critical History with a Selection of Texts, Cambridge University Press, Cambridge 1960.

13 Aristoteles, Metaphysics 985b, griech-dt. / in der neubearbeiteten Übersetzung von H. Bonitz; Hrsg. Horst Seidel, Hamburg 1978, S. 27 ff.

14 John Gribbin, Auf der Suche nach Schrödingers Katze, Quantenphysik und Wirklichkeit, Piper, München 1987, S. 45 ff.

15 Dass dieses Sein wirklich existiert, ist auch nicht ganz bewiesen, da Quantenphysiker sagen, dass diese subatomaren Teilchen aus dem Raum entstehen und sich auch in ihn wieder auflösen. Siehe hierzu Texte über Physik in diesem Buch.

16 Plato, Timaeus 48d – 49a, Sämtliche Werke, Band 4, Übersetzung: H. Müller und F. Schleiermacher; Hrsg: U. Wolf, Reinbeck bei Hamburg 1994, S. 49.

17 op. cit., 50c.

18 op. cit., 51a.

19 op. cit., 51b.

20 Später haben viele Philosophen Begrifflichkeiten über den Raum gefunden, aber der Rahmen dieser Arbeit lässt es nicht zu, auf diese einzugehen. Aus buddhistischer Sicht ist die interessanteste Definition des Raumes bei Kant zu finden.

21 Lama Ole Nydahl, op. cit., Vers 12.

22 Um über ein einheitliches Material von allem zu sprechen, muss man zuerst festlegen, dass alles eins ist und dann die materialistische Sichtweise wählen. Dies ist allerdings natürlich nicht die einzige Möglichkeit.

23 Ein weiterer Grund dafür, warum er diese Metapher verwendete, ist die Tatsache, dass er der erste Philosoph war, und er verwendete wohl noch keine philosophische Sprache, wie sie von der philosophischen Tradition entwickelt und verfeinert wurde.

24 Thales, Fr. 14, J. Mansfeld, Die Vorsokratiker, Auswahl der Fragmente, Übersetzung und Erläuterung, Stuttgart 1987, S. 51.

25 Um ein wirkliches Verständnis von der griechischen Mythologie zu erhalten siehe Jean-Pierre Vernant, „Greek Religion“, in: Mircea Eliade (Hrsg.), The Encyclopedia of Religion, Macmillan, New York 1987; [französisches Original: „Mythe et Religion en Grèce ancienne, Editions du Seuil, 1990].
26 Xenophanes, Fr. 15, Hrsg. Ernesto Grassi, Die Fragmente der Vorsokratiker von Hermann Diels, Rowohlt Hamburg, 1957, S.19.
27 Xenophanes, Fr. 14, op. cit., S. 19. Ein anderes ironisches Zitat vom gleichen Autor lautet: „Die Äthiopier sagen, dass ihre Götter stupsnasig und schwarz sind, und die Thracianer sagen, dass sie hellblaue Augen und rotes Haar haben“. (Fr. 16)
28 Lama Ole Nydahl, op. cit., S. 28.
29 Heraklit, Fr. 89, Hrsg. Ernesto Grassi, Die Fragmente der Vorsokratiker von Hermann Diels, Rowohlt Hamburg, 1957, S.29.
30 Seine Betonung geht – wie es in buddhistischen Traditionen auch der Fall ist – jenseits der Pole von gut und böse: „Es ist nicht besser für Menschen, alles zu bekommen, was sie wünschen. Krankheit macht Gesundheit süß und gut, ebenso verhält es sich mit Sattsein und Hunger, Ruhe und Müdigkeit, etc.“; „Das Meer besteht sowohl aus dem reinsten als auch dem fauligsten Wasser: Für Fische ist es trinkbar und lebenserhaltend, und für Menschen kann es untrinkbar und tödlich sein.“
31 Heraklit, Fr. 91, Hrsg. Ernesto Grassi, Die Fragmente der Vorsokratiker von Hermann Diels, Rowohlt Hamburg, 1957.
32 Lama Ole Nydahl, op. cit., S. 93 ff.
33 Heraklit, Fr. 95, J. Mansfeld, Die Vorsokratiker, S.273 ff.
34 Heraklit, Fr. 93, J. Mansfeld, Die Vorsokratiker, S.273 ff.
35 Man kann zu dieser Erklärung auch ein anderes Argument von den Sutras heranziehen: „Wenn du Wasser, Sand, das eine und das andere Ufer wegnimmst, wo ist dann der Ganges zu finden?“, in: H. C. Warren (Übers.), Buddhism in Translations, Harvard University Press, Cambridge (Massachusetts) 1953, S. 154.
36 Aristoteles, Metaphysics 1010a.
37 Heraklit, Fr. 40, J. Mansfeld, Die Vorsokratiker, S.257 ff.
38 Lama Ole Nydahl, Happiness, in: Buddhism Today, 4/1998, S. 12.

„DIE RELIGION DER ZUKUNFT WIRD EINE KOSMISCHE RELIGION SEIN. SIE MUSS ÜBER DEN PERSÖNLICHEN GOTT HINAUSGEHEN UND DOGMA UND THEOLOGIE MEIDEN. SIE SOLLTE SICH AUF DAS NATÜRLICHE EBENSO BEZIEHEN WIE AUF DAS SPIRITUELLE UND EIN RELIGIÖSES EMPFINDEN ZUR GRUNDLAGE HABEN, WELCHES AUS DER ERFAHRUNG ERWÄCHST, DASS ALLE DINGE DER NATUR UND DES GEISTES EINE SINNHALTIGE EINHEIT BILDEN. DER BUDDHISMUS ENTSPRICHT DIESER BESCHREIBUNG. WENN ES EINE RELIGION GIBT, DIE DEM MODERNEN WISSENSCHAFTSANSPRUCH STANDZUHALTEN VERMAG, DANN IST ES DER BUDDHISMUS."

ALBERT EINSTEIN

TEIL II

DR. RENÉ STARITZBICHLER, Buddhismus und Physik

MAG. GUIDO CZEIJA, Gibt es einen Mond, wenn niemand hinsieht? Quantenphysik und die Wirklichkeit

PROF. DR. KENNETH MALY, Teilchen? Im Raum? Fragen, in denen sich Buddhismus

und Neue Physik einander nähern

DR. EMILIA NESHEVA UND DR. NIKOLAI NESHEV, Eine nicht-dualistische Interpretation der Quantentherie

BUDDHISMUS UND PHYSIK

DR. RENÉ STARITZBICHLER

EINFÜHRUNG

Im Mittelalter war es nicht immer eine gute Idee, neugierig zu sein. Es war gesünder, einfach zu glauben. Unglücklicherweise waren einige der damals gelehrten Vorstellungen von der Welt und dem Kosmos in deutlichem Widerspruch zur Beobachtung. Darüberhinaus war das System zu unflexibel, um die offensichtlichen Tatsachen in Einklang zu bringen, mit der von der Kirche gelehrten *Wahrheit*. Der Buddhismus ist in einer wesentlich vorteilhafteren Lage: Man darf nicht nur hinterfragen und untersuchen, es wird sogar deutlich empfohlen. Sollten sich die Erkenntnisse aus Naturwissenschaft und Buddhismus widersprechen, heißt dies noch nicht notwendigerweise, dass einer von beiden Unrecht haben muss. Um dies zu verstehen, ist es sinnvoll damit anzufangen, die unterschiedlichen Ebenen zu untersuchen, auf denen sich Physik und Buddhismus bewegen, d. h. kurz ihre Ziele und Wege zu skizzieren.

Der Prinz Siddhartha Gautama suchte vor über 2550 Jahren nach der letztendlichen Natur des Geistes – das, was nicht vergänglich ist, und auf das daher im Gegensatz zu Jugend, Reichtum und Ansehen dauerhaft Verlass ist. Durch eine genaue Untersuchung und ein tiefes Eindringen in die Natur des Geistes, entdeckte er, wie die Dinge wirklich sind, der Geist und das, was in ihm erscheint, und wurde so zu einem Buddha, einem „Erwachten". Er gab viele Belehrungen, damit andere ebenfalls in die Lage kommen, denselben stabilen Zustand von höchstem Glück zu erreichen, wie er selbst. Es war nicht sein Ziel, die Welt und den Kosmos zu erklären, sondern allen Wesen zu zeigen, wie man dieses unvergängliche Glück erreichen kann. Da sich Menschen auf unterschiedliche Weise entwickeln, gab Buddha verschiedene Erklärungen zu dem Entstehen des Universums und seines Inhaltes – wenn es für die Menschen hilfreich war. Obwohl es verschiedene Kosmologien innerhalb des Buddhismus gibt, haben sie dennoch gemein, dass die Natur aller Erscheinungen Leerheit ist und dass alle Phänomene in Abhängigkeit entstehen, d.h. sie entstehen aus Ursachen und Bedingungen, seien sie so klein wie Elementarteilchen oder riesig wie Universen. Das Verständnis der Leerheit und des abhängigen Entstehens sind die Voraussetzung, um die Natur des Geistes erkennen zu können, und daher zentrale Bestandteile der buddhistischen Lehre.

Auch in der westlichen Philosophie ist es eine alte Tradition, skeptisch zu sein, was man als wirklich existent betrachten kann: Wie kann man sicher sein, dass das, was wir sehen, hören, riechen, schmecken und fühlen wirklich und nicht nur eine Täuschung ist? Während im Buddhismus alles als traumähnlich gesehen wird, ist man in der westlichen Denkweise zu dem Schluss gekommen, dass, wenn zwei Menschen das Gleiche in der gleichen Weise erleben, es dann wirklich sein muss. Dieser Annahme folgend hat man in der Physik versucht, so „objektiv" zu sein wie möglich, und den Einfluss des Beobachters auszuschließen.

Dieses Streben hat seine Grenzen in der Quantenmechanik gefunden. Im wissenschaftlichen Zusammenhang bedeutet „objektiv", dass jemand anderes in der Lage sein muss, die gleichen Beobachtungen, zu einer anderen Zeit an einem anderen Ort zu machen. Neben dieser Vorstellung von Objektivität gibt es in der Physik noch ein weiteres – mehr ästhetisches – Kriterium, um sich der Realität zu vergewissern – Einfachheit. Je weniger komplex ein Modell, desto mehr werden es Wissenschaftler akzeptieren, als eine wahre Beschreibung der Wirklichkeit. Wenn zwei Modelle gleichermaßen gut Beobachtungen beschreiben und vorhersagen können, wird das einfachere als das die Wirklichkeit besser beschreibende angesehen, als näher an der Wahrheit liegend. Wissenschaft „abstrahiert", indem bestimmte Eigenschaften aus der Ganzheit genommen und diese getrennt von ihrem Gesamtzusammenhang untersucht werden. Mit diesen wissenschaftlichen Methoden ist die Essenz des Geistes selbst schwierig nachzuweisen und man gewinnt Einsichten über die Welt der Erscheinungen, auf welcher die Erkenntnisse verglichen werden können. Tiefere Einsichten in den Geist selbst können nur dadurch gewonnen werden, dass der Geist in seiner Soheit belassen wird und darin ruht.

Buddhisten untersuchen den Geist und entdecken die Natur aller Dinge als Ergebnis dieser Untersuchung, wohingegen Physiker einen entgegengesetzten Weg gehen. Die Physik verlässt und beschränkt sich auf das Messbare beim Betrachten der äußeren Welt – den Erscheinungen. Daher können Physiker nur sagen, wie die Dinge erscheinen und nicht wie sie wirklich sind. Die Bedeutung hiervon sollte im Weiteren deutlicher werden.

DIE STRUKTUR DER MATERIE

Um den Vergleich durchführen zu können, zunächst eine kurze Einführung darüber, wie in der Physik die Beschaffenheit dessen, was wir als Wirklichkeit erfahren, gesehen wird, wie die Struktur der Materie erklärt wird. Physiker haben herausgefunden, dass alle Dinge aus Atomen aufgebaut sind, welche viel zu klein sind, als dass man sie sehen könnte und dass umgekehrt etwas, das wir sehen können aus Millionen von Atomen besteht. Das griechische Wort Atom bedeutet unteilbar. Man dachte, dass Atome unteilbar seien, bis Rutherford 1911 zeigte, dass sie aus einem winzigen Atomkern, der von noch kleineren Elektronen umkreist wird, bestehen. Um dies zu verdeutlichen, könnte man sagen, dass die Atome so „groß" erscheinen (es ist bereits schwierig sich vorzustellen, wie klein Atome sind), weil die Elektronen sich extrem schnell um den Kern herum bewegen. Es ist, als würde man ein Foto mit einer langen Belichtungszeit von etwas machen, das sich sehr schnell bewegt, wie z. B. einem kleinen Feuerball, der um einen Punkt herum rotiert. Das Foto würde einen riesigen Feuerball zeigen. Hätte man umgekehrt eine Kamera mit entsprechend kurzer Belichtungszeit, könnte man sehen, dass ein Atom kein fester Körper ist, sondern aus sehr kleinen Dingen besteht. Nichts prinzipiell anderes macht die Hochenergiephysik.

Atome scheinen wie „große" Bälle, aber fast ihre gesamte Masse ist in ihrem Zentrum konzentriert. Der Rest ist mehr oder weniger leer. Heutzutage betrachten Physiker Elektronen als eines der fundamentalen Teilchen der Materie, welches nicht mehr in kleinere Untereinheiten zerlegt werden kann. Demgegenüber hat der andere Teil des Atoms, der Kern, einiges an Struktur. Er besteht aus Protonen und Neutronen, die in gewaltiger Geschwindigkeit umeinander herum kreisen. Diese Teilchen wiederum lassen sich zerteilen in Quarks, welche ihren Namen aus dem Buch *Finnegans Wake* des irischen Autors James Joyce erhalten haben („three quarks from muster mark"). Auch diese Teilchen sind nicht im Raum fixiert, sondern kreisen umeinander in riesiger Geschwindigkeit. Die hohe Geschwindigkeit der Teilchen erzeugt den Eindruck, Materie sei fest und durchgehend. Guckt man also sehr genau in die Materie hinein, lässt sich kaum Materie finden, nur einige unvorstellbar kleine Quarks und Elektronen. Stellen Sie sich eine Melone vor, ein paar Melonen, Fußbälle, oder was auch immer. Nun stellen Sie sich vor, diese würden so schnell umeinander rotieren, so dass sie wie ein Planet von der Größe der Erde erscheinen. Die Größenverhältnisse in diesem Beispiel entsprechen denen in einem Atom; so wenig ist ein Atom mit Teilchen wie Elektronen und Quarks gefüllt. Als ob unser Planet „in Wirklichkeit" aus einigen Dutzend Fußbällen bestünde.

Wie konnten diese unvorstellbar kleinen *Dinge* entdeckt werden? Der Vorgang, ein Foto von einem sichtbaren Objekt zu machen, beinhaltet, dass Licht auf das Objekt fällt, dieses in bestimmter Weise reflektiert wird und den Film belichtet. Das Prinzip in der Physik ist ähnlich; man braucht nur etwas mehr Energie als man mit Licht erreichen könnte. Wenn man wissen will, wie etwas im Inneren aussieht, wird man etwas dagegen werfen oder schießen und schauen, was herauskommt. Je höher die Energie, desto höher die Auflösung und desto kürzer die Belichtungszeit. Oder in anderen Worten, je kleiner die Objekte sind, an denen man interessiert ist, desto mehr Energie benötigt man, um in sie hineinzuschauen. Eine Möglichkeit, ein Foto von Quarks zu machen, ist Elektronen und Protonen, die diese Quarks enthalten, auf annähernde Lichtgeschwindigkeit zu beschleunigen, bzw. auf extrem hohe Energien. Wenn diese dann zusammenstoßen, kann man eine hohe Zahl völlig neuer Teilchen beobachten, die entstehen. In dieser Form wird

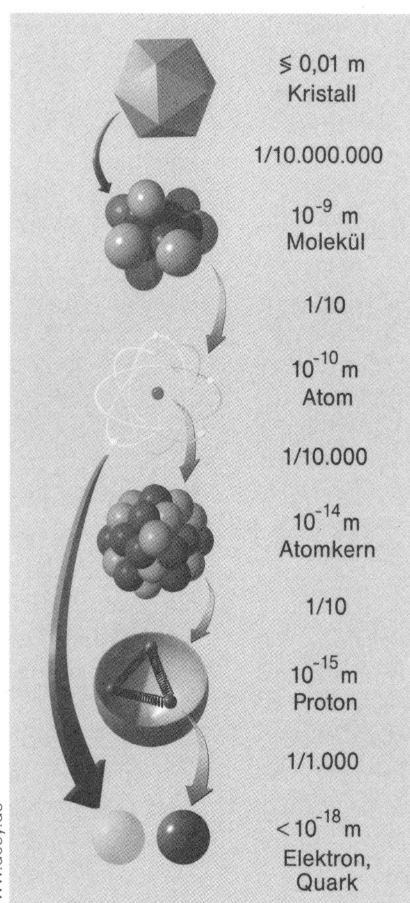

www.desy.de

www.desy.de

dies am DESY in Hamburg durchgeführt, 30 Meter unter der Erde mit einem 6,3 Kilometer langen Beschleuniger. Zurzeit ist der längste Beschleuniger das LEP am CERN in Genf, mit 27 Kilometern. Im CERN werden Elektronen und Positronen verwendet. Dort ist die Kamera, der Detektor, vier Stockwerke hoch. Der Detektor kann nur sehen, was aus der Kollision herauskommt, der Zusammenstoß selbst ist jedoch nicht sichtbar. Man kann nur von dem, was der Detektor misst darauf schließen, was im Inneren geschehen ist.[1]

Hier wird etwas zuvor Erwähntes deutlich. Wir können diese winzigen Objekte nicht direkt wahrnehmen, denn unsere Sinne sind bei weitem nicht fein genug dafür. Wir brauchen Geräte, welche mit den Objekten, die uns interessieren, wechselwirken können. Jede Beobachtung basiert auf einer Wechselwirkung. Aufgrund der Wechselwirkung reagiert das Messgerät, d.h. die Wechselwirkung ist die Information, welche das Gerät liefert. Man kann nicht mehr über die Teilchen aussagen, als was die Detektoren in der Lage sind zu messen. Das heißt, der Entwurf eines Detektors beinflusst bereits die möglichen Ergebnisse. Eine Eigenschaft, die ein Detektor nicht messen kann, bleibt „unsichtbar". Was wir Teilchen nennen, sind letztendlich nichts anderes als bestimmte Wirkungen auf die üppigen Maschinen. Wir ordnen diese Objekte nach ihren unterschiedlichen Wirkungen. Durch physikalische Methoden kann man nicht sagen, was sie wirklich sind. Wie in der Einführung erwähnt, kann Physik nichts über die tatsächliche Natur der Dinge sagen, sondern nur darüber, wie sie erscheinen.

Ein weiterer wesentlicher Unterschied zu den „großen Dingen" zeigt sich an dieser Stelle. Ein Billardspiel wird nicht dadurch beeinflusst, dass es beobachtet wird (außer der Spieler ist ein bisschen sensibel). Die Kugeln werden jedenfalls nicht durch das Licht, das auf sie fällt und reflektiert wird, beeinflusst. Zumindest glauben wir, dass es keinen Einfluss gibt, denn die Kugeln sind viel zu groß, als das die Einwirkung des Lichtes zu einem bemerkbaren Unterschied führen könnte. Dennoch gibt es einen Einfluss. Dieser Einfluss

www.desy.de

wird umso größer, je kleiner die Dinge sind. Die Wechselwirkung, die nötig ist, um ein Atom oder Elektron zu messen, beeinflusst diese grundlegend. Es gibt keine Technik zur Beobachtung der Quantenwelt, welche das zu beobachtende Objekt nicht beeinflusst und die Vorgänge nicht stört. Der Beobachter beeinflusst das Beobachtete zuerst durch die Vorbestimmung möglicher Ergebnisse durch den Entwurf des Experiments und des Weiteren durch den Vorgang des Messens. Das Bestreben der Wissenschaft, den Einfluss des Beobachters zu umgehen, findet in der Quantenphysik seine Grenzen.

Der gegenwärtige Erkenntnisstand der Elementarteilchenphysik ist, dass es drei Hauptarten oder -familien von Teilchen gibt:

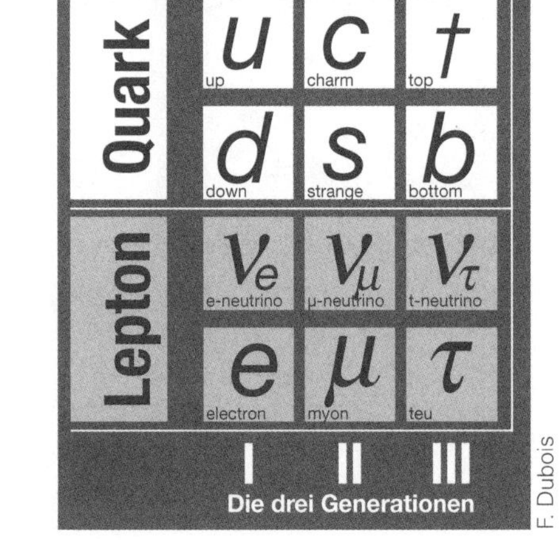

F. Dubois

Die erste sind die Leptonen, zu denen das Elektron gehört.

Die zweite sind die Hadronen, welche entweder aus zwei oder drei Quarks bestehen und entsprechend als Mesonen oder Baryonen bezeichnet werden. Die Teilchen, aus denen der Atomkern besteht, die Neutronen und Protonen, sind Baryonen. Bevor man die Quarks gefunden hatte, war man tief schockiert, wie viele verschiedene Elementarteilchen gefunden wurden. Jede Woche fand man neue. Entsprechend groß war die Erleichterung, als sich der ganze „Teilchen-Zoo" als verschiedene Kombinationen und Zustände der gleichen Quarks herausstellte. Das die Natur aus tausenden verschiedenen fundamentalen Teilchen bestehen sollte, passte gar nicht in die Vorstellung von der Einfachheit der Natur.

Die dritte Art von Teilchen werden Austauschteilchen genannt, denn der Austausch dieser Teilchen erzeugt die Kräfte, welche zwischen Hadronen und Leptonen wirken. Körper oder Teilchen ziehen sich an oder stoßen sich ab, weil sie wiederum Teilchen austauschen. Ein klassischen Beispiel hierfür sind zwei Schlittschuhläufer, die sich gegenüber stehen. Wirft einer von ihnen einen schweren Ball, wird er sich durch den Rückstoß in die entgegengesetzte Richtung bewegen. Wenn der andere den Ball fängt, wird er eben-

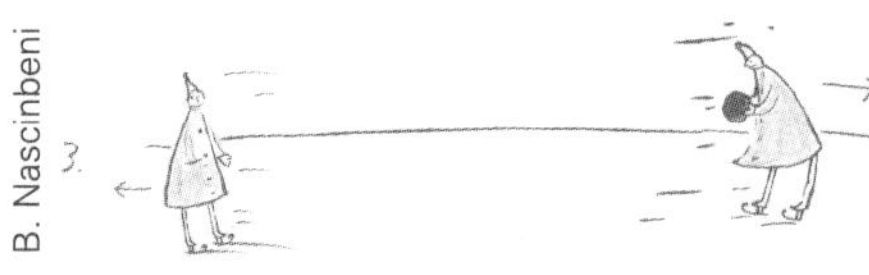

B. Nascinbeni

falls einen Rückstoß erfahren. Die beiden Schlittschuhfahrer stoßen sich durch den Austausch des Balles ab.

Man kennt vier Kräfte: Gravitation, Elektromagnetismus und zwei weitere Kräfte, welche uns nicht direkt vertraut sind, da sie nur über winzige Abstände innerhalb der Atomkerne und in Hochenergie-Kollisionen wirken. Das Austausch-Teilchen der elektromagnetischen Kraft ist das „Photon". Licht, oder allgemeiner, elektromagnetische Strahlung, besteht aus Photonen. Außer für die Schwerkraft sind alle Austauschteilchen in Kollisionsexperimenten gefunden worden. Schwerkraft ist eine extrem schwache Kraft, weswegen es schwer ist, das Austauschteilchen zu finden. Dies mag überraschend sein, aber es braucht einen ganzen Planeten, um uns mit einer Kraft anzuziehen, die unserem Körpergewicht entspricht.

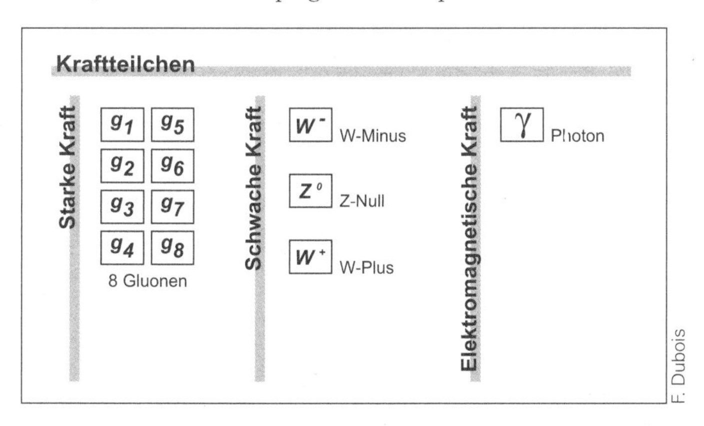

FORM UND LEERHEIT

Eine der wesentlichen Eigenschaften aller Erscheinungen ist, dass sie leer sind. Was bedeutet dies? Buddha Shakyamuni sagte „Form ist Leerheit, Leerheit ist Form, Form und Leerheit sind untrennbar". Buddha benutzte hier die dualistischen Gegensätze von Form und Leerheit, um auf den nicht-dualistischen Raum zwischen ihnen zu zeigen. Als eine erste Annäherung könnte man sagen, „Form" bedeutet, dass die Dinge „sind" und Leerheit, dass sie „nicht sind". Um dies zu verstehen, ist es notwendig zu verstehen, was „sein" im Buddhismus bedeutet. Buddha meinte dies in einem sehr strengen und letztendlichen Sinne.

Wenn etwas wirklich existiert, ist die Weise, wie es erscheint, seine innere Natur und ändert sich nicht.

Es wird sich niemals ändern und wird seine Natur ewig behalten. Denn wie könnte man einen vorübergehenden Zustand von etwas seine Wesensart nennen, wenn es diese Natur morgen nicht mehr gäbe? Wenn etwas in diesem Sinne „existieren" würde, könnte es weder erzeugt, noch zerstört werden und seine Existenz würde von nichts anderem abhängen. Wenn es sich ändern würde, weil etwas geschieht oder nicht geschieht, könnte man nicht davon sprechen, dass es wirklich seine eigene Natur hat. In diesem Sinne existieren die Dinge, die wir erfahren (Form), nicht, d. h. sie „sind nicht". Es gibt nichts, dass seit anfangsloser Zeit existiert und bis in alle Ewigkeit seine jetzige Form beibehalten wird. Dinge erscheinen aufgrund von Ursachen und Bedingungen und sie lösen sich entsprechend durch Ursachen und Bedingungen auf. Sie sind leer, aber sie erscheinen. Sie verändern sich beständig, denn Form und Leerheit sind untrennbar.

Es wäre möglich, dass Dinge vergänglich erscheinen, aber eigentlich aus Bausteinen bestehen, die selbst nicht wahrnehmbar und unvergänglich sind. Man könnte ihre Zusammensetzung, aber nicht ihre Essenz ändern. In diesem Falle wären die Bausteine nicht leer. Leerheit wäre wahr für die großen Dinge, aber nicht die grundlegende Natur aller Dinge. Wie bei einem Haus, das auseinandergenommen und mit den Steinen dann in ein neues Haus umgebaut werden könnte. Das Haus wäre leer, die Bausteine nicht. Gäbe es ein unveränderliches, unzerstörbares Teilchen, wäre dies nicht leer. Von dem könnte man dann sagen, dass es Eigenschaften hätte, die ihm selbst innewohnen.

Hier hat die Physik bewiesen, dass dies nicht sein kann. Alle Materie, alle Teilchen können in Licht oder Energie aufgelöst oder in andere Teilchen verwandelt werden. Zu jedem Elementarteilchen existiert ein entsprechendes Antiteilchen, welches im Wesentlichen das gleiche Teilchen mit entgegengesetzter elektrischer Ladung ist. Antiteilchen haben faszinierende Eigenschaften. Kommen sie mit ihnen entsprechenden Teilchen zusammen, lösen sie sich in Licht (Photonen) auf. Umgekehrt können Photonen in Teilchen und Antiteilchen zerfallen, wenn sie genug Energie haben. Das Faszinierende daran ist, dass sie in Teilchen zerfallen, aus denen sie nicht (!) zusammengesetzt sind. Es ist eine wesentliche Veränderung,

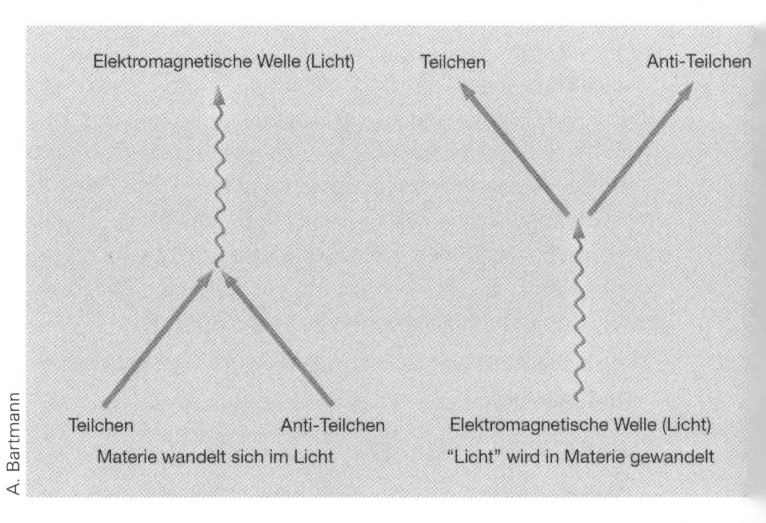

die dabei stattfindet, denn ein Photon ist etwas essenziell anderes als ein Quark oder ein Elektron. Der größte Unterschied ist, dass das Photon keine Masse hat. Das bedeutet, dass in dem ersten Vorgang Masse verschwindet, in dem zweiten wird sie erzeugt. Die Teilchen verändern ihre Erscheinungsform vollständig – Form ist Leerheit.

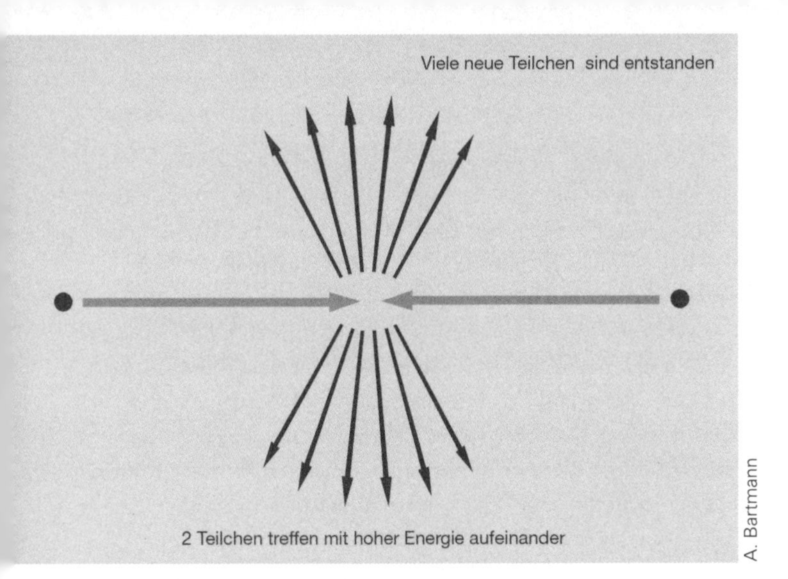

Obwohl die Form sich verändert hat, ist dennoch etwas gleich oder erhalten geblieben – die Energie. Um dies zu verstehen, muss man verstehen, was Energie bedeutet:

$$E=mc^2$$

Einsteins bekannte Formel sagt uns, dass Energie gleich Masse ist und Masse gleich Energie. Aber was bedeutet Energie eigentlich? Ein Körper hat Energie, wenn er sich in irgendeiner Weise bewegt, wie ein Fußball, der durch die Luft fliegt oder die schwingende Seite einer Violine. Auch Wärme ist eine Art von Bewegung – ungeordnete innere Bewegung. Ein fundamentales Naturgesetz ist, dass Energie immer erhalten bleibt, sie kann weder erzeugt werden, noch kann sie sich auflösen. Sie kann umgewandelt oder ausgetauscht werden, aber nicht verschwinden. Energie beschreibt Bewegung, ist erhalten und, laut Einsteins Formel, gleich Masse. Das bedeutet, dass die Energie eines Körpers und seine Masse ineinander umgewandelt werden können. Ein Körper kann seine Masse in Bewegung verwandeln und umgekehrt. Dies mag seltsam klingen, geschieht aber auf vielfache Weise.[2]

Folgendes Beispiel soll dies verdeutlichen: Wenn in einem Beschleuniger Teilchen aufeinander geschossen werden, wird die Energie, welche die Teilchen durch die Beschleunigung bekommen haben, in neue Teilchen umgewandelt. Bei der Kollision zweier Teilchen entstehen dutzende vollkommen neuer Teilchen. Hierbei wird die Bewegungsenergie in Masse verwandelt. Der umgekehrte Vorgang – die Umwandelung von

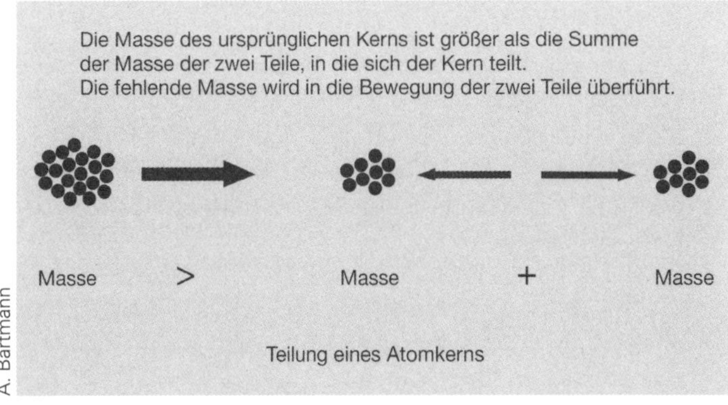

Teil II

Masse in Bewegung – findet bei der Kernspaltung statt. Ein Atomkern, der aus vielen Protonen und Neutronen besteht, kann in zwei Bruchstücke zerfallen, wobei die entstandenen beiden Teile zusammen leichter sind als der ursprüngliche Kern. Die fehlende Masse ist durch die Spaltung in die Bewegung der beiden sich in hoher Geschwindigkeit voneinander wegbewegenden Bruchstücke verwandelt worden. Die Erscheinungsform hat sich grundlegend verändert, aber die Energie, als etwas das sowohl Form als auch Veränderung umfasst, ist auch hier erhalten geblieben.

Wir haben gesehen, „Form ist Leerheit" – bleibt die Frage, ob es physikalische Entsprechungen auch für „Leerheit ist Form" gibt? In dem Raum, in dem „Nichts" existiert – dem Vakuum – erscheinen Teilchen gemeinsam mit ihren Antiteilchen. Sie erscheinen ständig und stets in Paaren. Dies zeigt, dass mehr als „Nichts" in „Nichts" steckt, genauer gesagt dass es „Nichts" gar nicht gibt. Das Entstehen der Teilchen-Antiteilchen-Paare hat keine Ursache, außer der Möglichkeit des Raumes, selbst Materie zu erzeugen. Für Ort und Zeitpunkt des Entstehens gibt es keine Ursache. Dass Materie aus dem Nichts heraus entsteht, ist zunächst eine brutale Verletzung des Gesetzes der Energieerhaltung.

Das Erhaltungsgesetz weicht im Mikrokosmos etwas auf. Es gibt eine Energie-Zeit-Unschärfe, die es gestattet, dieses Gesetz zu verletzen – innerhalb eines bestimmten Zeitraums. Das Erhaltungsgesetz ist gültig, nur etwas weniger genau. Für einen Bruchteil einer Sekunde kann es verletzt werden. Je kürzer der Zeitraum der Verletzung, desto größer kann die Abweichung von der genauen Erhaltung sein. Umgekehrt, je mehr Materie entsteht, desto kürzer existiert sie. Die Teilchenpaare, die aus dem Raum heraus entstehen, können nur für EXTREM kurze Zeit existieren, bevor sie sich wieder in den Raum hinein auflösen. Trotzdem kann man sie messen. Wie wir vor einiger Zeit mit dem buddhistischen Lehrer Manfred Seegers diskutiert haben, ist dies der Punkt, an dem sich die absolute Ebene auf der relativen zeigt, frei von Ursache und Wirkung. [3]

URSACHE & WIRKUNG

Eines der wesentlichen Prinzipien im Buddhismus ist Ursache und Wirkung, Karma genannt. Eine Wirkung muss dabei nicht unmittelbar auf eine Ursache folgen, es können Jahre oder sogar Lebenszeiten dazwischenliegen. Wann eine Ursache genau zu einer Wirkung heranreift, ist nicht festgelegt. Der Geist, mit allem durch den Raum verbunden, speichert alle Eindrücke und erzeugt neue Situationen, die den vorherigen Gedanken, Worte und Handlungen entsprechen. Die Bedingungen, welche man im gegenwärtigen Moment erfährt, sind das Ergebnis einer Vielzahl früherer Handlungen und, umgekehrt, hat jede neue Handlung ihre Ergebnisse in der Zukunft.

Wären Ursache und Wirkung jedoch absolut, d. h. gäbe es ausschließlich nur Ursache und Wirkung, wäre man gefangen in einer endlosen Verkettung von aufeinanderfolgenden Wirkungen ohne jede Möglichkeit, irgendetwas zu verändern und ohne jeden Freiraum. Freiheit sollte bedeuten, dass Handlungen nicht völlig festgelegt sind von Bedingungen und dass man nicht jedem gestörten Zustand wie Zorn oder Begierde folgen MUSS. Im Zustand der Erleuchtung ist man frei vom Einfluss von Ursache und Wirkung, denn Ursache und Wirkung gibt es nicht auf der letztendlichen Ebene. Ursache und Wirkung arbeiten ausschließlich auf der relativen Ebene und dort haben wir, zumindest grundsätzlich, in jedem gegenwärtigen Moment die Freiheit zu entscheiden.

Ursache und Wirkung sind auch ein gültiges Prinzip in der Physik. Vor der Einführung der Quantenmechanik sah man die Welt gleich einem Billardspiel. (Der Bereich der Physik, welcher nicht auf der Quantenmechanik basiert, wird im Allgemeinen klassische Physik genannt.) Wenn man genau weiß, aus welcher Richtung mit welcher Geschwindigkeit eine Kugel kommt, kann man ganz genau vorhersagen, wo sich die Kugel hinbewegen wird. In den Tagen der Alleinherrschaft der klassischen Physik ging man davon aus, dass man grundsätzlich alles wissen könne und demnach die Zukunft festgelegt und nicht veränderbar sei, ohne jeden Einfluss einer freien Entscheidung – eine, meiner Meinung nach, wenig spannende Vorstellung von den Dingen, die da kommen. In dieser Hinsicht widersprechen sich klassische Physik und Buddhismus.

Dieser Widerspruch löst sich in der Quantenmechanik auf. Wie wir bei der Betrachtung des Vakuums gesehen haben, gibt es Erscheinungen, die nicht vollständig durch unmittelbare Ursachen beschrieben werden können. Es ist ein allgemein auftretendes Prinzip in der Quantenmechanik, dass es unmöglich ist, genau vorherzusagen, was in der Zukunft geschehen wird, und man daher nur von Wahrscheinlichkeiten sprechen kann. Zur Verdeutlichung ist ein weiterer Blick auf die Kernspaltung hilfreich. Warum zerfällt ein Kern in zwei Teile? Die Kräfte, die den Kern zusammenhalten, wirken wie ein Wall, der die Teilchen im Inneren hält. Dennoch gibt es eine gewisse Wahrscheinlichkeit, dass die Teilchen durch diesen Wall hindurch tunneln – eine wahrlich magische Erscheinung, würde sie in der von uns wahrgenommenen Welt auftreten. In der Natur finden alle Vorgänge statt, die energetisch möglich sind. Dies bedeutet, dass Dinge einfach deswegen geschehen, weil sie möglich sind. In der gleichen Weise, wie ein Ball auf den tiefsten Punkt zurollt, den er erreichen kann, bewegen sich alle Systeme auf den Zustand niedrigster Energie zu.[4] Wenn Energie dabei freigesetzt werden kann, wird sich ein System immer auf den Zustand niedrigster Energie hin bewegen. Daher bricht ein Kern deswegen auseinander, weil Energie freigesetzt wird und weil der Prozess möglich ist. Je mehr Energie freigesetzt werden kann, desto höher ist die

Wahrscheinlichkeit des Zerfalls und umso „schneller" wird der Kern zerfallen.

Auf der anderen Seite gibt es nichts, was den Kern dazu bringt, zu einer bestimmten Zeit zu zerfallen. Anders als der Mensch, hat ein Kern keine innere Uhr. Im Allgemeinen kann man das Alter eines Menschen sehen und dadurch die Wahrscheinlichkeit seines „Zerfalls" bestimmen. Ein Kern kennt so etwas wie Alter nicht. Ein „junger" Kern sieht genauso aus wie ein „alter". Für eine große Anzahl von Kernen kann man vorhersagen, in welcher Zeit die Hälfte davon zerfallen sein wird. Je größer die Zahl der Kerne desto genauer die Vorhersage, und die Wahrscheinlichkeit selbst wird zu einem Gesetz. Für einen einzelnen Kern ist es jedoch unmöglich zu sagen, wann er zerfallen wird. Der Glaube, der von Vertretern der klassischen Physik hochgehalten wurde, man könne alles ganz genau wissen, stellte sich in der Quantenphysik als fundamentaler Irrtum heraus. Die quantenmechanische Vorstellung von einer im einzelnen Ereignis undeterminierten Zukunft stimmt weit mehr mit der buddhistischen Sicht überein, als mit dem vollkommen festgelegten, determinierten Bild der klassischen Physik.
Wir kommen nun zu dem faszinierendsten Experiment der Physik im Rahmen der Kausalität. Es zeigt, dass Raum Information ist, dass Raum nicht etwas sein kann, das letztlich trennt. Einsteins Relativitätstheorie sagt uns, dass eine Reihe von sehr unerwarteten Ereignissen geschehen, wenn sich Dinge sehr schnell bewegen. Erstaunlich ist, dass ein Objekt in die Vergangenheit reisen würde, wenn es sich schneller als Lichtgeschwindigkeit bewegen würde: Der Verlauf der Zeit würde seine Richtung ändern und Wirkungen würden vor ihren Ursachen erscheinen. Doch sagt uns die Theorie auch, dass dies niemals geschehen könnte. Es ist bereits unmöglich, dass etwas, das Masse hat, Lichtgeschwindigkeit erreichen könnte, da es unendlich viel Energie benötigen würde, um diese Geschwindigkeit zu erreichen und gleichzeitig seine Masse unendlich anwachsen würde. Lichtgeschwindigkeit ist die absolute Geschwindigkeitsbegrenzung, aber eine recht großzügige: 300.000 km pro Sekunde sind keine allzu harte Begrenzung unserer „Freiheit".

Das EPR (Einstein Podolsky Rosen) Experiment hat erfolgreich gezeigt, dass es möglich ist, Information schneller als Licht zu übermitteln. Die drei Wissenschaftler hatten diesen Versuch ursprünglich als Gedankenexperiment entworfen, um angebliche Schwächen der Quantenmechanik aufzuzeigen. Einstein mochte die Quantenmechanik aufgrund der darin enthaltenen Unbestimmtheit der Zukunft nicht. Sein berühmtes Zitat „Gott würfelt nicht" illustriert dies gut. Nach Einsteins Vorstellung müsste dieses Experiment möglich sein, wenn die Quantenmechanik richtig wäre. Seiner Meinung nach konnte jeder erkennen, dass dieser Versuch absurd ist. Daher war für ihn klar, dass die Quantenmechanik fehlerhaft sein müsse.[5]

Jedoch ist in den hundert Jahren seit dem Aufstellen der Quantenhyphothese von Max Planck kein Hinweis gefunden worden, dass die Quantenmechanik falsch sein könnte. Im Gegenteil hat sich sogar herausgestellt, dass das EPR Experiment durchführbar ist. Es hat nur recht lange gedauert, bis man die Messung genau genug durchführen konnte. Hier nun endlich eine vereinfachte Beschreibung des tatsächlichen Versuches, die der ursprünglichen Formulierung des Paradox entspricht: Ein Kern zerfällt in zwei gleiche Teile, welche voneinander wegfliegen. Wenn der eine Teil beeinflusst wird, weiß der andere Teil davon, selbst wenn die beiden weit voneinander entfernt sind. Diese Übertragung von Wissen ist schneller als Licht, denn sie wissen voneinander im gleichen Moment, selbst wenn weite Strecken zwischen ihnen liegen. Die Information wird hierbei nicht auf die übliche Weise durch einen Austausch transportiert. Es findet kein Austausch statt und so bricht auch „Nichts" die absolute Geschwindigkeitsbegrenzung. Daher ist die Kausalität unverletzt, sie bleibt erhalten.

In der Quantenmechanik bleiben die beiden Teilchen ein System, selbst wenn sie sich weit voneinander entfernt haben. Dies bedeutet, dass der Raum zwischen den beiden Bruchstücken diese nicht wirklich trennt. Wenn der Raum sie trennen würde, dann könnte die Information nur durch etwas transportiert werden, was sich von einem zum anderen bewegt. Raum selbst hat aber die Eigenschaft, Information zu übertragen, ohne irgendetwas dafür zu brauchen.[6] Diese Art der Information ist an einem anderen Ort zur gleichen Zeit, egal wie groß die Entfernung zwischen den Orten ist.

Ein kleines Beispiel soll den Unterschied zwischen dem Transport von Information und dem gleichzeitigen Erscheinen an einem anderen Ort verdeutlichen: Um eine Nachricht an jemanden zu schicken, der weit weg ist, kann man entweder einen Brief schicken oder, wenn eine Telefon- oder Internetverbindung vorhanden ist, anrufen oder eine E-mail senden. Letzteres ist eine (fast) gleichzeitige Übertragung, in jedem Falle wesentlich schneller als einen Brief von A nach B zu bringen. Der wesentliche Punkt ist, dass eine Verbindung vorhanden sein muss. Wenn Dinge verbunden sind, kann Information sehr schnell transportiert werden. Im Falle des Raumes selbst ist die Verbindung nicht-körperlicher Natur und der Austausch gleichzeitig – Kausalität wird somit nicht verletzt.[7] Um Missverständnisse zu vermeiden sollte erwähnt werden, dass dieser Effekt wohl nicht dafür genutzt werden kann, um Information zu übertragen, wie mit Mobiltelefonen oder Radios.[8]

NICHT-DUALITÄT

Der Geist ist nicht begrenzt durch den Körper, er durchdringt den Raum, ist unbegrenzt. Dies gilt für den Geist eines jeden Individuums. Wir durchdringen denselben Raum und sind daher nicht getrennt oder trennbar voneinander, sind aber auch nicht ein- und dasselbe. Wir sind weder eins noch mehrere. Auch alle anderen logischen Kombinationen, wie wir sind eins und mehrere zugleich, sind nicht geeignet, die Natur der Dinge richtig zu beschreiben. Die absolute Natur der Dinge geht über alle begrifflichen Vorstellungen hinaus. Nach dualistischer Sicht sind die Dinge getrennt voneinander, zwei getrennte Entitäten. Die nicht-dualistische Sicht bedeutet aber nicht, dass alles eins ist. So wie es keine Trennung gibt, gibt es keine Notwendigkeit für Einheit.

Im Buddhismus bedeutet Nicht-Dualität über die Konzepte von Einheit und Trennung hinauszugehen. Östliche Philosophien wie Buddhismus und Taoismus, in denen es um die Überwindung der Wahrnehmung einer Trennung geht, sehen sich der Herausforderung gegenübergestellt, eine dualistische Sprache verwenden zu müssen, um etwas zu beschreiben, das über die Dualität hinausgeht. Begriffe können immer nur „der Finger, der auf den Mond zeigt" sein und nicht „der Mond selbst". Dies ist der Grund, warum Paradoxien ein häufig verwendetes Mittel in den östlichen Philosophien sind. Diese begrifflichen Widersprüche, welche innerhalb ihres unmittelbaren Rahmens nicht zu lösen sind, erfordern es, über diesen Rahmen, über die Begriffe und die dahinter stehenden Ideen hinauszugehen, um zu einer Lösung zu gelangen. In der Wissenschaft ist man in einer anderen Situation. Es ist nicht das Ziel, Dualismus zu überwinden, sondern vielmehr die Teile eines Systems und ihre Wechselbeziehung bis ins Kleinste zu untersuchen. Der geradlinige Weg der Analyse führt zu einigen Paradoxien – mit die interessantesten Punkte der Physik. Das folgende Beispiel aus der Quantenphysik geht in gewisser Weise über die reine Dualität hinaus.

In unserer Erfahrungswelt gibt es im Wesentlichen zwei Arten von Erscheinungen, wellenartige und feste Körper, welche sich vollkommen unterschiedlich verhalten. Eine Kanonenkugel kann sich nicht in alle Richtungen ausbreiten wie eine Wasserwelle, noch kann sie um Hindernisse herumfliessen (einer der Gründe, warum man sie überhaupt verwendet) oder mit anderen Kanonenkugeln zu einer großen verschmelzen. Zwei Lichtstrahlen können einander kreuzen, ohne dass dies die Strahlen beeinflussen würde, während feste Körper zusammenstoßen und Impuls und Energie austauschen würden. In unserer täglichen Erfahrung sind Wellen und feste Körper zwei verschiedene Dinge: Eine Welle kann kein Körper sein und ein Körper keine Welle. Ein Körper ist räumlich begrenzt, eine Welle kann sich ausbreiten. Durch das Erreichen der atomaren Skala kam man zu überraschenden Erkenntnissen. Man verstand, dass Teilchen Welleneigenschaften haben können, und dass umgekehrt Wellen, so wie Licht, sich verhalten können wie Teilchen.

Ein recht einfaches und klassisches Experiment, das verwendet wird, um das Verhalten von Wellen zu zeigen, ist das Doppelspalt-Experiment. Bei diesem wird z.B. Licht durch zwei Schlitze oder Löcher geschickt, welches auf einem hinter den Schlitzen liegenden Schirm bestimmte Interferenzmuster zeigt. Der wesentliche Punkt hierbei ist, dass das Muster, welches entsteht, wenn das Licht durch beide Schlitze gleichzeitig geht, ein anderes ist, als wenn man jeweils einen der Schlitze schließt und die beiden dadurch entstehenden Muster hinterher „übereinander legt". Dies bedeutet, dass eine Art von Wechselwirkung zwischen den beiden austretenden Wellen stattfinden muss, etwas das bei „reinen" Teilchen nicht geschehen würde – diese würden entweder durch den einen Schlitz gehen, oder den anderen, ohne von anderen Teilchen, welche durch den jeweils anderen Schlitz gehen, beeinflusst zu werden. Nun hat sich gezeigt, dass Teilchen wie Elektronen das gleiche Wellenverhalten zeigen wie Licht. Dieses Wellenverhalten wird umso schwächer, je schwerer die Teilchen werden. Deswegen würde man von einer Kanonenkugel nicht erwarten, sich wie eine Welle zu verhalten. Die größten Dinge, denen bislang ein solches Wellenverhalten nachgewiesen werden konnte, sind die sogenannten „Fularene", die aus bis zu 60 Kohlenstoff-Atomen bestehen – was in diesem Zusammenhang tatsächlich sehr groß ist.[9]

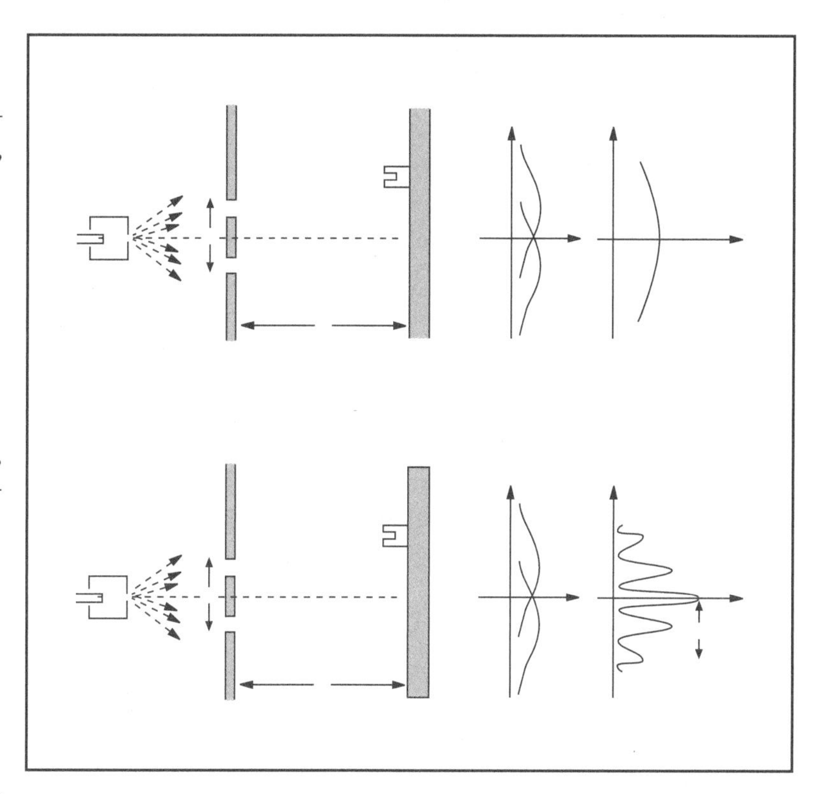

Entsprechend hat man herausgefunden, dass Licht, welches bis dahin als eine typische Welle betrachtet wurde, aus unteilbaren Einheiten, den „Photonen", besteht. Da man sie nicht teilen kann und sie auch in gewisser Weise lokalisiert sind, werden sie als Teilchen betrachtet. Beide Phänomene zusammen werden als Welle-Teilchen-Dualismus bezeichnet. Es ist nicht so, dass alles stets beide Qualitäten zeigen würde, denn dann wären Wellen und Teilchen einfach ein- und dasselbe und man bräuchte nicht zwei verschiedene Begriffe. Sie sind nicht zwei verschiedene, voneinander getrennte Dinge, aber sie sind auch nicht einfach ein- und dasselbe, denn beide Eigenschaften schließen sich in gewisser Weise aus.

Dies ähnelt der Beschreibung der nicht-dualistischen Natur des Geistes. Wenn man die Welleneigenschaften eines Teilchens betrachtet, verschwinden die Teilcheneigenschaften, und betrachtet man die Teilcheneigenschaften, verschwinden die Welleneigenschaften. Es gibt keinen Weg, beide Erscheinungen gleichzeitig zu beobachten, dabei wurden viele „schlaue Tricks" ausprobiert. Wellen- und Teilcheneigenschaften sind komplementär, weil man beide braucht, um den Mikrokosmos zu beschreiben, sie sich aber gleichzeitig ausschließen.

ZUSAMMENFASSUNG

Obwohl es sehr interessant ist, die Rückschlüsse, die man aus Buddhismus und Physik ziehen kann, zu vergleichen, kann man nicht die eine Denkrichtungen nehmen, um die andere zu belegen oder zu widerlegen. Es ist angenehm, wenn sie in den Punkten übereinstimmen, in denen man sie überhaupt vergleichen kann, aber nichts weiter. Man sollte sich weiterhin bewusst sein, dass die Ebenen, auf denen sich die beiden bewegen, vollkommen verschieden sind, Weg und Ziel wenig miteinander zu tun haben. Selbst wenn Erkenntnisse der Physik denen des Buddhismus widersprechen sollten, würden die eigentlich wesentlichen Punkte des Buddhismus, bei denen es um das individuelle Erleben geht, davon nicht beeinflusst. Warum sollte der über 2550 Jahre lang unzählbar oft geprüfte Erfahrungsschatz des persönlichen Erlebens von Freude, Liebe und Furchtlosigkeit rund um den Planeten durch beispielsweise die kosmische Konstante gefährdet sein? Daher wäre es ohne Schwierigkeiten möglich, neue Erkenntnisse der Wissenschaft aufzunehmen, würden Widersprüche tatsächlich auftauchen.[10]

Besonders im letzten Jahrhundert kamen die Theorien, welche von Physikern aufgestellt und belegt wurden, den Erkenntnissen und Belehrungen Buddhas überraschend nah. Dies ist besonders bemerkenswert, wenn man die 2550 Jahre bedenkt, die zwischen der Zeit liegen, in denen der Buddha gelehrt hat und dem Beginn der modernen Physik im zwanzigsten Jahrhundert. Max Planck stellte die Quantenhypothese 1901 auf, und Albert Einsteins erste Arbeiten zur Relativitätstheorie stammen aus dem Jahre 1905.

Selbst wenn die moderne Physik und der Buddhismus sehr unterschiedliche Methoden und Fragestellungen haben, sind die Erkenntnisse, die man aus ihren unmittelbaren Beobachtungen schließen kann, viel näher als man erwarten würde. Die Rückschlüsse aus den Experimenten der Kern- und Elementarteilchenphysik entsprechen unerwartet deutlich den buddhistischen Prinzipien von Leerheit, Kausalität und Nicht-Getrenntheit. Dies ist umso faszinierender, da es in der Zeit Buddhas keine Teilchenbeschleuniger gab.

QUELLEN:

1 Vgl. http://kworkquark.net; www.desy.de (recht umfassende Sammlung) entweder „über DESY" dann „Presse" oder erst „Arbeiten und Lernen" dann „Schüler" oder „Physiklehrer" www.cern.ch click auf „Education" dann „CERN online resources"
2 Siehe Fußnote 1; Eine ausführliche Liste von Referenzen zu dem Leben und den Arbeiten von Einstein, Heisenberg, Planck und vielen anderen Wissenschaftlern: http://www-groups.dcs.st-andrews.ac.uk/~history/BiogIndex.html
3 Jamgon Kongtrul Lodro Taye, Vajragesang:
„Was das Grundlage-Mahamudra betrifft, so ist es in beidem: in der Wirklichkeit und der Illusion. Es gibt keine Trennung in Samsara und Nirwana. Es ist Freisein von den Extremen der Übertreibung und Geringschätzung."
„Nicht aus Ursachen entstanden, durch Bedingungen nicht verändert, wird durch Illusion nichts verschlechtert und durch Erkenntnis nichts verbessert. Es ist niemals Illusion, niemals Befreiung."
4 Genauer gesagt bewegen sich in den meisten Fällen die Systeme auf das Minimum eines der thermodynamischen Potenziale zu.
5 B. Carazza, Historical considerations on the conceptual experiment by Einstein, Podolsky and Rosen, in: The nature of quantum paradoxes, Dordrecht, 1988, S. 355-369;
D. M. Clark, Einstein-Podolsky-Rosen paradox : a mathematically complete exposition, in: Bol. Soc. Parana. Mat. (2) 15 (1-2), 1995, S.67-81.
I. Z. Tsekhmistro, The Einstein - Podolsky - Rosen paradox and the concept of integrity (Russian), Voprosy Filos. (4), 1985, 84-94.

A. Zeilinger, Physik und Wirklichkeit-neuere Entwicklungen zum Einstein-Podolsky-Rosen Paradoxon, in Naturwissenschaft und Weltbild , Wien 1992, S. 99-121

C. Brukner, M. Zukowski, J.-W. Pan and A. Zeilinger, Bell's inequality and Quantum Communication Complexity, in:
Phys. Rev. Lett. 92, 127901, 2004

6 Diese überraschenden Eigenschaften könnte man logisch zunächst entweder dem Raum zuordnen oder den Teilchen. Wollte man sie den Teilchen zuordnen, dann stünde man weiterhin dem Fehlen von „Etwas" zwischen den Teilchen gegenüber, d. h. man wird auf den Raum zurückgeworfen.

7 Das Beispiel hat natürlich seine Grenzen, denn im Falle des Telefons oder des Internets findet ein „klassischer" Transport statt.

8 Lama Ole Nydahl, Death, Rebirth and the Power of Phowa, in: Buddhism Today, Vol.2, 1996

"Then, there's no separation between space and awareness inside and outside and one is boundless."

"If people would train themselves to experience space more as a container we are all inside of and less as nothingness or something lacking, which separates us, much would be gained."

9 Olaf Nairz, Markus Arndt, Anton Zeilinger, Quantum interference experiments with large molecules, in: Am. J. Phys. 71, 2003, S. 319-325

10 Dabei sollte man zwischen Erkenntnissen unterscheiden, die man als klar bewiesen annehmen kann und solchen wie der Urknall-Theorie, die sicher noch einigen Veränderungen von ihrer jetzigen Form unterworfen werden könnten.

Richard Feynman, amerikanischer Physiker, zum Doppelspalt-Experiment

"A phenomenon which is impossible, absolutely impossible, to explain in any classical way, and which has in it the heart of quantum mechanics. In reality, it contains the only mystery. We cannot make the mistery go away by "explaining" how it works. We will just tell you how it works. In telling you how it works we will have told you about the basic pecularities of quantum mechanics."

Teil II

GIBT ES DEN MOND, WENN NIEMAND HINSIEHT?

Über Quantenphysik und Wirklichkeit

MAG. GUIDO CZEIJA

Die Quantentheorie stellt unser Verständnis der Welt auf den Kopf. Sie zwingt uns, die Vorstellung einer objektiven Wirklichkeit, die allen Erscheinungen zugrunde liegt, aufzugeben. Dabei steht die Quantentheorie in erstaunlichem Einklang mit der buddhistischen Sichtweise, welche noch eine zusätzliche, befreiende Ebene und tiefe Einsicht hinzufügt: die Erfahrung des Geistes.

Die Quantenphysik entstand in den frühen Jahren des zwanzigsten Jahrhunderts und ist vermutlich die erfolgreichste wissenschaftliche Beschreibung der Natur, die jemals entwickelt wurde. Das Verhalten der kleinsten Elementarteilchen, wie Elektronen, sowie das Licht der größten Sonnen können mit ihrer Hilfe verstanden werden. Die Erfolge der Halbleiter- und Informationstechnologie sind nur durch unser Verständnis von Festkörpern auf Quantenebene möglich.
Obwohl die Quantenphysik unzählige Erscheinungen erklärt, enthält sie einen seltsamen Schönheitsfehler, einen unbefriedigenden Makel in den Augen vieler verdienter Physiker. Nobelpreisträger wie Max Planck, Erwin Schrödinger, Louis de Broglie und sogar Albert Einstein warfen das

Handtuch angesichts der wundersamen Auswüchse dieser Theorie. Sie alle hörten zu irgendeinem Zeitpunkt auf, den Fortschritten der Quantentheorie zu folgen. Diese Schwierigkeiten veranlassten einen anderen Großen unter den Physikern, den Amerikaner Richard Feynman, zu der oft zitierten Bemerkung: „Ich kann mit Sicherheit behaupten, dass niemand die Quantenmechanik versteht.“[1]
Was ist so seltsam an der Quantentheorie?

Um sich ein Bild von physikalischen Vorgängen zu machen, greift man gerne auf Beispiele der Alltagswelt zurück. Wolken, Kugeln, Spiegel, Uhren, Raumschiffe: alles Mögliche muss herhalten, wenn es gilt, komplizierte Vorgänge anschaulich darzustellen. Das geht so lange gut, bis man es mit der Quantentheorie zu tun bekommt: Charakteristisch für diese Theorie ist es nämlich, dass sich einige ihrer Besonderheiten erfolgreich dagegen wehren, zu anschaulichen Modellen reduziert zu werden. Und schlimmer noch – die Quantentheorie scheint unsere gewohnten Vorstellungen einer real existierenden Welt schlichtweg zu leugnen. Wie sie das zuwege bringt, ist Gegenstand dieses Artikels.

VERSCHRÄNKUNG

Erwin Schrödinger – bekannt und beliebt unter Österreichern durch sein Porträt auf der alten 1000 Schilling Banknote – nannte *Verschränkung* das wesentlichste Merkmal der Quantentheorie. Es handelt sich dabei um ein Phänomen, das in unserer Alltagswelt nicht beobachtet werden kann; dennoch birgt sie eines der größten Geheimnisse der Natur in sich. Betrachten wir nun das folgende Gedankenexperiment, um der Verschränkung ein Stück näher zu kommen.

Wir denken uns dazu eine Teilchenquelle aus, die in zwei Teilchen zerfällt. Diese Teilchen fliegen gleichzeitig in entgegengesetzte Richtungen. Kurz bevor jedes der Teilchen auf einen weit entfernten Beobachtungsschirm trifft, läuft es zwischen zwei Magneten durch. Dadurch wird es leicht von der geraden Bahn abgelenkt – entweder nach oben oder nach unten.

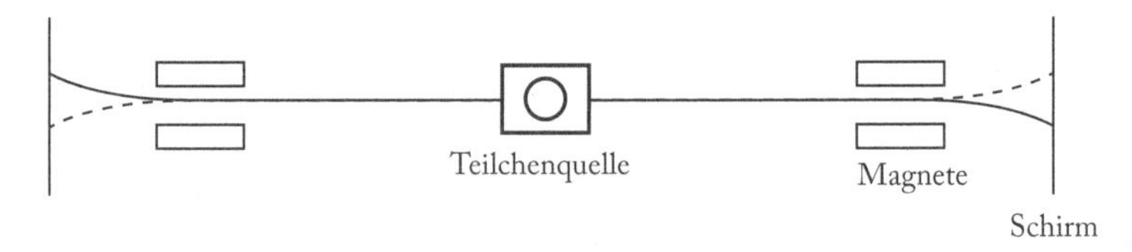

Genauer betrachtet passiert das Folgende: Die quantenmechanische Eigenschaft des Teilchens, die seine Ablenkung nach oben oder unten auslöst, wird „Spin“ genannt. Physiker stellen sich unter dem Spin eine Art inneres Drehmoment vor, also den Impuls einer Eigendrehung. In unserem Beispiel hat die Teilchenquelle selbst keinen Spin – sie zerfällt aber in zwei einzelne Teilchen, die jeweils einen Spin haben – und zwar mit dem Wert ½.

Nach der Quantentheorie kann die Spin-Messung eines Teilchens von halbem Spin nur zu zwei verschiedenen Ergebnissen führen, nämlich der Ablenkung nach oben oder nach unten.

Bemerkenswerterweise hängt dieser Zusammenhang nicht von der Orientierung der beiden Magnete ab. Frage ich also nach dem Spin entlang einer bestimmten Magnet-Orientierung (indem ich die Richtung der magnetischen Achse zwischen den Magneten entsprechend einstelle), wird die experimentelle Antwort im Bezug darauf immer entweder „nach oben" oder „nach unten" lauten. In diesem Zusammenhang steckt die wesentliche Erkenntnis, dass eine Messung immer gleichzeitig eine Störung ist, die in ein System aktiv eingreift. Spins, die vorher eine beliebige Richtung gehabt haben, zeigen nach der Messung ausschließlich in eine zum Magnetfeld parallele oder antiparallele Richtung.

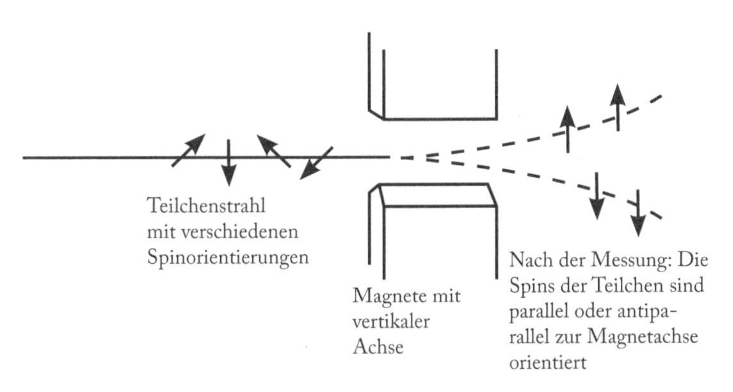

Kehren wir nun zurück zum oben dargestellten Experiment, das das Verhalten eines sogenannten *verschränkten Teilchenpaares* beschreibt. Die beiden Teilchen werden jeweils an den Magneten abgelenkt. Ob ein bestimmtes Teilchen in einem bestimmten Messdurchgang nach oben oder nach unten abgelenkt wird, ist dabei absolut zufällig und unvorhersagbar. Aber wenn das eine Teilchen nach oben gelenkt wird, dann geht das andere mit Sicherheit nach unten. Nach ein wenig Erfahrung genügt es, nur eine Seite des Experiments anzusehen, um auch über das Ergebnis auf der anderen Bescheid zu wissen.
Gut und schön, mag man sich hier denken, das ist doch ein einfacher Zusammenhang. Was sollte an diesem Beispiel so verblüffend sein und irgendeinem Physiker Kopfzerbrechen bereiten?

Um das zu illustrieren, wird gerne die Geschichte von Bertlmanns Socken zitiert. Prof. Bertlmann ist ein theoretischer Physiker an der Universität Wien, der sich dank eines kleinen Modeticks inmitten der Debatte um Quantentheorie und Wirklichkeit befindet: „Bertlmann trägt gerne zwei Socken verschiedener Farbe. Welche Farbe er an einem bestimmten Tag an einem bestimmten Fuß trägt, ist kaum vorhersehbar. Aber sobald man sieht, dass die eine Socke rosa ist, kann man bereits sicher sein, dass die zweite nicht rosa ist. Die Beobachtung der ersten Socke und genug Erfahrung von Bertlmann geben sofortige Gewissheit über die zweite."[2] Es mag vielleicht noch eine Frage zu Stil und Geschmack offen bleiben, aber abgesehen davon gibt es hier kein Rätsel – im eingangs beschriebenen Teilchenexperiment hingegen schon. Wo liegt aber der Unterschied zur Socken-Geschichte?

KONFLIKT MIT DEM REALISMUS

Der Unterschied zwischen dem verschränkten Teilchensystem und Bertlmanns Sockenfarbe führt uns geradewegs zum Konflikt der Quantentheorie mit der Vorstellung einer real existierenden Wirklichkeit.
Im Teilchenexperiment haben die beiden Teilchen sogenannten antiparallelen Spin, denn ein Teilchen wird nach oben und eines nach unten abgelenkt. Die kritische Frage lautet nun: Entlang welcher Orientierung sprechen wir von einem hinauf- oder hinuntergehenden Teilchen? Im Experiment zeigt sich die Korrelation für jede Orientierung der Magnetachse – wie also sind die Spins vor der Messung?
Die Quelle, ein zerfallendes Teilchen, hatte gar keinen Spin. Es ist daher sinnlos, von vornherein irgendeine Orientierung (zum Beispiel vertikal, horizontal oder diagonal) hervorzuheben.
Die Frage ist deswegen kritisch, weil es den Teilchen unmöglich ist, während des Fluges ihr Verhalten aufeinander abzustimmen. Schließlich könnten wir die Messvorrichtungen sehr weit voneinander entfernt aufstellen, und weder die Quelle noch die Teilchen wären in der Lage vorherzusehen, für welche Messachse wir uns im letzten Moment entscheiden. Also auch während des Teilchenfluges kann man keine Orientierung angeben, die irgendwie besonders sein soll.

Wenn sich keine einzelne, bestimmte Orientierung hervorhebt, dann kann man nur annehmen, dass die Teilchen vor der Messung alle möglichen Spin-Orientierungen aufweisen. Demnach würde jedes Teilchen bereits ab der Quelle einen bestimmten Spin tragen. Jedes Paar wäre in sich perfekt korreliert, ihre Spins also antiparallel. Die Spin-Richtungen mehrerer Paare hintereinander variieren aber zufällig.

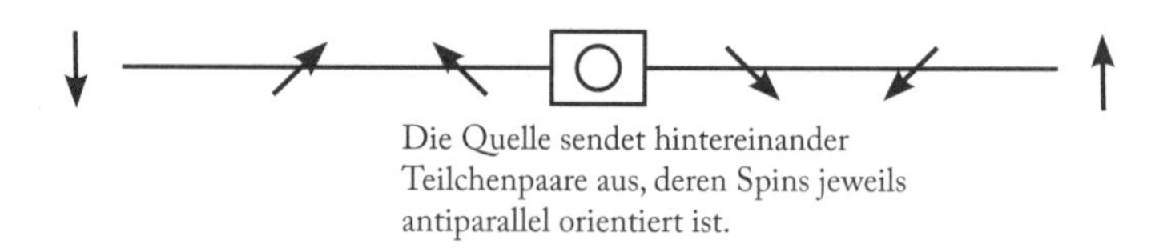

Die Quelle sendet hintereinander Teilchenpaare aus, deren Spins jeweils antiparallel orientiert ist.

Bei den meisten Paaren würden wir für eine beliebige Einstellung der Magnete in so einem Fall tatsächlich das beschriebene korrelierte Verhalten beobachten.

Betrachten wir aber nun diejenigen Paare mit einer Spin-Richtung normal zur Achse der messenden Magneten.

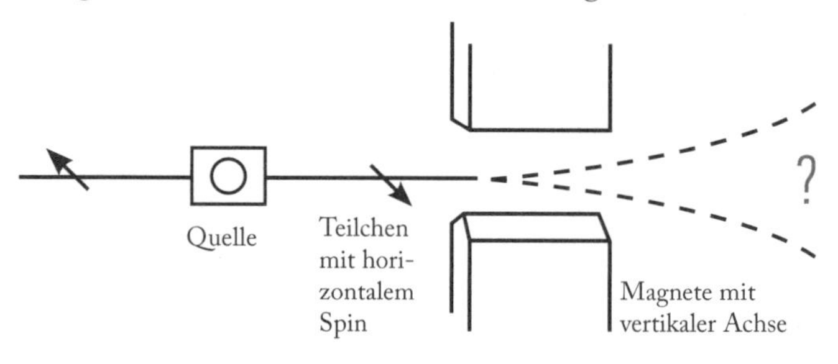

Die Quantentheorie verlangt, dass das Ergebnis der Spin-Messung in diesem Fall *auf jeder Seite* absolut zufällig ist. Das bedeutet, 50 Prozent werden nach oben und 50 Prozent nach unten abgelenkt. Nachdem der Zufall aber auf jeder Seite unabhängig reagiert, müsste die Spin-Messung in manchen Fällen auch zur gleichen Ablenkung führen.
Dies stünde allerdings im Widerspruch zu unserer ursprünglichen Beobachtung: Es zeigen nämlich *sämtliche* Paare korreliertes Verhalten. Die Annahme, die Teilchen hätten vor ihrer Messung bereits einen bestimmten wohldefinierten Spin, ist also nicht haltbar.

Es ist in der Tat höchst erstaunlich, dass die Messergebnisse der beiden Teilchen perfekt korreliert sind, aber der Spin eines jeden vor der Messung nicht gefunden werden kann. Wir haben es hier also mit zwei vollständig zufälligen Ereignissen zu tun, die auf mysteriöse Weise auch über große Entfernungen verbunden sind.

Zwei Fragen quälen nun hartgesottene Physiker, wenn sie sich mit diesem Gedanken-Experiment beschäftigen:
Zunächst, wie kann es überhaupt einen absoluten Zufall geben? Wir beobachten tagtäglich Ereignisse, die wir dem Zufall zuschreiben. Aber sobald wir genauer hinsehen, entdecken wir immer einen entscheidenden Grund. Sogar das Ergebnis eines Würfelwurfs kann *im Prinzip* erklärt werden wie der Stoß zweier Billard-Kugeln.
Und zweitens: Was passiert eigentlich mit dem unbeeinflussten Teilchen auf der einen Seite, während gerade die Spin-Messung an seinem Zwillingsbruder durchgeführt wird? Will die Quantentheorie tatsächlich behaupten, dass die Eigenschaften eines Teilchens an einem Ort das Ergebnis der Messung an einem weit entfernten anderen Teilchen ist? Das ist gerade so, als würde man die Wirklichkeit von Bertlmanns Socken ableugnen – oder zumindest die ihrer Farbe, solange man nicht hinsieht. So als würde ein Kind fragen: „Wie kommt es, dass sie immer verschiedene Farben annehmen, sobald man hinschaut? Woher weiß denn die zweite Socke, was die erste gemacht hat?“

Phänomene dieser Art hielten die Physiker verzweifelt auf der Suche nach einem passenden Modell der Vorgänge auf atomarer und subatomarer Ebene. Manche Wissenschaftler kamen schließlich zu der Überzeugung, es sei falsch nach einem widerspruchsfreien Bild zu forschen. Quantenteilchen hätten überhaupt keine definierten Eigenschaften vor ihrer Beobachtung. Pascual Jordan erklärte dazu einst, dass „Beobachtungen nicht nur stören, was sie messen wollen, sondern sie produzieren es erst“[3].
Eine andere Sichtweise hatte Einstein, dessen Meinung allseits in höchstem Maße geschätzt wurde. Ihm missfiel diese Art zu denken sehr. Seiner Meinung nach sollten die Dinge ihre Eigenschaften haben, ob sie nun beobachtet würden oder nicht. Abraham Pais berichtet: „Wir diskutierten oft seine

Auffassungen über objektive Realität. Ich erinnere mich an einen Spaziergang, an dem Einstein plötzlich stehen blieb, sich zu mir drehte und fragte, ob ich wirklich glaube, dass der Mond nur existiert, wenn ich hinsehe."[4]

Das oben erwähnte Experiment wurde oft diskutiert, und nicht-lokale Korrelationen haben seit ihrer Entdeckung für viel Unruhe unter den Wissenschaftlern gesorgt. Das ist umso erstaunlicher, als man erwarten könnte, dass die Frage nach der Existenz von Eigenschaften vor ihrer Beobachtung in erster Linie eine rein philosophische sei. Physiker beschäftigen sich schließlich mit beobachtbarer Materie. Der berühmte österreichische Physiker Wolfgang Pauli nahm zu dieser Frage eine sehr praktische Haltung an und schrieb in einem Brief an Max Born: „Ob etwas, worüber man nichts wissen kann, doch existiert, darüber soll man sich doch wohl ebenso wenig den Kopf zerbrechen, wie über die alte Frage, wie viele Engel auf einer Nadelspitze sitzen können."[5]

VERBORGENE WIRKLICHKEIT

Natürlich versuchten viele Physiker, diese Fragen zufriedenstellend zu beantworten. Im Mittelpunkt dieser Versuche standen dabei zwei grundlegende Annahmen, die einige Wissenschaftler nicht aufgeben wollten: Erstens sollte eine physikalische Theorie realistisch sein. Das bedeutet, dass die Theorie von einer physikalischen Realität ausgeht, die unabhängig von Beobachtern existiert und in der die Physiker ihre Messungen vornehmen können.
Zweitens darf kein Objekt auf ein anderes schneller als mit Lichtgeschwindigkeit einwirken. Das bedeutet, dass räumlich getrennte Objekte sich nicht sofort beeinflussen können. Einstein nannte solche unerwünschten Effekte ironisch spukhafte Fernwirkungen.[6]
Diese beiden Annahmen bezeichnete man als *lokalen Realismus*.

Findige Physiker erdachten schließlich eine Möglichkeit, die Besonderheiten der Quantentheorie zu erklären und gleichzeitig im Rahmen des lokalen Realismus zu bleiben. Diese Physiker nahmen an, dass die Teilchen zusätzliche physikalische Eigenschaften haben, die jedoch *grundsätzlich* nicht gemessen werden können. Sie blieben dem Experimentator vollständig verborgen, bestimmen aber dennoch das Verhalten der Quantenteilchen im Experiment. Diese sogenannten *verborgenen Parameter* würden auch solche Messergebnisse festlegen, die man bisher für absolut zufällig gehalten hatte. Ein Beispiel dafür haben wir bereits erwähnt: die Spin-Messung eines Teilchens mit horizontalem Spin durch Magnete mit vertikaler Achse.

Diese Idee können wir nun auch auf unser anfangs vorgestelltes Experiment mit dem verschränkten Teilchenpaar an-

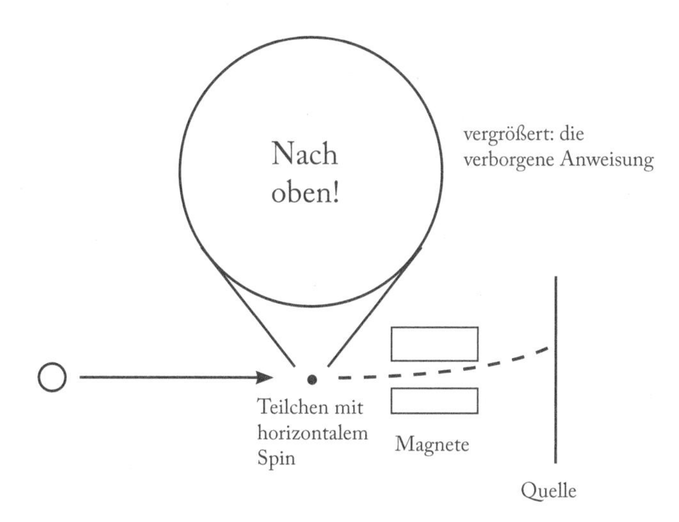

wenden. Verborgene Parameter könnten wie eine Menge von Anweisungen wirken, die den beiden Teilchen mitgegeben werden. Diese Anweisungen schreiben jedem Teilchen vor, wie es auf die möglichen Messungen zu reagieren hat, sodass schließlich das Paar korreliertes Verhalten zeigt. Mit solcherlei verborgenen Mechanismen bräuchte man keine spukhaften Fernwirkungen mehr annehmen, und der lokale Realismus wäre bestätigt.

Die Idee von verborgenen Mechanismen, welche das Quantenverhalten bestimmen, ist tatsächlich eine sehr natürliche. Sie entspricht unserer Vorstellung, dass jeder Wirkung auch tatsächlich eine Ursache vorausgeht. Sie als verborgen anzunehmen ist dann so, als würden Biologen erklären, dass körperliche Merkmale wie unsere Augen- und Haarfarbe zwar durch Erbanlagen festgelegt werden, diese Gene aber aus irgendwelchen Gründen grundsätzlich nicht beobachtet werden können.

Wir gingen ursprünglich von der Frage aus, ob Teilcheneigenschaften real, also unabhängig von deren Beobachtung existierten. Nimmt man nun physikalische Größen an, die der Beobachtung grundsätzlich entzogen wären, dann kann man der klaren Beantwortung dieser Frage aus dem Wege gehen – sie sind ja wie eine Erklärung, die niemand überprüfen kann.

In der Wissenschaft ist es natürlich erlaubt, die Quantentheorie um solche „unsichtbaren" theoretischen Ausdrücke zu erweitern. Die Physik ist aber eine Naturwissenschaft, daher hat immer das Experiment das letzte Wort. Wird es jemals eine Möglichkeit geben herauszufinden, ob in der Natur verborgene Mechanismen wirken?

GEHEIMNISVOLLE QUANTENWELT

Es ist wohl eine der bemerkenswertesten Entdeckungen der Wissenschaft, dass diese Frage wirklich durch ein Experiment entschieden werden kann.[7] Und umso erstaunlicher ist das Ausmaß, in welchem die Natur versäumt, dem lokalen Realismus zu entsprechen.

Die (experimentelle) Antwort an die Wissenschaftler, die sich verborgene Parameter erdacht hatten, lautet bündig: Nein, die Natur kennt keine verborgenen Mechanismen! Quantenmechanische Eigenschaften existieren nicht unabhängig von ihrer Beobachtung.

Im letzten Abschnitt werden wir versuchen, dieses Ergebnis zu verstehen und der buddhistischen Sichtweise gegenüberzustellen. Doch vorher betrachten wir noch, wie der lokale Realismus anhand des folgenden einfachen Gedankenexperiments[8] widerlegt werden kann.

Diesmal stellen wir uns einen Apparat vor, der Dreiergruppen (anstelle von Paaren) von Teilchen aussendet. Um das tatsächliche Experiment[9] mit entsprechend präparierten Quantenteilchen durchzuführen, muss man sich natürlich im Labor um sehr viele aufwendige Details bemühen. Wir brauchen uns hier aber nicht weiter um physikalische Details kümmern und stellen uns einfach drei Teilchen vor, die von einer Quelle ausgesendet werden.

Die drei Teilchen, die wir uns als Kugeln denken wollen, verlassen zugleich die Quelle und nähern sich ihrem jeweiligen Detektor. Dieser kann zwei verschiedene Eigenschaften messen: die Farbe der oberen und die der unteren Kugelhälfte. Der Experimentator kann dabei mittels Schalter selber entscheiden, ob er die Teilchenfarbe von oben oder von unten anse-

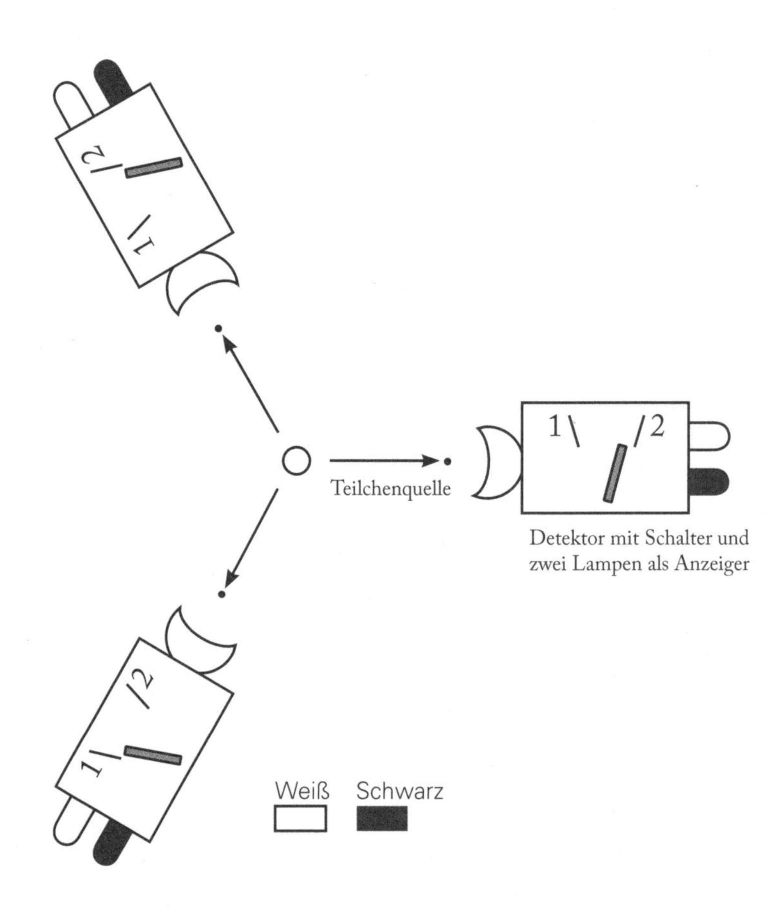

Detektor mit Schalter und zwei Lampen als Anzeiger

hen möchte. Beides zugleich ist – aus physikalischen Gründen – nicht möglich.
Die beobachtete Farbe ist entweder weiß oder schwarz. Sie wird angezeigt, indem eine Lampe am jeweiligen Apparat aufleuchtet. Ein Durchlauf des Experiments besteht nun darin, die Schalter jedes Detektors auf die gewünschte Position (1 oder 2) zu stellen und ein Teilchentrio auszusenden. Im Anschluss wird notiert, welche Farben bei der Messung aufgeleuchtet haben.

Zuerst führen wir das Experiment so durch, dass ein Detektor auf 1 gestellt ist (er betrachtet die *obere* Hälfte des Teilchens) und die anderen beiden auf 2 (sie betrachten die *untere* Hälfte). Nach einer Reihe von Durchläufen wissen wir, dass nur vier Ergebnisse beobachtet werden. Entweder leuchten alle drei Detektoren weiß auf (WWW) oder einer leuchtet weiß und die anderen beiden schwarz (WSS, SWS, SSW).

Folgen wir den Annahmen von *Lokalität* (Die beobachtete Farbe ist unabhängig von den Messungen an den anderen Teilchen) und *Realismus* (Die beobachtete Farbe entspricht einer unabhängig existierenden Eigenschaft), dann können wir die Korrelationen über die Teilchenquelle erklären. Nur bestimmte Farbkombinationen werden beobachtet, demnach werden also nur bestimmte Teilchentrios ausgesandt.

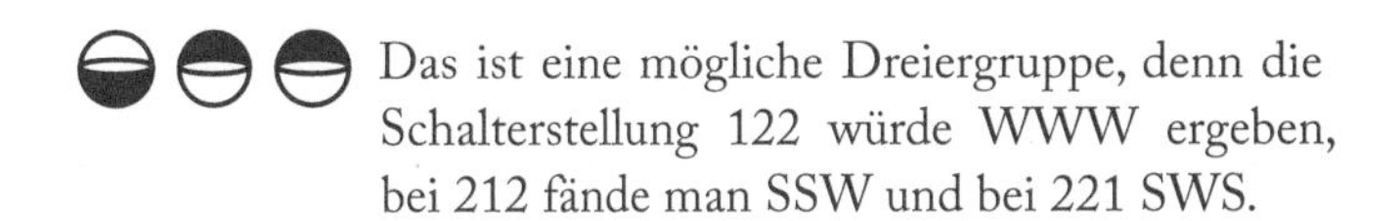

Das ist eine mögliche Dreiergruppe, denn die Schalterstellung 122 würde WWW ergeben, bei 212 fände man SSW und bei 221 SWS.

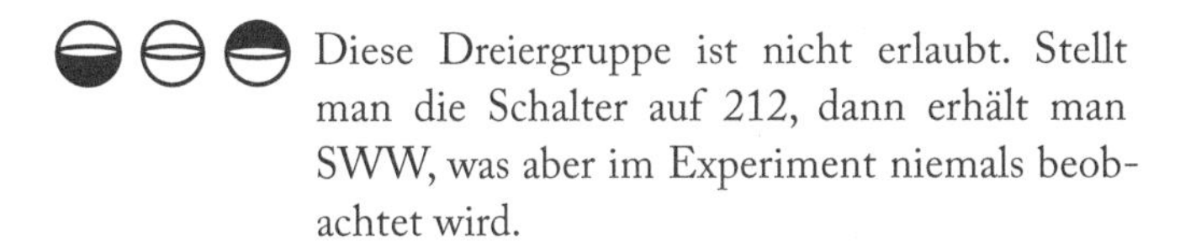

Diese Dreiergruppe ist nicht erlaubt. Stellt man die Schalter auf 212, dann erhält man SWW, was aber im Experiment niemals beobachtet wird.

Mit etwas Nachdenken ist es nicht schwer, alle erlaubten Dreiergruppen aufzuzählen. Von den insgesamt 64 Möglichkeiten sind dies die erlaubten:

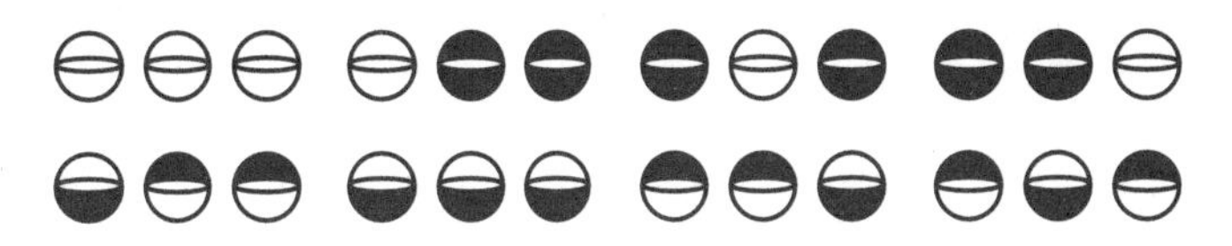

Es lässt sich leicht überprüfen, dass bei jeder dieser Dreiergruppen entweder eine oder drei weiße Lampen aufleuchten, wenn ein einziger Detektor die obere Farbe betrachtet, während die anderen beiden auf die untere schauen.

Nun führen wir das Experiment so durch, dass alle drei Detektoren auf 1 geschaltet sind. Wir beobachten also die obere Farbe aller drei Kugeln. Nachdem die Menge der oben gezeigten acht Dreiergruppen vollständig ist, *muss* sie auch die Ergebnisse dieser nächsten Durchläufe bestimmen. Wir gehen

davon aus, dass die Teilchen ihre Anweisungen beim Start von der Quelle mitbekommen haben. Diese Anweisungen müssen unabhängig von den Schalterstellungen an den Detektoren sein. Denn wer könnte verhindern, dass jemand einen Schalter umlegt, kurz bevor die Teilchen ankommen?
Ein Blick auf die obige Liste aller möglichen Dreiergruppen zeigt, welches Ergebnis wir für diese Messungen erwarten dürfen. Wenn alle Detektoren auf die obere Farbe blicken, dann werden entweder eine oder drei weiße Lampen aufleuchten. Wir verlangen dabei nur, dass die Farben bereits vor der Beobachtung real existieren und das Ergebnis eines Detektors unabhängig von den Schalterstellungen der anderen beiden ist. Dann *müssen* laut unserer Liste bei *allen* Durchläufen dieser Art entweder eine oder drei weiße Lampen aufleuchten.

Das tatsächlich durchgeführte Experiment mit entsprechend präparierten Quantenteilchen führt allerdings auf ein anderes Ergebnis: Entweder zwei weiße Lampen leuchten auf oder gar keine! Der lokale Realismus *verlangt* eine oder drei weiße Lampen für *alle* 111 Durchläufe. Die Quantentheorie *verbietet* dieses Ergebnis für *alle* 111 Durchläufe. Die Experimente bestätigen eindeutig die Quantentheorie![10]

RAUM IST INFORMATION

Was ist nun im obigen Experiment passiert? Der einzige Fehler, der uns unterlaufen ist, war die Annahme, die Eigenschaften eines Teilchens existierten bereits vor ihrer Messung. Wir gingen davon aus, dass die Farben der Kugelhälften entweder weiss oder schwarz wären, egal ob wir sie betrachteten oder nicht.
In der Physik hat immer das Experiment das letzte Wort. Dieses hat gezeigt, dass keine Eigenschaft Teil der Wirklichkeit ist, bevor sie beobachtet wird. Quantenmechanische Messgrößen existieren nicht unabhängig von einem Beobachter, weil die Annahme zu Widersprüchen mit den Messergebnissen führt.
Wie können wir nun verstehen, dass die Beobachtung einer Teilcheneigenschaft gleichzeitig die seiner verschränkten Partner bestimmt? Niels Bohr antwortete auf solche Fragen, dass verschränkte Teilchen - wie weit voneinander entfernt auch immer sie seien - stets als eine Einheit, als ein System zu betrachten seien. Die Teilchen existieren nicht unabhängig voneinander. Bohr erklärte dazu einmal: „Es gibt keine Quantenwelt. Was es gibt, ist nur die abstrakte quantenmechanische Beschreibung. Es ist falsch zu denken, es wäre Aufgabe der Physik herauszufinden, wie die Natur beschaffen ist. Aufgabe ist vielmehr, herauszufinden, was wir über die Natur sagen können.“[11] Mit anderen Worten: Wissenschaft beschäftigt sich mit Wissen und nicht mit Tatsachen.

Der österreichische Physiker Anton Zeilinger hält die *Information* für den Schlüssel zu unserem Verständnis des rätselhaften Quantenverhaltens.[12] Was auch immer ein Physiker über ein Quantensystem weiß, kann nur das Ergebnis von Fragen sein, die durch Experimente gestellt werden. Im Fall eines verschränkten Teilchenpaares (oder -trios) wird die gesamte verfügbare Information allerdings gemeinsam getragen, ohne dass ein einzelnes Teilchen Information für sich trägt.
Stellen wir nun einem der beiden Teilchen eine Frage (indem wir messen), dann nimmt *gleichzeitig* der - beliebig weit entfernte – Zwillingsbruder einen Zustand an, der perfekt korreliert ist. Es scheint demnach, dass Information *über Zeit und Raum hinausgeht*. Allerdings ist es nicht möglich, mittels verschränkter Systeme Information unverzögert zu übertragen.

Ebenso ist auch unser Wissen über die Welt - die Wirklichkeit - das Ergebnis (einer großen Zahl) von Fragen. Diese werden über die Bauweise unserer Sinnesorgane gestellt. Es lässt sich daher grundsätzlich nicht zwischen Information und Wirklichkeit unterscheiden. Man kann daher auch sagen: *Information ist Wirklichkeit.*

Die buddhistische Sichtweise zu Wirklichkeit besteht aus zwei Aspekten. Der eine wird *relative Wahrheit*, der zweite *absolute Wahrheit* genannt. Die relative Ebene beschäftigt sich mit der Welt der Erscheinungen, äußerer wie innerer, die vom Geist erfahren werden. Wissenschaftliche Beobachtungen gehören da ebenso dazu wie unsere Gedanken und Gefühle. Ihr Entstehen und Vergehen werden auf dieser Ebene erklärt.
Die absolute Wahrheit handelt von der *Natur der Dinge* im Unterschied zu ihrer Erscheinung. Alle Dinge sind ihrem Wesen nach ohne letztendliche oder absolute Existenz. Wie in einem Traum entstehen die Erscheinungen und beeinflussen sich gegenseitig, aber sie werden unvermeidlich wieder auseinanderfallen und verschwinden. Daher besitzen sie letztendlich keinerlei eigene Existenz. Man sagt auch, sie wären leer davon.
Diese Leerheit, der absolute Aspekt aller Erscheinungen, wird auch auf der relativen Ebene der Erscheinungen deutlich. Die Lehren des großen Weges (skt. Mahayana) sprechen hier vom Entstehen und Vergehen der Phänomene in gegenseitiger Abhängigkeit. Ereignisse geschehen immer abhängig von anderen Umständen und niemals ohne Grund. Sie sind verflochten zu einem Netz aus Ursachen und Wirkungen.
Ähnliche Schlüsse konnten wir aus unserer Analyse verschränkter Teilchen ziehen. Die Quantentheorie enthüllt einen ganzheitlichen Aspekt des Raumes. Sie zeigt, dass Ereignisse auch über beliebige Entfernungen miteinander verbunden sein können und messbare Größen nicht unabhängig von ihrer Beobachtung existieren.

Auf der höchsten Ebene buddhistischer Belehrungen, dem Großen Siegel (skt. Mahamudra), werden diese beiden Aspekte von relativer und absoluter Wirklichkeit als voneinander untrennbar erklärt. Das Große Siegel zielt direkt auf

Erleuchtung, das Ziel buddhistischer Entwicklung, und geht daher jenseits aller Konzepte und Vorstellungen.[13] Es wurde von Buddha gegeben, um die Möglichkeiten des Geistes voll zu erwecken und ermöglicht tiefe Einsicht in die bedingte und letztendliche Wirklichkeit unserer Welt. Der 3. Karmapa Rangjung Dorje drückte dies in seinen Mahamudra-Wünschen wie folgt aus:

„Blickt man auf die Dinge, sind keine Dinge da,

man sieht auf den Geist.

Blickt man auf den Geist, ist kein Geist da,

er ist seinem Wesen nach leer.

Durch das Betrachten beider löst sich das Festhalten

an Zweiheit in sich selbst auf.

Mögen wir die Natur des Geistes,

das Klare Licht, erkennen!“[14]

Was ist nun mit dem Mond, wenn niemand hinsieht? Die buddhistische Antwort auf die eingangs gestellte Frage besteht - wie so oft - aus zwei Teilen. Auf absoluter Ebene existiert der Mond überhaupt nicht, egal ob er betrachtet wird oder nicht. Auf relativer Ebene gibt es unzählige Monde. Sie existieren als Konzepte in den Köpfen all jener, die den Mond ansehen, an ihn denken, Lieder über ihn singen oder Artikel darüber schreiben. Diese Monde sind subjektive Vorstellungen in den Köpfen und Herzen aller fühlenden Wesen. Was von ihnen geteilt wird, ist nicht ein objektiv existierender Himmelskörper, sondern die sprachliche Übereinkunft über einen Mond, der auf relativer Ebene exisitert, aber von jedem anders erlebt wird.

QUELLEN:

1 Richard P. Feynman, Vom Wesen physikalischer Gesetze, Piper, München 1990, S. 160.
2 John S. Bell, Bertlmann's Socks and the Nature of Reality, in: J. Phys., 42, 1981, S. C2-41; nachgedruckt in: Speakable and Uspeakable in Quantum Mechanics, Cambridge University Press, Cambridge 1987.
3 Max Jammer, The Philosophy of Quantum Mechanics, John Wiley, New York/London 1974, S. 161.
4 Abraham Pais, Einstein and the Quantum Theory, in: Rev. Mod. Phys., 51, 1979, S. 863.
5 Albert Einstein, Max Born, Briefwechsel 1916-1955, Nymphenburger Verlag, München 1991, S. 288.
6 Op. cit., S. 210.
7 John S. Bell, op. cit., S. C2-41 (vgl. Punkt 2).
8 N. David Mermin, Quantum Mysteries Revisited, in: Am J. Phys., 58, August 1990, S. 8.
9 Dik Bouwmeester, J.-W. Pan, M. Daniell, H. Weinfurter & A. Zeilinger, Observation of Three-Photon GHZ Entanglement, in: Phys. Rev. Lett., 82 (1345), 1999.
10 Dik Bouwmeester et al., Phys. Rev. Lett., 82 (1345), 1999.
11 A. Petersen, The Philosophy of Niels Bohr, in: Anthony Philip French & P. J. Kennedy (Hrsg.), Niels Bohr, a Centenary Volume, Harvard University Press, Cambridge 1985, S. 299.
12 Anton Zeilinger, Einsteins Schleier, Goldmann Verlag, München 2003.
13 Lama Ole Nydahl, Das Große Siegel. Die Mahamudra-Sichtweise des Diamantweg-Buddhismus, Knaur, München 2006.
14 III. Karmapa Rangjung Dorje, Chag Chen Mönlam, zitiert nach: Lama Ole Nydahl, op. cit., Vers 18, S. 166.

TEILCHEN? IM RAUM?

Fragen, in denen sich Buddhismus und Neue Physik einander nähern

PROF. DR. KENNETH MALY

„Unsere Beschreibung der Natur dient nicht dazu, das eigentliche Wesen der Phänomene offenbar zu machen, sondern soweit wie möglich die Beziehungen zwischen den mannigfaltigen Aspekten unseres Erlebens aufzuspüren."

Niels Bohr[1]

„Wenn Dinge absolut gesehen nicht existieren, aber dennoch existent sind, dann muss man ihr Wesen in den Beziehungen suchen, die sie zusammenbringen. Nur diese Beziehungen zwischen den Objekten existieren und nicht die Objekte selbst. Objekte sind Beziehungen …"

Laurent Nottale[2]

„Der nicht duale Zustand der Leerheit, Klarheit und Offenheit teilt sich in die Dualität von Subjekt und Objekt und handelt aus dieser Wahrnehmung heraus. Aus der Leerheit entsteht das Ich-Subjekt, aus der Klarheit das Empfinden der Andersartigkeit und aus der Offenheit entstehen alle Beziehungen auf der Basis von Anhaftung, Abneigung und Unwissenheit."

Kalu Rinpoche[3]

„Auch viele Wissenschaftler wundern sich heute über Buddhas tiefes Verständnis vom Wesen der Dinge. Dass dieselben Einsichten in den Gesetzen der äußeren Welt auftauchen, ob man nun in der Vertiefung den eigenen Geist erkennt oder die Welt durch das Fernrohr oder einen „Teilchenquetscher" untersucht, ist für sie sehr spannend."

Ole Nydahl[4]

„Nach Bohr und Heisenberg können wir von Atomen und Elektronen nicht als von real existierenden Einheiten sprechen, die ganz bestimmte, messbare Eienschaften wie einen Ort im Raum oder eine Geschwindigkeit haben. Unsere Welt besteht nicht mehr aus kleinsten dinghaften Elementen, sondern aus Möglichkeiten und Wahrscheinlichkeiten. Die Natur der Materie und des Lichts wird zum Spiel gegenseitiger Interdependenzbeziehung: Sie ändert sich in Abhängigkeit von der Interaktion zwischen Beobachter und beobachtendem Phänomen."

Trinh Xuan Thuan[5]

„Der Buddhismus, der die letztendliche Natur der Phänomene und des Bewusstseins gründlich analysiert hat, kann dem Wissenschaftler helfen, sich aus seinem Dilemma zu befreien: einerseits die offenkundige feste Realität der makrokosmischen Phänomene und andererseits die dynamische Welt der Teilchenphysik. Doch das ist noch nicht alles, denn der Buddhismus hat aus seinen Erkenntnissen auch eine praktische Umsetzung gewonnen, die uns Hilfestellung im täglichen Leben bietet."

Matthieu Ricard[6]

Die westliche Wissenschaft und Physik hat ihre Sicht des Universums, der Bausteine der Realität – einschließlich des Raums – verändert und damit einhergehend nähert sich ihre Denkweise dem buddhistischen Denken darüber an, wie die Dinge sind, einschließlich der buddhistischen Vorstellung von Raum. In dieser Abhandlung will ich mich mit dieser Annäherung befassen. Man kann kurz gefasst sagen, dass bei den Fragen nach den grundlegenden „Bausteinen" der Welt, in der wir leben, eindeutige Objekte oder „Dinge" in der „Realität" der Vorstellung weichen, dass die Dinge ihrem Wesen nach emergent sind, dynamische Wechselwirkungen zwischen Mustern und Beziehungen. Was früher in seiner „momentanen" Ausdrucksform als stabil angenommen wurde, zeigt sich heute eher als dynamische Emergenz, fortlaufende Entfaltung, interaktive Beziehungen und weniger als Objekte oder Dinge. Diesem Gedankengang möchte ich in dieser Abhandlung folgen. Erstens: Was wird traditionell unter *Teilchen* und *Raum* verstanden? Zweitens: Wie können wir diese Wortbilder und die damit verbundenen Phänomene in Übereinstimmung mit den neuesten Ansichten der heutigen Physik überdenken? Drittens: Können wir in Worte fassen, wie sich diese „neue Physik" mit dem Buddhismus und seinen uralten Belehrungen über Dinge (Teilchen) und Raum annähert? Und schließlich: Welche entscheidenden, vielversprechenden Fragen ergeben sich aus diesen Überlegungen?

Die *Motivation* liegt darin, einen neuen Zugang zur Geschichte der westlichen Metaphysik zu finden, d. h. sich die Dynamik der *Emergenz* bewusst zu machen, die in der griechischen Philosophie mit der *Substanz* einherging.

Sie liegt zudem darin, unser westliches Verständnis der Dualität zu überdenken, also zu sehen, dass in unserer eigenen Geschichte ein nicht dualistischer Ansatz zu finden ist, der auch in buddhistischen Lehren mitschwingt. Und schließlich soll die vielschichtige Bedeutung von Emergenz und fortlaufender Entfaltung durchdacht werden, die Einblick in die neue Physik gewährt und in ihr Verständnis von dem, was sozusagen *hinter* den Teilchen steckt, und was *ursprünglicher* Raum ist – eine Art Zeit-Raum (*nicht* Einsteins Raum-Zeit!). Das wird uns zur *Frage* der Emergenz und anziehender Energien führen und zu der *Frage*, wie neue Physik und Buddhismus konvergent das ausdrücken, was im Wesentlichen eine Dynamik zu sein scheint: ein sich fortlaufend entfaltender Zeit-Raum (ohne Anfang und Ende). In gewisser Weise wird dies das vorherrschende Verständnis „untergraben", dass Dinge, die erscheinen, feste, „objektiv" substanzielle *Teilchen* sind.

Diese Abhandlung steht im *Kontext* der Frage eines Philosophen an Wissenschaftler und Buddhisten. In der Physik stehen Wissenschaftler an der Schwelle zu einem neuen Paradigma vom Wesen des Universums, dem Wesen der Dinge in Relativität und Quantenmechanik – einschließlich des Strebens, die Superstringtheorie zu verstehen. Diese Arbeit der Wissenschaftler ist Spekulation (mehr Mathematik als Erfahrung). In ihrer Vorstellung kommen sie der Enträtselung des Phänomens und der Wirkungskraft, mit denen sie zu kämpfen haben, immer näher. Vielleicht können sie sich die Einsichten buddhistischer Beobachtung zunutze machen, die in ihrer Logik und ihrem Experimentieren strenge Maßstäbe anlegt, jedoch auf Erfahrung basiert und diese in ihren Mittelpunkt stellt. Bei dieser Annäherung können sowohl die neue Physik als auch der Buddhismus ihre Erfahrungen überprüfen und darauf vertrauen; und die westliche Wissenschaft kann sich über die Sprache der rationalistischen Wissenschaft, mathematischer Beweise und des kartesischen Dualismus hinausbewegen.

Ziel dieses Unterfangens ist es, dahin zu gelangen, dass sich kritische Denker im Westen die Sprache des Buddhismus zunutze machen: beispielsweise, dass „Teilchen" keine „Dinge" oder „Objekte" sind und dass Raum weder Etwas noch Nichts ist. Wie können westliche Physiker sagen, dass dieses Wesen der Erscheinungen weder dem Nihilismus noch dem Realismus entspricht – dass sie weder nichts noch stofflich sind? Was kann der Buddhismus der westlichen Wissenschaft bieten, von dem die westliche Wissenschaft allmählich ahnt, dass sie es bei ihren Gedankengängen an dieser Grenze benötigt: Energie statt Masse, sich fortlaufend entfaltende Wirkungskraft statt aristotelischer Substanz und die nicht dualistische Einheit von Geist-Körper statt Subjekt-Objekt (statt der in der etablierten Wissenschaft so hoch gepriesenen Objektivität)?

Wenn wir die Sprache des *alten*, *überlieferten* Paradigmas in Philosophie und Physik betrachten – und dann die Sprache der *neuen* Paradigmen, die sich in diesen Fachbereichen ergeben, wie sie sich in der heutigen Gedanken- und Arbeitswelt zeigen – dann sehen wir einen gewissen Zerfall oder eine Demontage (Verfall, Niedergang) der *alten*, „verkrusteten" Sprache, und es ergeben sich neue Wortbilder, die ein reicheres und frisches Verständnis davon erlauben, wie die Dinge sind.

Wenn Murray Gell-Mann in seinem Buch *Das Quark und der Jaguar* davon spricht, dass man versucht, „die letztendlichen Bestandteile aller Materie" zu verstehen, und darüber, wie die Elementarteilchenphysik „Objekte" wie das Elektron und das Photon behandelt, und wie die physische Evolution „individuelle Objekte" wie den Planeten Erde erzeugt, und wie „Prozesse wie der biologische Entwicklungsverlauf auf der Erde individuelle Objekte wie etwa (...) die Kondore"[7] hervorbringen – in all diesen Aussagen haben die Wörter *Bestandteile aller Materie*, *Objekte*, *bestimmte Objekte* eine direkte historische Verbindung zu Aristoteles' Metaphysik der Substanz, der zufolge Wesen (Entitäten, Dinge in dieser Welt) traditionell immer als bestimmte Wesen, Dinge verstanden wurden, die wir als einzeln, unabhängig und statisch existierend erkennen können. Die traditionelle Physik spricht von subatomaren Teilchen – wie etwa Elektronen – als relativ fest, objektiv, „mechanisch".

Andererseits sieht das sich ergebende Paradigma der neuen Physik (das sich aus Quantentheorie, Relativität und der jüngeren Superstringtheorie ergibt) subatomare Teilchen – wie Neutrino und Anomalon – als wesentlich plastischer, eher wie ein Energiefeld und weniger wie eine bestimmte Masse. Die

Frage ist: Was sagt diese veränderte Sichtweise, dieses *neue* Paradigma über die Welt aus (darüber wie die Dinge sind)? Und in welcher Sprache soll man das „neu ausdrücken", also diese neue Sichtweise zum Ausdruck bringen? Ich würde meinen, dass die gemeinsame Rede von Prozessen, emergenter Entfaltung und kollektiver Dynamik dem Physiker helfen wird, zum Beispiel die Superstringtheorie *zu überdenken - weg davon*, Punkte als Teilchen zu begreifen und *mehr in die Richtung*, Strings als Wellen und dann als dynamische Energie „bei der Arbeit" zu begreifen. Dadurch wird sich die Physik die grundlegenden „Bestandteile" der „Realität" auf andere Weise vorstellen.

Die erste Frage ist: Existieren Elementarteilchen als individuelle, getrennte Substanzen? Oder sind sie in ihrer Existenz voneinander abhängig und für ihre Existenz auf die Beteiligung des Beobachters angewiesen? Untersucht der Physiker jemals die grundlegenden „Elemente" dessen, was ist, völlig isoliert von ihm oder ihr selbst? Wenn nicht, was ist dann mit der Vorstellung von der objektiven Realität der Substanz?
Es scheint, als seien Elektronen Teilchen. Und ein Teilchen verfügt über eine quantifizierbare Größe (eine „Quantität") und einen Platz, an dem es sich befindet (seine „Position"). Alles scheint schön und gut. Wir sehen, wie die Dinge sind, getrennt von uns. Das ist die Metaphysik des Realismus – oder seines jüngeren Bemühens um eine bessere Begründung: des kritischen Realismus.

Aber dann bemerkte man, dass sich einige Teilchen wie Wellen verhalten. Und eine Welle funktioniert ganz anders. Sie breitet sich im Raum aus. Sie dehnt sich aus, ohne quantifizierbare Grenzen. Eine Welle verfügt über keine Position und keine „Quantität". Also: Ist diese Welle eine Entität, ist sie überhaupt ein Objekt? Hier betritt die neue Physik mutig Neuland – mit oder ohne die benötigten Ressourcen. Und hier könnte der Buddhismus ins Spiel kommen, um mit Worten, Bildern und Vorstellungen auszuhelfen.
Anstatt Dinge auf „reale Entitäten" mit objektivem Status zu reduzieren, will der Ansatz der neuen Physik die Lücken berücksichtigen, die ihr Quantenmechanik und Wellen, die nicht an „ihrem Platz" oder quantifizierbar sind – also Wellen, die keine Teilchen sind – aufzeigen! Noch erstaunlicher und faszinierender ist jedoch die Entdeckung der neuen Physik, dass die Dinge nicht nur „interdependent" sind, sondern dass auch unsere Erfahrung von ihnen einen Teil ihres Wesens ausmacht.
Westliche Philosophen und Wissenschaftler haben traditionell immer versucht, die „Wirklichkeit" so zu verstehen, wie sie *für sich allein genommen ist, getrennt davon, wie wir sie erfahren.* Doch dann kommt die Quantenmechanik und zeigt, dass es gar keine unabhängige „Realität" gibt! Vielmehr findet sich Interdependenz in einer Offenheit; und die ganze „Wahrheit" hängt von unserer Erfahrung, unseren Messungen ab.
Man könnte die Geschichte davon, wie der westliche Geist die „Realität" und Teilchen im Raum betrachtet, etwa folgendermaßen erzählen: Vor etwa 2000 Jahren war Demokrit der

Ansicht, dass das Universum aus unteilbaren Atomen (von a-tomos: nicht teilbar) besteht, die über eine ihnen eigene Größe (möglicherweise nicht mit bloßem Auge sichtbar) verfügen und einen bestimmten Raum einnehmen. Diese Vorstellung von Teilchen im Raum wurde von Kopernikus und der modernen Physik übernommen. Dieses „objektive" Substanz-Teilchen wurde von der Quantenmechanik in Frage gestellt. Zunächst betrachtete die Quantenmechanik das Atom als Kern mit positiver Ladung und Elektronen *darin*. Dann betrachtete sie das „Atom" als Elektronen, die um den Kern kreisen, wobei die subatomaren Teilchen die Unteilbaren – oder „Atome" im Sinne von Demokrit – wurden. Als die Quantenphysik feststellte, dass sich Elektronen spontan von einer Kreisbahn auf eine andere bewegen konnten – ohne dass sie dieses Phänomen erklären konnte – und das Elektron Eigenschaften einer Welle übernahm, war es nicht mehr länger möglich, eine objektive, vom Beobachter unabhängige Wirklichkeit darzustellen.

Damit ist unser Wunsch oder Drang, das, was „wirklich da draußen" ist – *so wie es für sich allein ist, getrennt davon, wie wir es erfahren* – ausfindig zu machen, in Frage gestellt. Und wir stehen Auge in Auge mit der neuen „Realität" einer in gegenseitiger Abhängigkeit entstehenden Emergenz gegenüber, die erst durch unser Erleben oder unsere Beobachtung zu dem wird, was sie ist.

Da der Buddhismus Beobachtung und wissenschaftliche Kenntnis normalerweise im Zusammenhang mit menschlicher Existenz und dem Geist in seinen mannigfachen Wendungen betrachtet, beginnt die buddhistische „Wissenschaft" mit der Bewusstheit und wie man diese entwickelt, mit klarem Sehen und Erklären und damit, die verborgenen Fähigkeiten des Geistes nutzbar zu machen. Daher haben sich buddhistische Denker nicht so sehr auf die Themen konzentriert, welche die westliche Wissenschaft bewegen – Teilchenphysik, Elektrizität und das „äußere" Universum – sie haben die physische Realität und die Gesetze der Physik vielmehr auf andere Weise betrachtet. Heute scheint es jedoch so, als habe die buddhistische Betrachtungsweise „wissenschaftlicher Phänomene" der westlichen Wissenschaft etwas mitzuteilen. Und es sind nicht die Skeptiker, welche die Entdeckungen buddhistischer Beobachtungen und gesteigerter geistiger Aktivität beweisen oder widerlegen würden. Vielmehr wird das Erleben selbst zum Prüfstein. Dadurch stellt sich die Frage: Verfügen wir im Westen über die geistige Fähigkeit, die Erfahrung, die von Buddhisten beschrieben wird, wahrzunehmen? Können wir den buddhistischen Geist entwickeln, so dass wir die Wahrheit dieser Erfahrung überprüfen können?

Dazu muss man sich von der Objektivierung der „objektiven äußeren" Welt genauso entfernen, wie von dem Postulat eines „realen inneren" Selbst-Ego, das beobachtet, denkt und spricht. Während die Quantenmechanik zwar gewahr wird, dass die aristotelische Welt unabhängiger und getrennter Substanzen an einem bestimmten Ort nicht mehr funktioniert, fällt es ihr doch schwer, das Verständnis von einer objektiven Welt, die

aus Teilchen besteht, und einer subjektiven Welt des Bewusstseins oder Denkens hinter sich zu lassen.
Also: Wie können wir so zu denken lernen, dass die buddhistische Sprache und Sichtweise uns westlichen Menschen diese neue und frische Möglichkeit eröffnet? Wie kann der Buddhismus darüber Aufschluss geben, was die neue Physik an diesem Wendepunkt zu denken aufgerufen ist? Und wie kann man das erreichen, ohne der Versuchung zu erliegen, das „Eine für falsch und das Andere für richtig" zu halten oder „buddhistische Wissenschaft über westliche Wissenschaft zu stellen" – oder umgekehrt? Wie können wir aus beiden Seiten den größten Nutzen ziehen?

Ausgehend von der Sichtweise, dass Erfahrung oder Bewusstheit eine zentrale und nützliche Art des Erkennens ist, können wir die ursprüngliche Bedeutung des griechischen Wortes *theorein* beachten: zuschauen, untersuchen. Dazu muss man vollständig und bedacht, an dem was ist, teilhaben. Man ist nur dann wach (Aristoteles: *nous*), wenn die Seele an den sich manifestierenden Dingen teilhat – oder buddhistisch ausgedrückt, wenn sich der Geist des Erscheinens der Dinge im Raum bewusst ist. Das ist eine Erfahrung wacher Bewusstheit oder aufmerksamen Teilhabens, die nicht von den vielen Schleiern des Subjekt-Objekt-Paradigmas, der Metaphysik der Substanz, getrübt ist, oder davon, das Wesen der Dinge als „aus sich selbst heraus" oder „objektiv" anzusehen.

Die unmittelbare Erfahrung innerhalb der teilhabenden Bewusstheit – die Eigenschaft des griechischen *theorein* in seiner ursprünglichen Bedeutung – vermittelt Einsicht in die Natur der „Realität" und gleichzeitig in die Natur des Geistes. Das ist die Schwelle, welche sich die neue Physik zu überschreiten anschickt, wenn sie in den sprachlichen bzw. gedanklichen Bahnen von Emergenz und fortlaufender Entfaltung und der nicht dualistischen Eigenheit von Erlebendem und Erleben als Einheit Fuß fasst. Beim Überschreiten eben dieser Schwelle könnte die buddhistische Sprache und Ausdrucksweise der neuen Physik möglicherweise helfen.
Das führt dann zu einer Betrachtung von Raum und Leerheit. Wenn wir die „wahre Natur" von Dingen, Erscheinungen (dessen, was wir früher „Teilchen" genannt haben) nicht finden können, müssen wir überdenken, was Raum und Leerheit zu eigen sind. Das deutsche Wort *Leerheit* drückt nicht dasselbe aus, wie das Sanskritwort sunyata. „Leerheit" im Sinne von „*sunyata*" bedeutet nicht „nichts" und beinhaltet auch keine nihilistische Bedeutung. Die Wurzel su des Sanskritwortes besagt eher „schwanger mit Möglichkeiten"[8], also die Möglichkeit für Entstehen, Veränderung, Entfaltung, in sich tragend. In diesem Sinne verstehen wir, dass alle Dinge (Vergänglichkeit) leer von einer Eigenexistenz sind und in einem Entstehen in wechselseitiger Abhängigkeit unter Beteiligung des Geistes erscheinen. Diese subtilere Bewusstheit eröffnet sich, indem man die Elementarteilchen als nicht existent ansieht, bis auf ihr ineinander greifendes, emergentes Entstehen in Abhängigkeit.

Der Raum wird dann zu der offenen Grenzenlosigkeit, die alles enthält, was erscheint und was geschieht, sowohl hinsichtlich des Geistes als auch der „Dinge". Wie die unermessliche, nicht quantifizierbare Ausdehnung des „Weltraums" in der Astronomie, ist der Raum das, was alles enthält, und in dem sich alles zeigt. Wie Garma C.C. Chang sagt: „gegenseitige Durchdringung dem Prinzip des abhängigen Entstehens der Shūnyatā-Lehre entspricht, die feststellt, dass kein Ding - ob konkret oder abstrakt, irdisch oder transzendent - eine unabhängige oder isolierte Existenz hat, sondern dass alle Dinge in ihrer Existenz und ihren Funktionen voneinander abhängen."[9]
Dieses gemeinsame Entstehen in gegenseitiger Abhängigkeit geschieht in der Fülle und Bewusstheit des Raumes.
Der Raum ist „leer" bedeutet, er ist leer von vorhandenen, gegenständlichen Elementarteilchen. Aber der Raum ist ebenso voller Welle-Teilchen-Elemente, mit Teilchen-Antiteilchen-Paaren die normalerweise nicht sichtbar sind – oder, um es mit David Bohms Worten zu sagen: implizit – die aber spontan in der sichtbaren, expliziten Welt erscheinen können. Jeremy Hayward beschreibt diese Situation folgendermaßen: „Die scheinbare Ausgedehntheit des Elektrons ist darauf zurückzuführen, daß es von einer Wolke sogenannter „virtueller" Teilchen umgeben ist, die offenbar ständig aus dem Raum hervorgehen und in ihn zurück verschwinden... Aufgrund der Wellen-Teilchen-Dualität können wir auch sagen, der Raum sei von Feldern erfüllt, deren Schwingungen Ausdruck der Energie der virtuellen Teilchenpaare sind. Für beide Betrachtungsweisen gilt eine höchst erstaunliche Bereicherung: „Ein Fingerhut voll Raum birgt in seinem Ozean von virtuellen Teilchen ebensoviel Engerie wie alle reale Masse im Universum."[10]
Daraus können wir schließen, dass „Materie" im Wesentlichen Muster oder Wellen im Raum ist. Dieser Raum ist leer von realen Teilchen jedoch voller entstehender Möglichkeiten. Natur ist dann eher diese „nicht dualistische Bewegung" als irgendeine externe, strukturierte, substanzielle Wirklichkeit. Diese Bewegung kann man Emergenz nennen, fortlaufende Entfaltung. Die gewöhnliche Vorstellung von Raum deckt diese Möglichkeit oder Öffnung nicht ab. Die neue Physik hat sich von Teilchen im Raum – die in dualistischer Subjekt-Objekt-Manier bestimmt sind, unabhängig vom erlebenden Betrachter und als Substanzen an einem bestimmten Ort angesehen werden – gelöst und der Emergenz selbst zugewandt. Das ist eine selbst regelnde Bewegung, bei welcher der Geist an seinem „eigenen" Erscheinen in der Bewusstheit des Raumes teilhat – oder Raum als Bewusstheit.

Damit kommen wir zu den spannenden und viel versprechenden Fragen, die sich aus diesen Betrachtungen ergeben: Kann man verstehen, wie die Dinge sind, solange man die Rolle des Geistes oder Bewusstseins vernachlässigt? Wie ist der Geist beteiligt?
Kann die westliche Welt nach der Quantenphysik und den buddhistischen Lehren über „Dinge" und „Raum" noch von ei-

ner „objektiven Welt" ausgehen? Wie versteht der Buddhismus Substanz – oder das, was jenseits der Materie liegt? Wie sind Betrachter und Betrachtung ineinander verflochten oder miteinander verschränkt? Der Erlebende und das Erlebte? Haben Objekte bzw. Dinge eine Eigenexistenz oder erscheinen sie nur, wenn man durch Beobachtung daran teilhat? Wenn Letzteres zutrifft, was ist dann ein „Ding"? Ein Teilchen, oder nicht mehr?

Was bedeutet Raum nun, angesichts dieser Verflechtung von neuer Physik und Buddhismus? Ist dieser Raum – oder die Raum-Zeit oder der Zeit-Raum – immer relativ zu unserer interaktiven Teilnahme daran? Was ist Wissen und Erleben aus dieser buddhistischen Sicht? Wie verändert das unser westliches Verständnis von Wissen und Erleben?

Kann man sagen, dass die Sprache der neuen Physik und die des Buddhismus immer „formal" und „technisch" sind? Wenn ja, können sich diese formalen Sprachen der beiden miteinander verbinden? In welchem Verhältnis stehen die formale Theorie der neuen Physik und buddhistische Einsicht oder unmittelbares Erfahren zueinander? Lassen sich diese einander ergänzenden Sprachen und Anstrengungen, das Wesen der Dinge zu erfassen, verbinden? Falls ja, was würde sich daraus ergeben?

Wenn der Raum grenzenlos ist und alle Dinge im oder aus dem Raum erscheinen, kann Raum dann einen Anfang haben? Und kann somit das Universum einen Anfang haben? Der Buddhismus sagt Nein; die westliche Wissenschaft tendiert zu einem Ja. Welche Auswirkung hat dann aber jede dieser Antworten auf die Vorstellung von einem offenen oder geschlossenen Universum? Und wie verhält sich diese Frage zur Offenheit des Raumes?

Was ist dann der Raum? Wem wohnen die Teilchen inne? Inwiefern arbeitet diese Art der Fragestellung für oder gegen die vorherrschende Weltanschauung der westlichen Wissenschaft? Wie können wir die experimentelle Wissenschaft mit dem Primat der Erfahrung in buddhistischer Beobachtung zusammenbringen? Wo bleibt die wissenschaftliche Objektivität?

Und schließlich: Durch welche Dynamik gibt es die „Emergenz des Geistes" und die „Emergenz der Dinge" im Raum – in ihrer Ganzheit?

Ich kehre zu einer in dieser Abhandlung bereits zuvor gestellten Frage zurück: Wenn das sich neu ergebende Paradigma der neuen Physik (das sich aus Quantentheorie, Relativität und der jüngeren Superstringtheorie ergibt) subatomare Teilchen – wie Neutrino und Anomalon – als wesentlich plastischer, eher wie ein Energiefeld und weniger wie eine bestimmte Masse ansieht, was sagt dann diese geänderte Sichtweise, dieses *neue* Paradigma über die Welt aus (darüber, wie die Dinge sind)? Und in welcher Sprache soll man das „neu ausdrücken", also diese neue Sichtweise zum Ausdruck bringen? Und wie passt der buddhistische Sprachgebrauch, dass Raum „leer" und voller Potenzial ist und sich die Dinge im bzw. aus dem Raum „verdichten", zu der gemeinsamen Rede von Prozessen, emergenter Entfaltung und kollektiver Dynamik in der neuen Physik? Kann man sich

Dinge nicht als Teilchen, sondern eher *als* Strings oder Wellen und dann als dynamische Energie vorstellen? Wagt es die westliche vom Buddhismus durchdrungene Wissenschaft zu akzeptieren, dass „Elemente" als Objekte, Dinge oder Teilchen keine grundlegende Wirklichkeit aufweisen, sondern eher fortlaufende, voneinander abhängige Vorgänge in dem Fluß der Möglichkeiten sind, die wir „Raum" nennen?

QUELLEN:

1 Niels Bohr, Atomic Theory and the Description of Nature, Ox Bow Press, Woodbridge, CT 1987, S. 18.
2 Laurent Nottale, La Relativité dans tous ses états, Hachette Livre, Paris 1998, S. 111.
3 Kalu Rinpoche, Luminous Mind: The Way of the Buddha, Wisdom Publications, Boston 1997, S. 67.
4 Lama Ole Nydahl, Das Große Siegel: die Mahamudra-Sichtweise des Diamantweg-Buddhismus, Knaur, München 2006, S.69.
5 Matthieu Ricard und Trinh Xuan Thuan, Quantum und Lotus, Goldmann, München 2001, S. 399.
6 Matthieu Ricard und Trinh Xuan Thuan, Quantum und Lotus, Goldmann, München 2001, S. 406.
7 Murray Gell-Mann, Das Quark und der Jaguar: vom Einfachen zum Komplexen – die Suche nach einer neuen Erklärung der Welt, Piper, München 1994, S. 43.
8 David Loy, Afterword zu Daisetz Teitaro Suzuki, Swedenborg, Buddha of the North, Swedenborg Foundation, West Chester, PA, 1996, S. 104.
9 Garma C. C. Chang, Die buddhistische Lehre von der Ganzheit des Seins: das holistische Weltbild der buddhistischen Philosophie, Barth, Bern 1989.
10 Jeremy W. Hayward, Die Erforschung der Innenwelt: neue Wege zum wissenschaftlichen Verständnis von Wahrnehmung, Erkennen und Bewußtsein, Scherz, Bern 1990, S. 312 ff.

Teil II

EINE NICHT-DUALISTISCHE INTERPRETATION DER QUANTENTHEORIE

DR. EMILIA NESHEVA UND DR.NIKOLAI NESHEV

EINFÜHRUNG

Seit ihren Anfängen folgt die Quantentheorie konsistent dem Weg, dualistische Gegensätze in Einklang zu bringen und zu verbinden, um ein holistisches (ganzheitliches) Verständnis der grundlegenden physikalischen Phänomene zu schaffen. Indem wir hier ihre am weitesten akzeptier-ten Interpretationen analysieren, werden wir aufzeigen, dass jedes Paar miteinander verbundener dualistischer Konzepte - teilchenartige und wellenartige Merkmale, mikroskopische und makroskopische Skala, Determinismus und Wahrscheinlichkeit sowie Existenz und Nicht-Existenz - weitere dualistische Einteilungen und Interpretationsschwierigkeiten hervorruft. Um theoretischem und experimentellem Wachstum mehr Möglichkeiten bereitzustellen, wird hier ein nicht-dualistischer Ansatz auf der Grundlage buddhistischer Sichtweisen und ihrer zeitgemäßen Ausdrucksform vorgeschlagen.

Vor etwa einem Jahrhundert entwickelte Niels Bohr das Konzept der *Komplementarität* (*Gegensätzlichkeit*), um die Welle–Teilchendualität des Lichts zu erklären, welche später auf alle Quantenobjekte ausgeweitet wurde. Als Beispiel dient hier das Doppelspaltexperiment, das in den Abbildungen 1 und 2 skizziert wird. In diesem Experiment treten die Phänomene Beugung und Interferenz auf, welche charakteristisch für Wellen sind.

Bei diesem Experiment befindet sich eine Lichtquelle vor einer Blende mit Doppelspalt. Die Lichtquelle sendet „ebene Wellen" aus, d. h., wenn man alle Wellenberge (oder Wellentäler) markiert, so erhält man in unserer Skizze (Abb. 1 und 2) gerade parallele Linien. Zunächst wird ein Spalt verschlossen (Abbildung 1). Treffen die Wellen auf die Blende, so wird der Spalt Ursprung von halbkreisförmigen Wellenfronten (Wellenberge oder -täler), ähnlich einem Steinwurf in ruhiges Wasser. Auf dem Schirm hinter der Blende sieht man in der Mitte ein helles Maximum, das zu den Seiten dunkler wird. Dieses wellen-typische Phänomen nennt man Beugung.

Sind nun zwei Spalte geöffnet, so entstehen an beiden Spalten Wellen (Abbildung 2). Die Wellen überlagern sich: Trifft auf einen Wellenberg von rechts ein Wellenberg von links, so entsteht ein doppelt so hoher Wellenberg; trifft auf ein Wellental ein Wellental, so entsteht ein besonders tiefes Wellental. Trifft jedoch auf einen Wellenberg ein Wellental, so löschen sich die beiden gegenseitig aus. Die Auslöschung zeigt sich als dunkle Streifen auf dem Projektionsschirm, und insgesamt

lichtundurchlässige Platte mit einem Spalt

Abb. 1 Ausbreitung des Licht durch einen Spalt, wodurch das Phänomen der Wellendiffraktion veranschaulicht wird

lichtundurchlässige Platte mit zwei Spalt

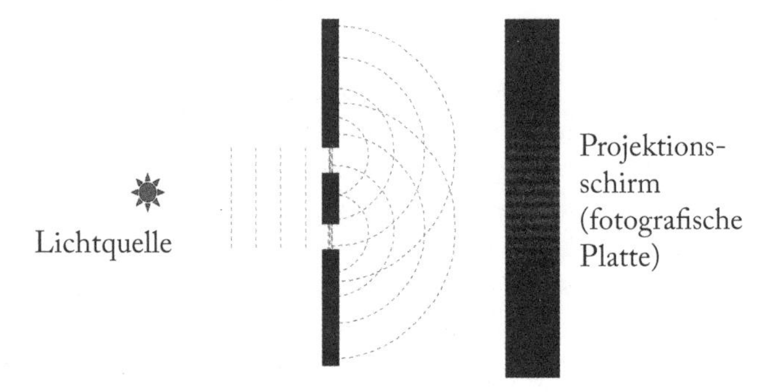

Abb. 2 Ausbreitung des Licht durch zwei Spalte, wodurch das Phänomen der Wellendiffraktion veranschaulicht wird

entsteht dort ein kompliziertes Muster von Intensitätsmaxima und -minima (hellen und dunklen Stellen). Dieses Phänomen der Überlagerung von Wellen nennt man Interferenz und es ist nicht mit einer Teilcheninterpretation kompatibel.[a]

Das Interessante ist nun, dass man bei geringer Intensität der Quelle punktförmige Einschläge am Schirm registriert, jedoch die Gesamtheit der Einschläge das Interferenzmuster ausbildet. Das heißt, beim Nachweis auf dem Schirm verhält sich das Licht einerseits so, wie man es von Teilchen kennt, andererseits zeigt es das Wellenphänomen der Interferenz, insbesondere das der Auslöschung.[b] Das ist eine paradoxe Situation: als ob sich jedes einzelne Photon[c] in zwei aufspaltet, um sich selbst zu überlagern! Laut Bohr sind daher beide von ihnen, obwohl wellenartige und teilchenartige Merkmale sich wechselseitig ausschließende und *komplementäre* Aspekte sind, nötig für ein angemessenes Verständnis der Quantenphänomene.

a Würde dieses Experiment mit Bällen durchführt, so zeigt das Experiment mit Spalt 1 und 2 geöffnet das gleiche Resultat, wie das Ergebnis des Experimentes mit Spalt 1 geöffnet plus dem Ergebnis des Experimentes mit Spalt 2 geöffnet. Das heißt, es gibt keine Auslöschung.

b Genau die gleichen Resultate erscheinen, wenn z. B. Elektronen statt Licht verwendet werden, man erhält wellenartige und teilchenartige Phänomene.

c Lichtteilchen

Der Versuch, die oben genannten Gegensätze (Teilchen und Wellen) zusammenzubringen, verursacht eine andere Einteilung: und zwar in Quantenobjekte (mikroskopisch) und klassische (makroskopische) Messgeräte (einschließlich der Sinnesorgane). Dieses wird von Bohr in der Kopenhagener Deutung der Quantenmechanik beschrieben[1]. Diese Quantentheorie ist nicht-deterministisch. Das bedeutet, dass der Ausgang eines Experimentes nicht vorherbestimmt ist, obwohl man den Anfangszustand maximal gut kennt.[d] Diese Quantentheorie ist probabilistisch, das bedeutet, dass man Wahrscheinlichkeitsaussagen über den Ausgang des Experimentes machen kann. Der Übergang von dem Sowohl-als-auch-Zustand (Wahrscheinlichkeitsverteilung) zu einem eindeutig bestimmten Zustand geschieht laut Kopenhagener Deutung zum Zeitpunkt der Messung/Beobachtung.
Die Wahrscheinlichkeitsverteilung ist durch ein mathematisches Konstrukt gegeben, eine sogenannte „Wellenfunktion", die nicht direkt messbar ist, jedoch alle den Zustand des Teilchens betreffende Information enthält. (z. B.: In einem bestimmten experimentellen Aufbau geht zu 50% Wahrscheinlichkeit das Teilchen nach rechts und zu 50% Wahrscheinlichkeit nach links, diese Information ist in der Wellen-

d Ganz im Gegensatz zur Newton'schen Mechanik: Kennt man die Erdbeschleunigung, den Anfangspunkt, die Geschwindigkeit und deren Richtung eines Balles, so wird man genau Ort und Zeit des Auftreffens auf den Boden vorhersagen können.

funktion enthalten. Zum Zeitpunkt der Messung muss sich das Teilchen natürlich entscheiden, und es geht von einem Sowohl-als-auch-Zustand zu einem bestimmten Zustand über.) Also kann man sagen, mikroskopische Objekte werden mit abstrakten, nicht messbaren, mathematischen Konstrukten beschrieben, wohingegen mikroskopische Experimente mit Begriffen der klassischen Physik beschrieben werden, da die Messapparate (der Beobachter inklusive) makroskopische Objekte sind. Die Kopenhagener Deutung beschreibt Elementarteilchenmessungen wie folgt (siehe Abb. 3).

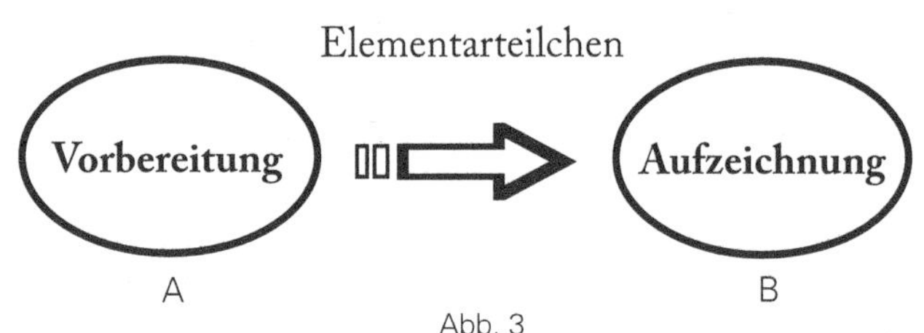

Abb. 3
Beobachtung von Teilchen gemäß Kopenhagener Deutung

Die Teilchen werden vorbereitet (isoliert oder erzeugt) im Bereich A, bewegen sich von A nach B und werden im Bereich B beobachtet. In Wirklichkeit bestehen Vorbereitung als auch Beobachtung aus einer Reihe komplexer Prozesse. Die Teilchen, die sie verbinden, stellen die dazwischen liegenden Systeme dar. Sie „existieren" nur in diesem Zusammenhang und ihre Eigenschaften können nicht unabhängig voneinander bestimmt werden. Das Hauptproblem bei einem solchen Vorgehen besteht darin, dass das beobachtete System für die Isolation geeignet sein muss, um definiert werden zu können, und außerdem muss es fähig zu Interaktion (Wechselwirkung) sein, um beobachtet werden zu können[2]. Das bedeutet praktisch, dass die Vorbereitungs- und Beobachtungsbereiche weit voneinander entfernt sein müssen, um sich nicht gegenseitig zu beeinflussen, wieder eine dualistische Unterscheidung zwischen Objekten unter mikroskopischer und makroskopischer Betrachtung angenommen. Die Kopenhagener Deutung ist außerdem eine Art „ausgeweiteter Solipsismus". Laut dieser beweist die Spur eines Elementarteilchens nicht die Existenz des Teilchens selbst; sie nimmt nur die Existenz der Spur als ein makroskopisches Ereignis an.

Heutzutage ist das allgemeine Verständnis der Quantenmechanik, dass sich zwischen den Bereichen der Vorbereitung und der Aufzeichnung eine dynamische (Veränderung im Laufe der Zeit) Entfaltung der Möglichkeiten gemäß der Schrödinger-Gleichung ereignet. Die spezielle mathematische Formulierung dieser Gleichung ist nicht wesentlich, da unsere Arbeit an einen sehr breiten Leserkreis gerichtet ist. Sie legt für jeden Moment in der Entwicklung dieser Möglichkeiten die Wahrscheinlichkeit für jede der Möglichkeiten fest sich zu ereignen. Die Lösung der Schrödinger-Gleichung wird eine Wellenfunktion genannt, da sie der Entwicklung der Wellen ähnelt, die sich ständig ändern. Tatsächlich verbindet die Wellenfunktion zwei verschiedene Arten der Entwicklung.

Die Erste ist glatt und dynamisch, da sie von der Schrödinger-Gleichung abgeleitet ist. Die Zweite ist zusammenhanglos und unterbrochen, was für die Durchführung einer Messung steht, wo eine Möglichkeit zur Tatsache wird. Sie wird Kollaps (Zusammenbruch) der Wellenfunktion genannt. So verschwinden alle durch die Wellenfunktion beschriebenen sich entwickelnden Möglichkeiten bis auf diejenige, die tatsächlich eintritt. Jedoch ruft diese Interpretation folgende Schwierigkeiten hervor:

- Sie ist nicht gut definiert, d. h., es gibt keine präzise Definition, was eine Messung genau ist und wann genau der Zusammenbruch geschieht;
- Sie ist dualistisch, weil sie wiederum die Unterscheidung zwischen (mikroskopischen) Objekten und (makroskopischen) Messgeräten benötigt. Zusätzlich unterscheidet sie Zeitentwicklung in die deterministische Schrödinger-Gleichung und den probabilistischen (den Regeln der Wahrscheinlichkeitstheorie folgenden) Zusammenbruch;
- Sie ist nicht-kausal: wie im Paradox der Schrödinger Katze dargestellt, verwandelt sie physikalische Vorgänge in Resultate ihrer Beobachtungen anstatt durch Überlegung, dass Vorgänge beobachtet werden, genau weil sie geschehen sind. Das Paradox der Schrödinger Katze könnte für den buddhistischen Verstand ziemlich herausfordernd sein, was wissenschaftliche Haltung gegenüber Lebewesen betrifft. Jedoch war es unseres Wissens nur ein Gedankenexperiment, welches nicht das Leben einer wirklichen Katze gefährdet hat. Also entschuldigen wir seinen Urheber für das Ersinnen eines solchen dramatischen Beispiels. Eine Katze wird in eine Kiste gesetzt zusammen mit einem Gerät, das ein giftiges Gas freisetzen kann. Eine zufällige Wirkung (der radioaktive Zerfall eines Atoms) entscheidet, ob das Gas freigesetzt wird oder nicht. Es gibt keine andere Art zu wissen, was in der Kiste passiert, außer in sie hineinzuschauen. Die Kiste wird versiegelt und das Experiment wird aktiviert. Einige Zeit später wurde das Gas entweder freigesetzt oder nicht. Die Frage ist, - ohne nachzusehen- was in der Kiste geschehen ist. Gemäß der klassischen Physik ist die Katze entweder lebendig oder tot. Alles was getan werden muss, ist, die Kiste zu öffnen und zu sehen, was der Fall ist. Gemäß der Quantenmechanik wird die Situation der armen Katze durch eine Wellenfunktion dargestellt, die die Möglichkeiten enthält, lebendig und tot zu sein. Wenn wir in die Kiste schauen, und keinen Augenblick früher, verwirklicht sich eine dieser Möglichkeiten und die andere verschwindet. Es ist notwendig, in die Kiste zu schauen, damit eine Möglichkeit geschehen kann. Bis dahin gibt es nur eine Wellenfunktion;
- Sie erklärt mögliche zusammenhängende Beobachtungen nicht.

Das letzte unter Betrachtung stehende Beispiel ist die Viele-Welten-Interpretation[3]. Sie schlägt vor, dass der Zusammen-

Teil II

bruch der Wellenfunktion tatsächlich bedeutet, dass sich das Universum entsprechend allen möglichen experimentellen Resultaten in parallele Welten aufspaltet! Der dualistische Ansatz ist hier am schwierigsten zu überprüfen. In den vorherigen Interpretationen war er verbunden mit der Tatsache, dass die Entwicklung der Wellenfunktion gemäß der Schrödinger-Gleichung eine sich endlos stark vermehrende Anzahl von Möglichkeiten erzeugt, die eine Verwirklichung durch einen Zusammenbruch benötigt. In der Viele Welten-Interpretation erzeugt die gleiche Entwicklung der Wellenfunktion eine sich endlos vermehrende Anzahl verschiedener *Zweige der Wirklichkeit*! Nur einige von ihnen bilden jedoch die Wirklichkeit eines speziellen Beobachters, also spaltet sie seine Wirklichkeit in beobachtbare und nicht beobachtbare Teile. Dies ist nur eine andere Art auszudrücken, dass einige Zweige für den Beobachter *wirklich* und der gesamte Rest *nicht-wirklich* sind.

Mit allen oben genannten Betrachtungen im Geist fassen wir die allgemeinen Merkmale einer möglichen nicht-dualistischen Interpretation der Quantentheorie zusammen:

- Beschreibung über die Unterscheidung zwischen mikroskopischer und makroskopischer Welt hinaus;
- Vereinheitlichter Ansatz über die Extreme der Möglichkeit und der Verwirklichung hinaus;
- Verständnis über die Extreme der Existenz und Nicht-Existenz hinaus.

NICHT-DUALISTISCHE INTERPRETATION

Der reine Ausdruck „nicht-dualistische Interpretation“ mag widersprüchlich erscheinen, da eine Interpretation Nicht-Dualität in Begriffe zu setzen bedeutet. Aber Begriffe spalten eine Ganzheit in verschiedene Aspekte auf und sind daher dualistisch. Jedoch ist eine solche Arbeit nicht vollständig nutzlos, denn ihre Rolle ist die des klassischen buddhistischen Fingers, der auf den Mond weist: Es ist nicht der Mond selbst, aber zumindest zeigt es, wohin eine bedeutungsvolle Raum-Mission gesendet werden soll (und, was oft sehr nützlich ist, das Raumschiff nicht auf ein einsames Licht in der Nachbarschaft zu zielen). Da das Ziel dieser Arbeit ist, ein allgemeines Verständnis zu schaffen, ohne unnötigerweise technisch zu werden, folgt an dieser Stelle eine anschauliche Vorstellung der Hauptpunkte. Für interessierten Leser sind mathematische Formeln im Anhang auf den Seiten 120-122 beigefügt.

Unser Ansatz basiert auf modernen Aussagen der Sichtweise des Diamantweg-Buddhismus, wie sie von Lama Ole Nydahl gegeben wird. Vor allen Dingen:

„Der durch die Sinne erlebte und bis heute gelehrte Gegensatz zwischen Sein und Nicht-Sein kann also nicht letztendlich gültig sein. Erscheinung und Nichterscheinung sind am besten als zwei Seiten der derselben Ganzheit zu verstehen.“[4]

Im Allgemeinen basieren dualistische Interpretationen der Quantentheorie auf einer Unterscheidung zwischen der *Beobachtung/Messung* eines speziellen Vorgangs und der *Wahrscheinlichkeit,* dass dieser passiert (Abb. 4). Anders gesagt, wenn ein Ereignis noch nicht aufgetreten ist, gibt es nur die Möglichkeit, dass es noch geschehen wird, was durch eine gewisse Wahrscheinlichkeit gekennzeichnet ist. Wenn es erst aufgetreten ist, gibt es keine Wahrscheinlichkeit für das Geschehen mehr, da sich die Möglichkeit zur Realisation verwandelt hat. So ist dies ein Entweder-oder-Ansatz, der sich gegenseitig ausschließende Merkmale verbindet.

Indem jedem Ereignis eine kontinuierliche Größe zugeschrieben wird, die *Manifestation* genannt wird, deren Werte zu

ENTWEDER /ODER

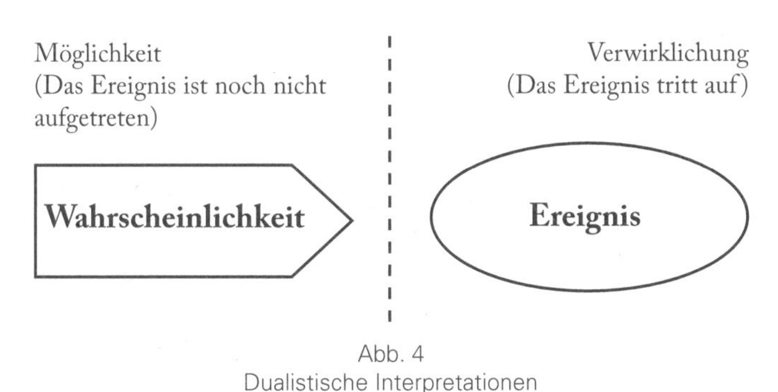

Abb. 4
Dualistische Interpretationen

einem geschlossenen Intervall gehören [0, 1], geht die nichtdualistische Interpretation über die sich gegenseitig ausschließenden Möglichkeiten Erscheinung und Nicht-Erscheinung hinaus. Manifestation gleich 1 bedeutet, dass das zugehörige Ereignis vollständig auftritt und klar beobachtet oder gemessen werden kann. Manifestation gleich 0 bedeutet, dass das zugehörige Ereignis nicht auftritt und daher nicht beobachtet oder gemessen werden kann.
Die oben genannte Definition der *Manifestation* ist jedoch nicht ausreichend, um ganz und gar über den Dualismus hinauszugehen. Sogar das Entfernen der Begrenzung zwischen Erscheinung und Nicht-Erscheinung kann das Problem der zeitlichen Trennung zwischen Möglichkeit und Realisation nicht lösen. So können wir mit einem anderen Aspekt der Sichtweise des Diamantweg-Buddhismus fortfahren:
„Diese Traumähnlichkeit gilt, wie beschrieben, nicht nur bei inneren Erfahrungen. Auch die Welt, der allgemein als wirklich gesehene äußere Rahmen, ist nicht wirklich vorhanden. Die Teilchen, aus denen sie bestehen, verschwinden ebenso im Raum, wie sie daraus entstehen. Ohne Einengung durch die Vorstellungen von Sein und Nichtsein, von Erscheinungen und Raum, entfalten sich selbständig alle erleuchteten Eigenschaften von Körper, Rede und Geist..."[5]

Daher ist der nächste Schritt anzunehmen, dass Manifestationen sich selbst durch eine zeitlose (Null-) Periode (Abb. 5) transformieren, und zwar wie folgt:

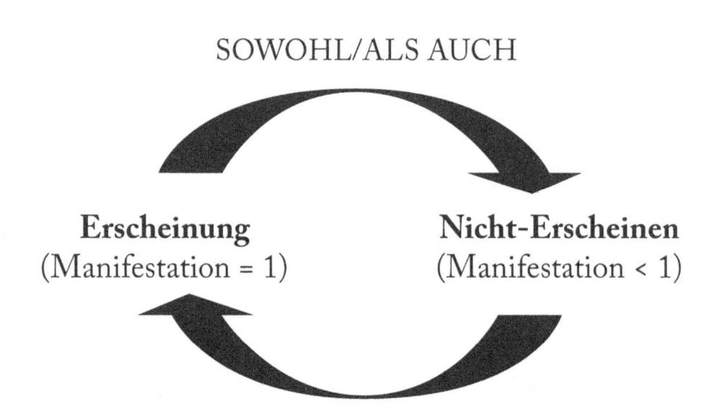

Abb. 5
Zeitlose (Zero-Periode) Periode, durch die sich *Manifestationen* selbst transformieren

Diese zeitlose Periode bedeutet tatsächlich, dass Erscheinung (Manifestation = 1) und Nicht-Erscheinung (Manifestation < 1) untrennbar sind, denn sie transformieren sich ständig in sich selbst und können nicht als verschiedene Gegensätze unterschieden werden. Dies ist bereits ein *Sowohl-als auch-Ansatz*, der nicht dualistisch ist. Wie man im Anhang sehen kann, geschieht Manifestation < 1, wenn ein aufgetretenes Ereignis zu einem späteren Zeitpunkt mindestens zwei alternative Ereignisse verursachen kann. In Wirklichkeit kann jedoch jedes aufgetretene Ereignis so viele verschiedene nachfolgende alternative Ereignisse verursachen, dass seine zugehörigen *Manifestationen* viel geringer sind als 1, was bedeutet, dass sie nur sehr unwahrscheinlich auftreten.

Weiterhin möchten wir die nicht-dualistische Interpretation mit der Folge von vier möglichen alternativen Ereignissen mit den *Manifestationen* $\mathcal{M}_1\ \mathcal{M}_2\ \mathcal{M}_3\ \mathcal{M}_4$ und $\mathcal{M}'_1\ \mathcal{M}'_2\ \mathcal{M}'_3\ \mathcal{M}'_4$ an zwei aufeinander folgenden Zeitpunkten t und t' (Abb. 6) veranschaulichen.

Die beiden großen rosafarbenen Rechtecke stellen die zwei aufeinander folgenden Zeitpunkte t und t' dar. Die Hälften dieser Rechtecke, die durch gestrichelte Linien unterteilt sind, beziehen sich auf die Phasen der Nicht-Erscheinung und Erscheinung, die sich in demselben Moment abwechseln, da sie – wie oben definiert – zu einer zeitlosen (Null-)Periode gehören (Abb. 5). In diesem speziellen Beispiel stellen die kleinen Rechtecke mögliche alternative Ereignisse dar. Die Farbe ihres dicken Randes ist wie folgt mit ihren Manifestationen verbunden: Manifestation = 1 entspricht schwarz-braun, Manifestation =0 entspricht weiß und alle Zwischenwerte der Manifestationen entsprechen den Färbungen von braun (je größer die Manifestation, desto dunkler der Farbton).
In diesem Ansatz ist die Transformation der Manifestationen $\mathcal{M}_1\ \mathcal{M}_2\ \mathcal{M}_3\ \mathcal{M}_4$ und $\mathcal{M}'_1\ \mathcal{M}'_2\ \mathcal{M}'_3\ \mathcal{M}'_4$ vom Erscheinen zum Nicht-Erscheinen durch Größen, die *Übergangsamplituden* zwischen den Quantenzuständen genannt werden, bestimmt, die den Ereignissen zu den verschiedenen Zeitpunkten entsprechen. Diese *Übergangsamplituden* sind gut bekannt in den Standardinterpretationen der Quantentheorie und können gemäß strikten mathematischen Verfahren berechnet werden.

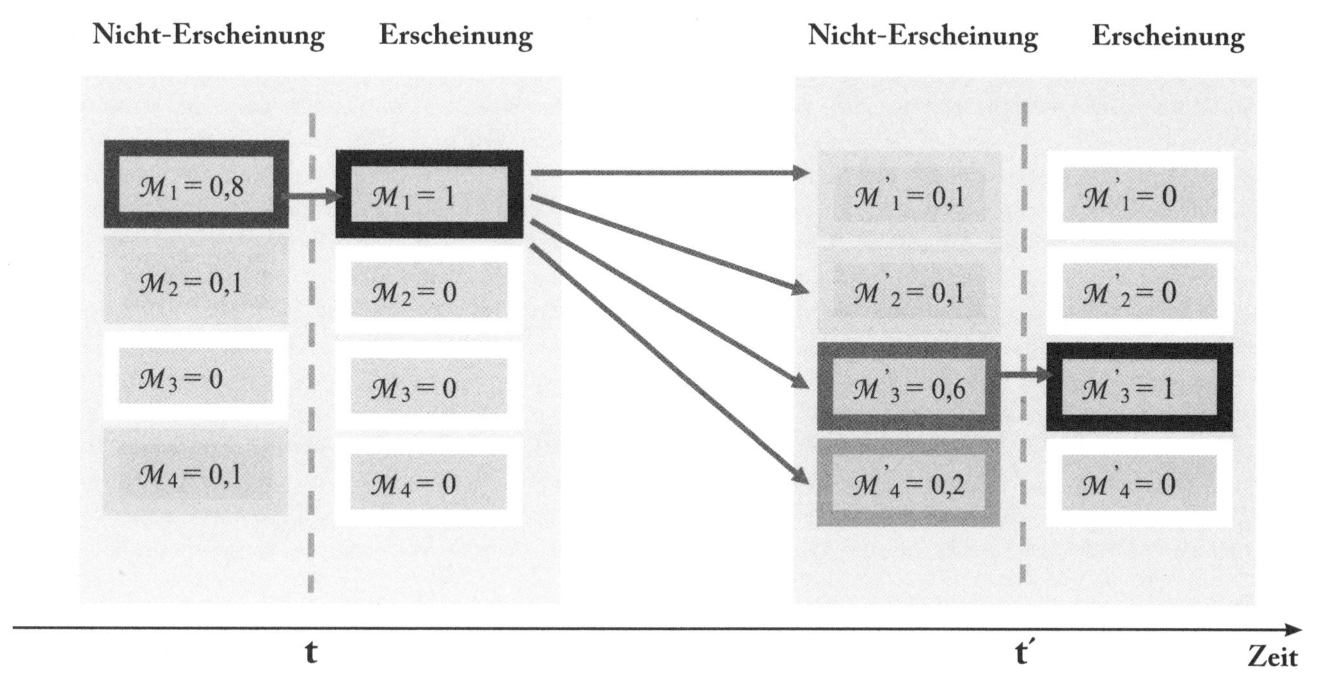

Abb. 6
Eine Folge von Ereignissen gemäß nicht-dualistischer Interpretation

Ihre detaillierte Betrachtung wäre an dieser Stelle jedoch für den allgemeinen Leser zu fachspezifisch und ist nicht wesentlich für die Gesamterklärung. Wir sollten nur darauf hinweisen, dass die Manifestation M des aufgetretenen Ereignisses, welches einen Wert gleich 1 zum Zeitpunkt t erfordert ($\mathcal{M}_1$ in diesem speziellen Beispiel), unterteilt wird in die Manifestationen $\mathcal{M}'_1$ $\mathcal{M}'_2$ $\mathcal{M}'_3$ $\mathcal{M}'_4$ aller möglichen Ereignisse zum nächsten Zeitpunkt t', sodass die Summe ihrer Manifestationen auch gleich 1 ist.

Da die Transformation der Manifestationen $\mathcal{M}'_1$ $\mathcal{M}'_2$ $\mathcal{M}'_3$ $\mathcal{M}'_4$ vom Nicht-Erscheinen zum Erscheinen probabilistisch (den Regeln der Wahrscheinlichkeitstheorie folgend) ist, wird hier eine Definition einer *a priori* Wahrscheinlichkeit einbezogen. Solche *a priori* Wahrscheinlichkeiten sind nützlich, weil sie die Logik anwenden, um zu bestimmen, welche Ergebnisse eines Ereignisses möglich sind, um die Anzahl der Arten herauszufinden, wie diese Ergebnisse eintreten können. Die Menge aller möglichen Ergebnisse eines Experiments wird „sample space" – (Muster-Raum - S) genannt. Jedem Ereignis E in S teilen wir eine Zahl P(E) zu, die die Wahrscheinlichkeit des Ereignisses E genannt wird, sodass $0 \leq P(E) \leq 1$. Zusätzlich gilt $P(S) = 1$, was bedeutet, dass es immer ein Ergebnis des Experiments unter denen in S gibt. Wenn wir zur nicht-dualistischen Interpretation zurückgehen, besteht der Muster-Raum zum Zeitpunkt t' aus den Ereignissen mit den Manifestationen $\mathcal{M}'_1$ $\mathcal{M}'_2$ $\mathcal{M}'_3$ $\mathcal{M}'_4$. Indem wir die oben genannte Definition der Manifestation im Sinn halten, ist $0 \leq \mathcal{M}'_1\ \mathcal{M}'_2\ \mathcal{M}'_3\ \mathcal{M}'_4 \leq 1$. Diese Manifestationen in der Nicht-Erscheinungsphase zum Zeitpunkt t' bestimmen die Wahrscheinlichkeit zum Geschehen der entsprechenden Ereignisse in t', d. h. das Erscheinen mit der Manifestation gleich 1:

> **Die Wahrscheinlichkeit eines Ereignisses, sich zu einem bestimmten Zeitpunkt zu manifestieren, ist gleich seiner Manifestation M in der Nicht-Erscheinungsphase zum selben Zeitpunkt.**

Alle Transformationen in der Abb. 6 werden durch rote Pfeile dargestellt. Wir möchten noch einmal darauf hinweisen, dass sie zeitlos sind, d. h., sie nehmen keine Zeit in Anspruch! In diesem speziellen Beispiel geschehen die Transformationen zwischen Nicht-Erscheinen und Erscheinen mit den Ereignissen, deren Manifestationen in der Nicht-Erscheinungsphase die größten sind (demgemäß $\mathcal{M}_1 = 0{,}8$ zum Zeitpunkt t und $\mathcal{M}'_3 = 0{,}6$ zum Zeitpunkt t'). Solche Übergänge sind jedoch möglich für jedes Ereignis mit Manifestationen größer als 0.

An dieser Stelle sind wir uns völlig bewusst, dass alles oben Genannte eine wirkliche Herausforderung für den eigenen Menschenverstand ist. Nun werden wir unserem akribischen Leser eine Darstellung liefern, die ihre Wahrnehmung des nicht-dualistischen Ansatzes verbessern könnte. Stellen Sie sich ein seltsames Fernsehgerät vor, das gleichzeitig mehrere Programme empfängt. Jedes Einzelbild dieser Programme ist auf dem Bildschirm mit einer bestimmten Helligkeit in einem Bereich zwischen 0 und 1 zu sehen. Zu jedem bestimmten Moment wählt das seltsame Fernsehgerät das Einzelbild mit der Klarheit 1 und unverzüglich (ohne dass Zeit verstreicht) verteilt es den Wert dieser Helligkeit zu allen anderen nachfolgenden Einzelbildern der verschiedenen Programme zum nächsten Zeitpunkt gemäß seines eingebauten Algorithmus. Dann wählt es unverzüglich das nächste Einzelbild, um es zum nächsten Zeitpunkt mit der Helligkeit 1 auszustrahlen. In diesem Fall ist die Auswahl probabilistisch, d. h. die Wahrscheinlichkeit, ein Einzelbild zu haben, das schließlich mit der Helligkeit 1 ausgestrahlt wird, ist gleich seiner Helligkeit, die schon zurückgeführt wurde auf den eingebauten Algorithmus. Nun ist die Frage, was der (seltsame) Besitzer dieses seltsamen Fernsehgeräts sehen kann. Er/Sie wird offensichtlich eine Mischung, bestehend aus Einzelbildern mit der Helligkeit 1 sehen, die von allen empfangenen Programmen übernommen wird. Die Bedeutung eines solchen zusammengefügten Programms wird durch den eingebauten Algorithmus bestimmt, der manchmal „Naturgesetz" genannt werden kann.

Innerhalb dieses Gefüges von Schlussfolgerungen werden alle Zeitpunkte zueinander in Beziehung gebracht und keiner von ihnen ist wirklicher oder unwirklicher als der andere. Dies könnte eine mögliche Brücke zu Einsteins Relativitätstheorie sein, besonders zur vereinheitlichten Raum-Zeit, genauso wie zur Grundlage für weiteres Verständnis von Vergangenheit, Gegenwart und Zukunft als begrenzte individuelle Wahrnehmungen. Der zeitlose Transformationszyklus der Manifestationen stört die Relativität tatsächlich nicht, da er die Ausbreitung von Materie und Energie bei Geschwindigkeiten, die höher sind als die Lichtgeschwindigkeit, nicht einbezieht. Er formt eigentlich die Struktur von Raum-Zeit in Übereinstimmung mit der Relativität. Außerdem zeigt die nicht-dualistische Interpretation, dass die Quantentheorie folgerichtig ist und keine verborgenen Variablen für ihre künftige Weiterentwicklung benötigt werden. Und schließlich: Manifestationen und deren zeitlose Transformation, die über das Sein und Nicht-Sein als völlige Gegensätze hinausgehen und Ereignisse als dem Raum innewohnend darstellen, lassen darauf schließen, dass Raum und Information nicht getrennt werden können.

SCHLUSSFOLGERUNG

Auf praktischer Ebene geben Berechnungen mit der nicht-dualistischen Interpretation identische Resultate mit der „Quanten-Trajektorien-Interpretation"[6]. Sie geht jedoch über die Extreme von Möglichkeit und Verwirklichung hinaus, und zwar durch die Folge, dass *Manifestationen* mit dem Raum verwoben sind. Sie manifestieren sich, transformieren sich und lösen sich in ihm auf, indem sie einem zeitlosen Zyklus folgen, der alle physikalischen Phänomene formt.
Der Nobelpreisträger Richard Feynman machte einmal einen Vorschlag, dass eine die Quantenmechanik und Relativität verbindende Theorie zu einer objektiven Wellenfunktionsreduktion führen könnte (unabhängig von jeglichem Beobachtungsprozess). Eine weitere Ausweitung des nicht-dualistischen Ansatzes kann daher sehr wohl zu diesem Ziel führen, wodurch sie insbesondere die Kosmologie mit neuen Möglichkeiten für Fortschritt versorgen könnte.

Ein anderer Anwendungsbereich kann die Selbst-Organisation/Regulierung von lebenden Organismen sein. Neuere Forschung über die Rolle der extrazellulären Matrix im Zellenpositionieren und Phänotypregulierung[7] schlägt bereits vor, dass nicht die DNA die Information über die Position der Zellen und ihre Spezifizierung enthalten könne. Der Ursprung solcher Information könnte der interzelluläre Raum sein, der – anders als erscheinende und verschwindende Zellen – die lebenden Organismen durch alle ihre Stadien der Entwicklung begleitet.

Und vor allem kann das Verschieben des Fokus von Strukturen und Prozessen zum zeitlosen Raum der modernen Wissenschaft den Schlüssel zum Verständnis der Natur des Geistes geben.

QUELLEN

1 Niels Bohr, Quantum Physics and Philosophy – Causality and Complementarity, in: Essays 1958/62 on Atomic Physics and Human Knowledge, Wiley, New York 1958, 1963.

2 H. P. Strap, S-matrix Interpretation of Quantum Theory, in Physical Review, D 3, März 1971, S. 1303.

3 H. Everett, ‚Relative State' Formulation of Quantum Mechanics, in: Rev. Mod. Phys., 29, 1957, S. 454-462.

4 Lama Ole Nydahl, Das Große Siegel. Die Mahamudra-Sichtweise des Diamantweg-Buddhismus, Knaur, München 2006, S. 99.

5 Op. cit., S. 108.

6 R. B. Griffiths, Consistent Interpretation of Quantum Mechanics Using Quantum Trajectories, in: Phys. Rev. Lett., 70, No. 15, April 1993, S. 2201-2204.

7 S. A. Lelièvre, V. M. Weaver, J. A. Nickerson, C. A. Larabell, A. Bhaumik, O. W. Petersen & M J. Bissell, „Tissue Phenotype Depends on Reciprocal Interactions Between the Extracellular Matrix and the Structural Organization of the Nucleus", in: Proc. Natl., Acad. Sci. USA 95, 14711-14716, 1998.

ANHANG

Um so deutlich wie möglich zu sein und gleichzeitig nicht übermäßig komplizierte Mathematik einzubeziehen, werden wir als einen Ausgangspunkt den Quanten-Fallkurven-Formalismus verwenden, wie er von Griffiths[6] durch eine Analogie mit dem Weg entwickelt wurde, der im Verlauf der Zeit in einer klassischen Phase Raum herausgefunden wurde durch den Punkt, der ein geschlossenes klassisches System darstellt. Für jeden t_j aus einer Folge von Zeiten $t_1 < t_2 < \ldots < t_n$ wird eine orthonormale Basis $\{|\Phi^{\alpha}_{j}\rangle\}$ des Hilbert-Raums ausgewählt, wo α die Basisvektoren einteilt. Ein Fallkurvengraph wird ausgearbeitet, mit dem alle Basisvektoren zu einer bestimmten Zeit durch Knotenpunkte dargestellt werden, die in eine vertikale Säule gesetzt werden und Linien werden zwischen den Knotenpunkten (j, α) und $(j + 1, \alpha')$ gezogen, wenn und nur wenn $\langle\Phi^{\alpha'}_{j+1}|U(t_{j+1} - t_j)\,|\Phi^{\alpha}_{j}\rangle \neq 0$. Ein Pfad auf diesem Graphen wird definiert als eine Abfolge von aufeinanderfolgenden Knotenpunkten (j,α), $(j + 1, \alpha_{j+1})$, $(j + 2, \alpha_{j+2}), \ldots, (j + k, \alpha_{j+k})$, die verbunden werden durch Linien oder die gleiche Folge in umgekehrter Reihenfolge. Vorausgesetzt dass jedes Paar von Knotenpunkten zu verschiedenen Zeitpunkten mit höchstens einem Pfad verbunden ist, wird gesagt dass der Graph die Nicht-Interferenz-Bedingung erfüllt und auf die individuellen Pfade, die sich von t_1 bis t_n ausbreiten, wird sich als Fallkurven bezogen. Jeder von ihnen ist ein Gewicht zugeteilt:

$$w = \prod_{j=1}^{n} \left| \langle\Phi^{\alpha'}_{j+1}|U(t_{j+1} - t_j)|\Phi^{\alpha}_{j}\rangle \right|^2 \qquad (1)$$

welche die Matrixelemente einschließt, die sich mit den Linien verbinden, die den zugehörigen Pfad formen. Quantenstatistische Mechanik kann aufgebaut werden durch die Auswahl einer bestimmten Zeit t_j und die Übertragung einiger Wahrscheinlichkeitsverteilung an mehrere Knotenpunkte $\{|\Phi^{\alpha}_{j}\rangle\}$ zu diesem Zeitpunkt. Die Wahrscheinlichkeit, die jedem Knotenpunkt zugeteilt wurde, wird dann aufgeteilt unter den Fallkurven, die durch sie durchgehen im Verhältnis zum Gewicht jeder Fallkurve. So formen die Fallkurven die elementaren Objekte im wahrscheinlichen/probabilistischen Muster-Raum.

Der nicht-dualistische Ansatz wird wie folgt dargestellt:

1. Postulat: Jeder Basisvektor $|\Phi^{\alpha}_{j}\rangle$ zu einem bestimmten Zeitpunkt t_j wird verknüpft mit einer Menge, die *Manifestation* ($\mathcal{M}$) genannt wird, deren Werte zum Intervall [0, 1] gehört und die Summe der *Manifestationen* $\mathcal{M}^{\alpha}$ aller Basisvektoren ist:

$$\sum_{\alpha} \mathcal{M}_{\alpha} = 1 \qquad (2)$$

$\mathcal{M}^{\alpha}_{j} = 1$ bedeutet, dass der Zustand, der mit dem Vektor $|\Phi^{\alpha}_{j}\rangle$ beschrieben wird, sich vollständig manifestiert und daher gemessen/beobachtet werden kann, während $\mathcal{M}^{\alpha}_{j} = 0$ bedeutet, dass der zugehörige Zustand sich nicht manifestiert und nicht gemessen/beobachtet werden kann.

2. Postulat: Manifestationen $\mathcal{M}^{\alpha}$
transformieren sich selbst durch eine *zeitlose* (Zero-) Periode (Abb. 5) wie folgt:

- Zu jedem bestimmten Zeitpunkt t_j erscheint ein bestimmter Zustand $|\Phi^{m}_{j}\rangle$ und $\mathcal{M}^{m}_{j} = 1$.
- Die *Manifestationen* der Vektoren $|\Phi^{\alpha}_{j}\rangle$ und $|\Phi^{\alpha'}_{j+1}\rangle$, die der zeitlosen Periode von Erscheinen und Nicht-Erscheinen, werden dargestellt als:

$$\mathcal{M}^{\alpha'}_{j+1} = | \langle \Phi^{\alpha'}_{j+1} | U(t_{j+1} - t_j) | \Phi^{\alpha}_{j} \rangle |^2 \quad \text{für} \quad \Delta t = t_{j+1} - t_j \qquad (3)$$

- Ein bestimmter Zustand, der der zeitlosen Periode von Erscheinen und Nicht-Erscheinen folgt, manifestiert sich und seine *Manifestation* wird gleich der Einheit. Die Wahrscheinlichkeit, dass dies geschehen wird, ist gleich der *Manifestation* des zugehörigen Zustands:

$$P(\mathcal{M}^{\alpha'}_{j+1} = 1) = \mathcal{M}^{\alpha'}_{j+1} \quad \text{für} \quad \Delta t = t_{j+1} - t_j \qquad (4)$$

Wenn das Gewicht der "Quantenfallkurve", die durch das obige Vorgehen herausgefunden wurde, gemäß[6] berechnet wird, dann wird es identisch sein mit (1). Warum also sollten wir uns damit abgeben, andere Interpretationen vorzuschlagen? Der Punkt ist, dass die ursprüngliche „Quantenfallkurven" Interpretation, obwohl sie frei ist von den Begrenzungen des Projektionspostulats, noch Möglichkeit und Verwirklichung als völlige Gegensätze beinhaltet. In der nicht-dualistischen Interpretation wird das gleiche Paar dargestellt einzig durch die Begrenzungen des Intervalls [0, 1]. Außerdem bietet sie das Verständnis, dass die grundlegende Natur der Phänomene ist:

- weder das eine, noch das andere;
- nicht beide von ihnen zusammen.

„UM EINE PARALLELE ZUR LEHRE DER ATOMTHEORIE ZU FINDEN, MÜSSEN WIR UNS, ANGESICHTS DER BEGRENZTEN ANWENDBARKEIT SOLCHER IDEALISIERUNGEN, ANDEREN BEREICHEN DER WISSENSCHAFT, WIE ETWA DER PSYCHOLOGIE, ZUWENDEN ODER SOGAR SOLCHEN ERKENNTNISTHEORETISCHEN PROBLEMEN, MIT DENEN SICH BEREITS DENKER WIE BUDDHA UND LAO-TSE AUSEINANDERSETZTEN, WENN WIR UNSERE POSITION ALS ZUSCHAUER UND AKTEURE IM GROSSEN DRAMA DES DASEINS IN EINKLANG BRINGEN WOLLEN.“

NIELS BOHR

TEIL III

DR. PETER MALINOWSKI, Der Geist, der Buddha und das Gehirn

DR. RENÉ STARITZBICHLER, Der Elefant im Garten oder wie Materialismus zu beweisen wäre

LAMA OLE NYDAHL, Freude

Teil III

DER GEIST, DER BUDDHA UND DAS GEHIRN

DR. PETER MALINOWSKI

Teil IIII

Bis vor gar nicht allzu langer Zeit wurde Buddhismus als eine exotische Religion aus dem Osten betrachtet, als krasses Gegenteil wissenschaftlicher Genauigkeit. Viele Buddhisten würden sich allerdings dagegen verwehren, ihre Ziele in religiöser Terminologie zu beschreiben und eher eine wissenschaftliche Ausdrucksweise verwenden. Zum Beispiel beschreiben sie das Ziel ihrer Praxis als Verstehen und Erkennen der Natur des Geistes. Da sie den menschlichen Geist als die vorrangige Ursache für Glück und Leid sehen, ist er für sie von zentraler Bedeutung. Dieser hohe Stellenwert drückt sich in Lama Ole Nydahls Eröffnungsworten aus der Einführung seines wichtigen Buches *Das große Siegel* aus: „Eine jede Beobachtung der äußeren wie der inneren Welt wirft einen auf den Geist zurück."[1]

Auch in den empirischen Wissenschaften – und speziell im äußerst dynamischen Bereich der Neurowissenschaften – ist die Suche nach dem Verständnis des Geistes ein wichtiges Thema. Daher ist es nicht verwunderlich, dass dieses gemeinsame Interesse Neurowissenschaftler und praktizierende Buddhisten schließlich zusammenführte. Ihre Auseinandersetzung hat sich inzwischen stark etabliert, und hat zu einer Flut von Veröffentlichungen geführt, wie etwa Christopher deCharms *Two Views of Mind* („Zwei Ansichten über den Geist"), Arbeiten von Alan Wallace[3] und verschiedene Bücher über das Zusammentreffen des Dalai Lama mit prominenten Neurowissenschaftlern.[4] Selbst Institute zur Förderung des Dialogs zwischen den beiden Gruppen wurden schon gegründet.[5]

Im folgenden Kapitel werde ich mich an der Schnittlinie zwischen diesen beiden Fachrichtungen entlang bewegen, einerseits einen Überblick über den wissenschaftlichen Zugang zum Verständnis des menschlichen Geistes geben, andererseits dieses Gebiet vom buddhistischen Standpunkt aus beleuchten. Diese Abhandlung wird ziemlich selektiv ausfallen, beruht sie doch auf meinem persönlichen Interesse und Verständnis, das sowohl von meiner aktiven Mitarbeit in der kognitiven neurowissenschaftlichen Forschung als auch von 15 Jahren Praxis des Diamantweg-Buddhismus geprägt ist. Eine vollständige Behandlung dieses Themas würde sicherlich den Rahmen eines Buchkapitels sprengen, und wäre zudem eine schwierige Angelegenheit in Zeiten, die von rasend schnellen und spannenden Entwicklungen in diesem Bereich geprägt sind.

Da einige Neurowissenschafter eine nahezu euphorische Begeisterung für die Vorstellung hegen, dass wirklich alle Zustände des Bewusstseins und sogar das Bewusstsein selbst durch neurobiologische Prozesse erklärt werden könnten, wird sich dieses Kapitel hauptsächlich mit der Untersuchung folgender Fragen befassen:

- Worauf stützt sich die Vorstellung heutiger Wissenschaftler, man könne bald eine materialistische Erklärung des Bewusstseins finden?
- Welche bevorzugten Erklärungen gibt es?
- Wie sehen die Begrenzungen dieser Vorstellungen aus, und sind sie vereinbar mit dem buddhistischen Verständnis von Bewusstsein?

BEGRIFFSBESTIMMUNG

In der Einleitung habe ich die Begriffe „Geist" und „Bewusstsein" sehr unspezifisch verwendet. Bevor wir uns nun tief in die Materie stürzen, sollen einige unterschiedliche Bedeutungen des Begriffs „Bewusstsein" beleuchtet werden, um klar zu machen worüber wir hier sprechen.[6]

Bewusstsein als Wachzustand

Häufig wird „Bewusstsein" mit der Bedeutung Wachzustand verwendet. Jemand, der bewusst ist, ist normalerweise in der Lage wahrzunehmen und mit seiner Umwelt zu interagieren oder sich zu verständigen. In diesem Sinne ist Bewusstsein quantifizierbar vom Zustand tiefster Bewusstlosigkeit (Koma) bis zu einem Zustand höchster Wachheit oder Wachsamkeit.

Bewusstsein als Erleben
Wenn wir im obigen Sinne wach oder bewusst sind, sind wir uns normalerweise einer Sache bewusst. In seiner zweiten Bedeutung beschreibt „Bewusstsein" daher den Inhalt unseres subjektiven Erlebens von Moment zu Moment: Zum Beispiel wie es sich gerade jetzt anfühlt, eine bestimmte Person zu sein, verglichen damit, dass es mit keinem Gefühl verbunden ist, ein Stein zu sein. Hier geht es also um die qualitative, subjektive Dimension von Bewusstsein, auf die sich Philosophen häufig mit dem Begriff *Qualia* (phänomenales Bewusstsein) beziehen.

Die Schwierigkeiten bei der Erklärung von Qualia werden häufig als „schwieriges Problem" bezeichnet. In allen Einzelheiten diskutiert, verdeutlicht es, dass, um es mit Jonathan Shear zu sagen, „keine Beschreibung von Phänomenen im rein objektiven Sinne einer ‚dritten Person' von sich aus jemals die Existenz von subjektiven Eigenschaften wie Gefühlen, Gerüchen, Gedanken und anderer „Qualia" nahe legen würde, die den Großteil unseres bewussten Lebens ausmachen"[7].
Nachdem wir uns mit ein paar weiteren Begriffsbedeutungen beschäftigen werden, wird dann das Hauptaugenmerk dieses Kapitels auf diesen ersten beiden Aspekten, Bewusstsein im Sinne von Wachzustand und von Erleben, liegen.

Bewusstsein als Geist
Bezogen auf den abgeschwächten lateinischen Begriff *conscientia* kann alles, was wir glauben, fürchten, erwarten, beabsichtigen, usw., als bewusst bezeichnet werden: jeder geistige Zustand mit repräsentationalem Gehalt. Beispielsweise bin ich mir schon seit dem Frühstück bewusst, dass ich heute Abend noch meditieren will, auch wenn ich nicht den ganzen Tag daran gedacht habe. Hier wird „Bewusstsein" sehr weit und daher sehr unspezifisch verwendet.

Selbstbewusstsein als Selbstsicherheit oder Selbstvertauen
Wir sprechen von Selbstbewusstsein, wenn es darum geht, wie viel Vertrauen wir in unsere eigene Person haben. Jemand der sehr selbstsicher vor vielen Menschen spricht, hat demnach ein gutes Selbstbewusstsein. Spricht er dagegen die ganze Zeit nur von sich selbst, hat er vielleicht ein überzogenes Selbstbewusstsein.

Selbstbewusstsein als Selbsterkennen
Die Fähigkeit sich selbst zu erkennen, also eine Vorstellung oder eine Idee von der eigenen Person zu haben, wird ebenfalls als Selbstbewusstsein bezeichnet. In der Entwicklungspsychologie wird das Vorhandensein dieser Vorstellung an der Fähigkeit, sich selbst im Spiegel zu erkennen, festgemacht.[8] Gemeinhin geht man davon aus, dass Kinder ab einem Alter von 18 Monaten sowie Schimpansen und Orang-Utans dazu in der Lage sind, andere Affen dagegen nicht. Obwohl bei sol-

chen Tests mit Gewissheit festgestellt werden kann, dass ab einem gewissen Alter bzw. bei bestimmten Spezies Selbsterkenntnis vorhanden ist, können jedoch subtilere Formen des Selbsterkennens nicht erfasst werden. Es ist durchaus möglich, dass Kinder oder Tiere Selbstbewusstsein haben, jedoch nicht in der Lage sind, ihr Bild im Spiegel als solches zu erkennen. In diesem Sinne sind derartige Versuche vielleicht eher geeignet festzustellen, ab wann das volle Verständnis von der Arbeitsweise eines Spiegels vorhanden ist, als den kritischen Punkt zu bestimmen, ab dem Selbstbewusstsein auftritt.

Selbstbewusstsein als Bewusstsein unseres Bewusst-Seins

Weiterhin können wir uns unserer eigenen geistigen Zustände bewusst sein. Sie helfen uns, unser eigenes Verhalten zu erklären: Unsere Wünsche, Vorstellungen, Hoffnungen und Überzeugungen geben vielen unserer Gespräche erst die richtige Würze.

Bewusstsein als getäuschter Zustand des Geistes

Zusätzlich zu diesen wissenschaftlichen Definitionen sei noch eine buddhistische Betrachtungsweise angeführt. Es mag überraschen, dass der Begriff Bewusstsein (Tib. *nam she*) häufig verwendet wird, um jene geistigen Zustände zu beschreiben, die von der getäuschten Vorstellung eines *unabhängigen* Erlebers (das „Selbst") geprägt sind, der ebenso *unabhängige* Objekte wahrzunehmen scheint. Zum Beispiel beschreibt der Dritte Karmapa Rangjung Dorje in seinem berühmten Text *Namshe Yeshe* („Die Unterscheidung von Bewusstsein und Weisheit"), wie der verwirrte Geist – das Bewusstsein – arbeitet, und wie der befreite Zustand des Geistes – die Weisheit – erkannt werden kann. In einem Kommentar zu diesem kurzen Text, der in der Karma-Kagyü-Linie von zentraler Bedeutung ist, schreibt Künzig Shamar Rinpoche:

„Erkenntnis kann auf zwei Arten funktionieren, abhängig von An- oder Abwesenheit von Verwirrung. Verwirrte *fragmentarische Erkenntnis*[9] regiert den Geist der normalen Wesen. Die *ursprüngliche Erkenntnis*[10] eines Buddhas ist frei von Verwirrung. So wie ein Gesicht zwei unterschiedliche Formen des Ausdrucks tragen kann, sind diese beiden ein und dasselbe unter verschiedenen Bedingungen: fragmentarische Erkenntnis ist wie ein zornig gerunzeltes Gesicht, während die ursprüngliche Erkenntnis wie ein friedlich lächelndes Antlitz ist. Wie dieses Beispiel zeigt, ist es nicht das Gesicht an sich, das gewechselt werden muss, sondern sein Ausdruck. Beseitige das Runzeln der Verwirrung, und das unverwirrte Lächeln kommt ganz natürlich von selbst zum Vorschein."[11]

Wie diese kurze, sicherlich unvollständige Auflistung zeigt, gibt es viele Bedeutungen des Begriffs Bewusstsein und es ist wichtig, sich klar (oder bewusst) zu machen, worüber man redet, bevor man in einen Austausch einsteigt.

ANFÄNGE DER BEWUSSTSEINSFORSCHUNG

Historisch gesehen reicht die experimentelle Untersuchung des Bewusstseins bis in das 19. Jahrhundert zurück. Im Jahre 1879 gründete Wilhelm Wundt in Leipzig das weltweit erste psychologische[12] Laboratorium. Sein Ziel war, mittels „experimenteller Introspektion" Bewusstsein zu untersuchen. Kontrollierte, messbare Reize wurden verwendet, um unterschiedliche Bewusstseinszustände hervorzurufen.[13] Man ging davon aus, dass diese Zustände ähnlich chemischen Verbindungen eine komplexe Struktur aufweisen. Das Ziel der Introspektion war, diese Strukturen zu analysieren und so die Grundbestandteile zu erkennen. Indem Wundt in dieser Weise geistige Ereignisse in Zusammenhang mit objektiven, messbaren Reizen und Reaktionen brachte, revolutionierte er die Psychologie und begründete ihren Übergang von einer Geisteswissenschaft zu einer Naturwissenschaft.

Uneinigkeiten über die Zusammensetzung und Bedeutung der inneren Erfahrungen ließen sich jedoch nicht ausräumen, und so wurde zu Beginn des 20. Jahrhunderts sowohl Bewusstsein als auch experimentelle Introspektion aus der Psychologie verbannt. John Watson, Begründer des Behaviorismus, der Hauptströmung der Psychologie in der ersten Hälfte des 20. Jahrhunderts, erklärte: „Die Zeit scheint gekommen zu sein, in der die Psychologie jeden Bezug zu Bewusstsein streichen muss ... ihre einzige Aufgabe ist die Vorhersage und Kontrolle von Verhalten, und Introspektion kann keinen Bestandteil ihrer Methoden darstellen."[14]

Erst in den 80er Jahren des vergangenen Jahrhunderts begann sich das Bild zu wandeln, und das Interesse an Bewusstsein flammte wieder auf. Zumindest teilweise ist dieser Richtungswechsel auf die wachsende Einsicht zurückzuführen, dass eine Psychologie, die Bewusstsein nicht mit einbezieht, unvollständig ist, denn Psychologie ist die Untersuchung von Verhalten *und* Erleben. Auch die Verfügbarkeit neuer, ausgereifter Methoden, Veränderungen im Gehirn (und im Körper) zu messen, dürfte das Interesse am Bewusstsein wieder belebt haben. Zudem haben sich die Grenzen zwischen Philosophie und Wissenschaft dank der Erkenntnis aufgeweicht, dass das Geist-/Körper-Problem kein rein philosophisches Thema ist, sondern zumindest teilweise auch der empirischen Forschung zugänglich ist. Schon wenig später war das Interesse von prominenten Vertretern der kognitiven Neurowissenschaften – einem interdisziplinärem Bereich, der sich mit den neuronalen Grundlagen kognitiver Prozesse befasst – geweckt.

METHODEN DER GEHIRNFORSCHUNG

Die Grundlage für das Aufkommen der kognitiven Neurowissenschaften war die Entwicklung von Technologien, die Forschern die Messung von Prozessen im aktiven Gehirn ermöglichen. Mit zunehmender Präzision erlauben es diese Technologien, den Verlauf der Gehirnaktivitäten recht genau nachzuverfolgen, während bestimmte kognitive Aufgaben ausgeführt werden, die Probanden sich in bestimmten Gefühlszuständen befinden, und so weiter. In jüngster Zeit ist eine Unmenge an Studien erschienen, bei denen bestimmt werden sollte, bei welchen kognitiven und emotionalen Prozessen welche Gehirnregionen aktiv sind. In der *Elektroenzephalographie* (EEG) werden Elektroden auf der Kopfhaut angebracht, die Spannungsveränderungen messen, die mit bestimmten geistigen Prozessen einhergehen. Die zugrunde liegende Annahme ist, dass die Elektroden Spannungsschwankungen messen, die durch Veränderungen der elektrischen Aktivität einer großen Anzahl von Neuronen entstehen. Die erreichte zeitliche Auflösung in der Größenordnung von Tausendstelsekunden ist außergewöhnlich hoch und liefert Daten für die differenzierte Untersuchung der sich dynamisch verändernden Gehirnaktivität. Üblicherweise werden zwischen 16 und 256 Elektroden auf der Kopfhaut eines Probanden angebracht, um die Spannungsschwankungen im Gehirn möglichst genau erfassen zu können. Dennoch ist die genaue räumliche Bestimmung jener Gehirnaktivitäten, die bestimmte elektrische Muster an der Kopfhaut verursachen, schwierig: Die Messungen erfolgen mit einem gewissen körperlichen Abstand zum Gehirn selbst und zudem werden die elektrischen Signale durch mehrere Schichten Zellgewebe verzerrt.

Ein der EEG ähnliches Verfahren ist die *Magnetoenzephalographie* oder MEG, die die winzigen magnetischen Felder misst, die durch die elektrische Aktivität von Neuronenpopulationen entstehen. Diese Methode ist technisch wesentlich komplexer und bei weitem teurer als die EEG, aber sie hat den Vorteil, dass die magnetischen Signale durch den Schädel und die Kopfhaut wesentlich weniger gestört werden. Beide Verfahren sind bei der Messung von dynamischen Veränderungen der Gehirnaktivität sehr zuverlässig. Aber wenn genaue Information darüber benötigt werden, welche Gehirnregionen an bestimmten geistigen Prozessen beteiligt sind, liefern andere Methoden bessere Ergebnisse.

Bei der *Positronen-Emissions-Tomographie* (PET) wird eine kurzlebige, radioaktive Substanz in den Blutkreislauf des Probanden injiziert, die Gammastrahlung abgibt. Wenn eine Gehirnregion seine Aktivitäten verstärkt, verstärkt sich auch die Blutzufuhr in diesen Bereich und transportiert die radioaktive Substanz dorthin. Rund um den Kopf angeordnete Sensoren erfassen diese Gammastrahlung, und mit ausgefeilten Berechnungsmethoden wird danach bestimmt, welche Teile des Gehirns eine deutlich erhöhte Blutzufuhr erfuhren.

Die Magnet-Resonanz-Tomographie (MRT), auch bekannt als Magnetische Kernspintomographie, nutzt ebenfalls die erhöhte Blutzufuhr, um den Zusammenhang zwischen Gehirnaktivität und bestimmten Bewusstseinprozessen zu ermitteln. Allerdings werden die Versuchsteilnehmer einem sehr starken Magnetfeld ausgesetzt, das Wasserstoffprotonen einheitlich ausrichtet. Dann wird ein magnetischer Puls eingesetzt, der

die Ausrichtung der Protonen umkehrt. Danach wird gemessen, wie lange die Protonen brauchen, um wieder in den Ursprungszustand zurückzukehren. Die Zeit ist dabei von der Mikroumgebung des Protons abhängig, d.h. sie verändert sich abhängig vom umliegenden Gewebe und gibt unter anderem Auskunft über den unterschiedlichen Sauerstoffgehalt im Blut, der wahrscheinlich mit veränderter Gehirnaktivität in Zusammenhang steht.
Sowohl PET als auch MRT nutzen also Veränderungen in der Blutzufuhr als Zeichen für veränderte Gehirnaktivität.[15] Da der Blutkreislauf vergleichsweise träge ist, sind diese Methoden nicht so gut für die Analyse von schnellen Gehirnaktivitäten geeignet. Sie bieten aber eine hervorragende räumliche Auflösung und liefern Ergebnisse darüber, welche Regionen im Gehirn an den beobachteten kognitiven Prozessen beteiligt sind.
Nachdem wir uns kurz mit den wichtigsten heute in Anwendung stehenden Verfahren der kognitiven Neurowissenschaften beschäftigt haben, wollen wir uns jetzt einigen interessanten Forschungsergebnissen zuwenden.

BEWUSSTSEIN IN DER HIRNFORSCHUNG

Ein großer Bereich der Bewusstseinsforschung beschäftigt sich damit, die neuronalen Grundlagen von Schlaf- und Wachzustand zu untersuchen. Dabei haben sich zwei Hauptbereiche entwickelt: die Messung der elektrischen Hirnaktivität, die mit bestimmten Bewusstseinszuständen einhergeht, und die Entdeckung, dass bestimmte Strukturen des Gehirns maßgeblich an der Steuerung verschiedener Bewusstseinszustände beteiligt sind.
Im Jahre 1929 veröffentlichte der in Jena arbeitende Österreicher Hans Berger den Aufsatz „Über das Elektroenkephalogramm des Menschen."[16] In dieser Arbeit führte er die aus dem Ende des 19. Jahrhunderts stammenden Entdeckungen des Liverpooler Arztes Richard Caton fort. Caton hatte mit einfachsten Mitteln elektrische Signale an der Oberfläche des Gehirns von Tieren gemessen und festgestellt, dass sich diese verändern, wenn Licht in das Auge des Tieres fiel. Berger bewies als erster, dass ähnliche elektrische Messungen bei Menschen an der Oberfläche der Kopfhaut durch den Schädel hindurch möglich waren. Seit dieser Zeit ist das Elektroenzephalogramm oder EEG die meist angewandte Methode zur klinischen Beurteilung von Gehirnfunktionen.
Obwohl ihn seine Entdeckungen weltberühmt machten, wurde Berger 1938 von den Nazis gezwungen, sein Labor zu schließen. Nach weiteren tragischen Geschehnissen nahm er sich im Jahr 1941 das Leben. Bergers Ziel war es, die physiologische Basis von Bewusstsein zu erforschen, und sein erster Aufsatz dazu endete mit einer Reihe von Fragen, die nachfolgende Generationen von Wissenschaftlern beschäftigten und noch immer beschäftigen: In welcher Weise ist das EEG beeinflusst durch sensorische Stimulation, durch Schlaf, durch bewusstseinsverändernde Drogen und durch intellektuelle Aktivität?

Berger unterschied zwei Rhythmen, die während des Wachzustands auftreten können: den Alpha-Rhythmus mit einer Frequenz von 8 bis 13 Hz, der das „passive EEG" kennzeichnet und normalerweise bei geschlossenen Augen aufgezeichnet wird, sowie den Beta-Rhythmus mit Frequenzen über 13 Hz, der geistige Aktivität kennzeichnet. Bald stellte sich heraus, dass langsamere Rhythmen (Theta-Wellen mit 4 bis 7 Hz und Delta-Wellen mit weniger als 3,5 Hz) Zustände verringerter Erregung oder Aktivierung charakterisieren.
Ein paar Jahrzehnte später wurde entdeckt, dass sich während des Schlafs zwei Hauptphasen unterscheiden lassen, der sogenannte „Rapid eye movement (REM)"-Schlaf und der Nicht-REM-Schlaf. Der REM-Schlaf wird auch als „paradoxer Schlaf" bezeichnet, weil das EEG mit hochfrequenter, niederpegeliger Aktivität weitgehend dem EEG im Wachzustand ähnelt. Diese Phase wird von schnellen Augenbewegungen bei geschlossenen Augen begleitet, und üblicherweise ist dies auch die Zeit, in der Träume erfahren werden.
Der Nicht-REM-Schlaf ist in weitere vier Phasen unterteilt, die mit den zunehmend tieferen Stufen des Schlafes zusammenhängen. Diese Phasen werden von langsamer, hochpegeliger EEG-Aktivität bestimmt, von langsamen Delta-Rhyth-

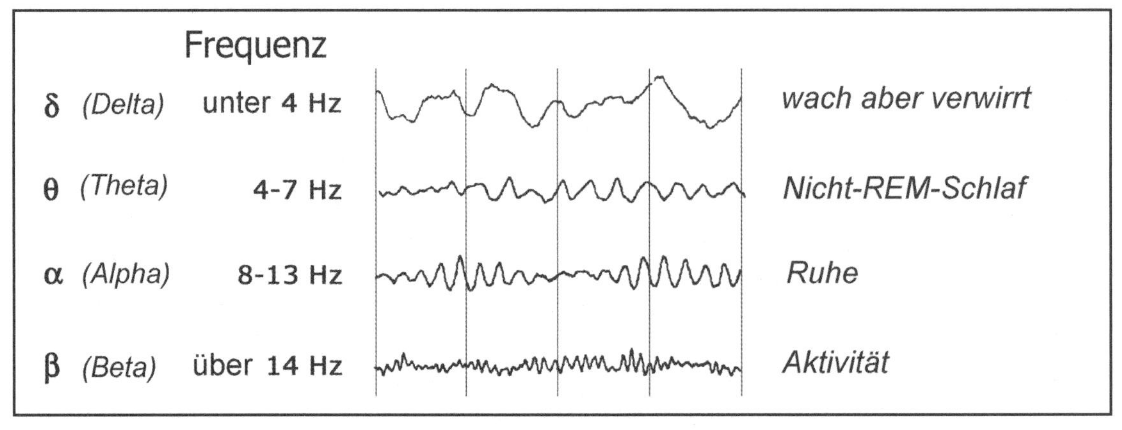

Darstellung 1

EEG-Diagramm der vier Hauptrythmen des Gehirns, die unterschiedliche Gesamtzustände des Bewusstseins darstellen (Wachzustände). Die senkrechten Linien markieren jeweils eine Sekunde.

men, weshalb man auch von „slow-wave sleep" spricht.[17]
Schlafstudien sind ein sehr gutes Beispiel dafür, dass das EEG als Methode überzeugende Ergebnisse liefern kann, um die verschiedenen Phasen von Bewusstsein/Wachheit zu bestimmen. Noch interessanter ist allerdings, dass eine große Zahl von Studien sich damit beschäftigt hat, in welcher Weise Meditation das EEG-Muster beeinflusst. Es ist aber schwer, aus diesen Studien allgemeine Schlüsse zu ziehen, da die angewandten Methoden sehr unterschiedlich waren und auf sehr unterschiedliche Meditationstechniken und -traditionen angewandt wurden.
Prinzipiell hat sich jedoch gezeigt, dass Meditation sehr spezifische Muster aufweist, die sich deutlich von Zuständen von Entspannung, Schlaf, Hypnose und dem normalen Wachzustand unterscheiden. Eine umfangreiche Studie mit mehreren meditationserfahrenen Zen-Buddhisten zeigte beispielsweise, dass kurz nach Beginn ihrer Meditation auch bei offenen Augen zunehmend Alpha-Rhythmen vorherrschten, sich in ihrer Intensität verstärkten und ihre Frequenz auf etwa sieben bis acht Wellen pro Sekunde (7-8 Hz) absank, ein Muster, das man bei „Otto Normalverbraucher" im Wachzustand nicht findet. Zudem gab es eine hohe Übereinstimmung zwischen diesen Veränderungen der EEG-Muster und der Einschätzung der Meditationserfahrung durch einen Zen-Meister.[18]
In letzter Zeit sind auch weitere Forschungen über die Auswirkungen von Meditation in die Medienschlagzeilen geraten. Die Wissenschaftler beobachteten, das als Resultat eines Programms zur Stressbewältigung, das auf Achtsamkeitsmeditation aufbaut, eine verstärkte Aktivierung des linken Frontallappens der Großhirnrinde festgestellt werden konnte, ein EEG-Muster, das mit positiven Stimmungen in Verbindung gebracht wird.[19] Allerdings konnte bisher noch nicht direkt nachgewiesen werden, dass diese Veränderungen der Gehirnaktivität auf Achtsamkeitsmeditation zurückführbar sind. Möglicherweise beruhen diese Ergebnisse lediglich auf dem unspezifischen Einfluss des durchgeführten Stressbewältigungsprogramms.
Es wird jedoch noch einiges an Forschung notwendig sein, um ein wirklich klares Bild davon zu erhalten, welche Arten der Meditation welche Veränderungen in der Hirnaktivität bewirken, und welche Bedeutung diese Veränderungen haben.
Die Erforschung dieser verschiedenen Aktivierungs- und Bewusstseinszustände beschäftigt sich auch damit, welche Gehirnstrukturen an ihrer Regulierung beteiligt sind, welche Prozesse auf der Ebene von Nervenzellen ablaufen und welche chemischen Substanzen dabei eine Rolle spielen. Obwohl es sich hier um ein ebenfalls sehr wichtiges Gebiet handelt, werde ich nicht weiter darauf eingehen, da eine ernsthafte Auseinandersetzung mit diesem Thema ein zu großes Maß an Kenntnissen voraussetzen würde und damit den Rahmen dieser Abhandlung sprengen würde.[20]
Während wir uns bisher hauptsächlich damit beschäftigt haben, wie sich unterschiedliche (Wach-) Zustände des Bewusstseins in messbarer Hirnaktivität niederschlagen, kommen wir jetzt

zu einem meiner Meinung nach noch spannenderen Thema, den Inhalten des Bewusstseins.
Insbesondere die Erforschung der visuellen Wahrnehmung hat ein äußerst umfangreiches und detailliertes Verständnis der neuronalen Mechanismen, die mit dem Auftreten von verschiedensten Bewusstseinsinhalten einhergehen, hervorgebracht. So weiß man heute, dass mindestens 30 bis 40 funktionelle und anatomische Hirnregionen an visueller Wahrnehmung beteiligt sind, und dass die visuelle Information in parallelen, miteinander verschalteten Strömen durch diese Areale „fließt".[21]
Man hat auch Hirnregionen bestimmen können, die bei der Verarbeitung sehr spezifischer Information aktiv sind. So gibt es die sogenannte „fusiform face area" und die „parahippocampal place area". In der ersten Region erhöht sich die gemessene Hirnaktivität, wenn ein Versuchsteilnehmer auf Gesichter zu achten hat, in der zweiten Region dagegen, wenn Orte – zum Beispiel auch Abbildungen von Gebäuden – beachtet werden. Diese spezifische Aktivierung ist sogar feststellbar, wenn es sich um transparente, sich überlagernde Bilder von Gesicht und Haus handelt und lediglich die Aufmerksamkeit entweder auf das eine oder das andere gerichtet wird.[22]
Daraus kann man schließen, dass auf dieser Verarbeitungsstufe die Hirnaktivität also mehr mit den *Inhalten* des Bewusstseins als mit den physikalischen Eigenschaften des Stimulus korreliert. Aus solchen und einer Vielzahl weiterer Experimente leiten Neurowissenschaftler ihre Gewissheit ab, dass sich jede Veränderung im Erleben oder Verhalten in einer Veränderung im Muster neuronaler Aktivitäten widerspiegelt.
Weiterhin wird zwischen impliziten und expliziten neuronalen Prozessen unterschieden. Während explizite Prozesse mit bewusster Wahrnehmung einhergehen, finden implizite Prozesse statt, ohne dass wir uns ihrer bewusst werden. In einer Vielzahl von Versuchen wurde festgestellt, dass Objekte, auch wenn sie nicht bewusst wahrgenommen wurden – die Probanden gaben an, nichts gesehen zu haben – dennoch Einfluss auf darauf folgende Reaktionen hatten.[23] Ein klassisches Beispiel hierfür ist das sogenannte „Blindsehen" (engl.: blindsight). Die Zerstörung eines Teils der primären Sehrinde im Gehirn führt zur Blindheit im entsprechenden Bereich des Gesichtsfeldes. Trotzdem sind manche Patienten in der Lage, in diesem Bereich zu sehen, jedoch ohne sich dessen bewusst zu sein. Wenn man ihnen zum Beispiel abwechselnd ein X oder ein O in das blinde Gesichtsfeld projizierte, bestritten sie, irgendetwas gesehen zu haben. Wurden sie dann aber aufgefordert, trotzdem zu raten, ob ein X oder O gezeigt wurde, war ihre Trefferrate deutlich überzufällig. Auf diese Weise konnte die (unbewusste) Unterscheidung von Positionen, Bewegungen, einfachen Formen und Farben nachgewiesen werden. Während diese Fähigkeit für Betroffene jedoch kaum von praktischem Wert ist, da sie sich im Alltag nicht bewusst abrufen und einsetzen lässt, ist sie für das Verständnis der Sehprozesse und des damit verbundenen Bewusstseins sehr von Bedeutung. Vor kurzem wurde in einer Studie verglichen, welche Hirnbereiche

bei einem Blindsicht-Patienten aktiv sind, wenn eine derartige Unterscheidung bewusst stattfinden kann, oder wenn sie nur unbewusst erfolgen kann. Die Ergebnisse zeigen, dass es sich nicht um einen quantitativen Unterschied (also mehr oder weniger Aktivität in einer Hirnregion) handelt, sondern, dass sehr unterschiedliche Regionen an der bewussten und unbewussten Wahrnehmung beteiligt sind.[24]

Mit Befunden dieser Art hofft man, ein klareres Verständnis davon zu erlangen, was bewusste und unbewusste Prozesse voneinander unterscheidet. Zurzeit befindet sich dieser Ansatz jedoch noch sehr in den Kinderschuhen, und es bleibt abzuwarten, ob sich derartige Ergebnisse bestätigen lassen.

Dieser kurze Überblick sollte einen Eindruck davon vermitteln, mit welchen Mitteln in den Neurowissenschaften versucht wird, Wahrnehmungs- und Bewusstseinsprozesse zu verstehen. Doch wenden wir uns nun den genaueren Erklärungen über das Auftreten von Bewusstsein zu: Was ist Bewusstsein und wie entsteht es?

NEUROBIOLOGISCHE THEORIEN DES BEWUSSTSEINS

Basierend auf dem ständig wachsenden Wissen über Hirnmechanismen, die an bewusster und unbewusster Wahrnehmung beteiligt sind, haben einige Wissenschaftler begonnen, Theorien zu entwickeln, welche Aspekte dieser Gehirnaktivität für das Auftreten von Bewusstsein verantwortlich sind. Obwohl in der Regel von „neuronalen Korrelaten von Bewusstsein" (engl.: neural correlates of consciousness, NCC) gesprochen wird, besteht häufig die Vorstellung, dass die entsprechenden Hirnprozesse die tatsächliche Ursache für Bewusstsein sind. Wenn es auch verschiedene Vorstellungen gibt, wie Bewusstsein genau entsteht, stimmen einige der Theorien doch darin überein, dass die über das Gehirn verteilte neuronale Aktivität von bestimmter Art sein oder ein bestimmtes Muster aufweisen muss, das für Bewusstsein verantwortlich ist. Der zurzeit bevorzugte Kandidat ist neuronale Aktivität, die sich in einem Frequenzbereich von etwa 30 bis 90 Hz (dem sogenannten Gamma-Band) synchronisiert, bei der sich also eine große Anzahl von Nervenzellen gleichzeitig 30 bis 90 mal pro Sekunde elektrisch entladen („feuern"). Christoph von der Malsburg hat 1981 erstmals die Vorstellung im Detail formuliert, dass synchronisierte neuronale Aktivität eine effektive Weise darstellt, um die Struktur eines wahrgenommenen Objektes sowie die Beziehungen zwischen Teilen dieses Objektes zu kodieren.[25] Wenig später konnte diese Theorie auch experimentell bestätigt werden.[26]

Man geht davon aus, dass die Informationsübertragung durch Synchronisation von Nervenzellen viele Vorteile hat. Beispielsweise kann jede Nervenzelle je nach Bedarf an unterschiedlichen Prozessen teilnehmen. Seit deutlich wurde, dass das synchrone, rhythmische Feuern mit der Wahrnehmung von Objekten in Beziehung steht, werden diese Prozesse auch in Verbindung mit Bewusstsein gebracht. Dazu ein vereinfachendes Beispiel: Wir sehen einen roten Kreis. Da Farbe (rot) und Form (Kreis) von unterschiedlichen Neuronengruppen verarbeitet werden, ergibt sich das sogenannte „binding problem“: Wie werden die unterschiedlichen Merkmale zusammengebracht oder gebunden, so dass wir einen roten Kreis erleben? Man vermutet, dass dies durch die Synchronisation der beteiligten Neuronengruppen im Gamma-Band-Bereich geschieht. Mein früherer Kollege, Thomas Gruber, hat mir freundlicherweise die Daten eines Experiments, das er zu diesem Thema durchgeführt hat, zur Verfügung gestellt.[27] Er präsentierte den Versuchspersonen wiederholt Strichzeichnungen verschiedener Objekte. Bei wiederholter Darbietung wurden diese Zeichnungen dann so weit verringert, dass das Objekt gerade noch oder nicht mehr erkennbar war. Gleichzeitig wurde mit einem Netz von 128 Elektroden (EEG) die elektrische Aktivität auf der Kopfhaut der Versuchspersonen erfasst. Wie die Abbildung unten zeigt, war in dem Fall, da das Objekt gerade noch erkennbar war, eine deutliche Erhöhung der Synchronisation im Gamma-Band feststellbar, während bei nicht erkannten Objekten kaum eine Zunahme der Synchronisation auftrat. Führte die Darbietung eines Reizes zur Objekterkennung, gab es also eine erhöhte Gamma-Synchronisation, die aber nicht auftrat, wenn bei denselben Reizen kein Objekt erkannt wurde. Mittlerweile wurde dieses Ereignis in einer Vielzahl von Experimenten bestätigt. Nur wenn ein bestimmtes Objekt tatsächlich erkannt oder wahrgenommen wird, ist erhöhte Aktivität im Gamma-Band feststellbar.[28] Da die Aktivitäten im Gamma-Band offensichtlich mit der bewussten Wahrnehmung von Objekten einhergeht oder *korre-*

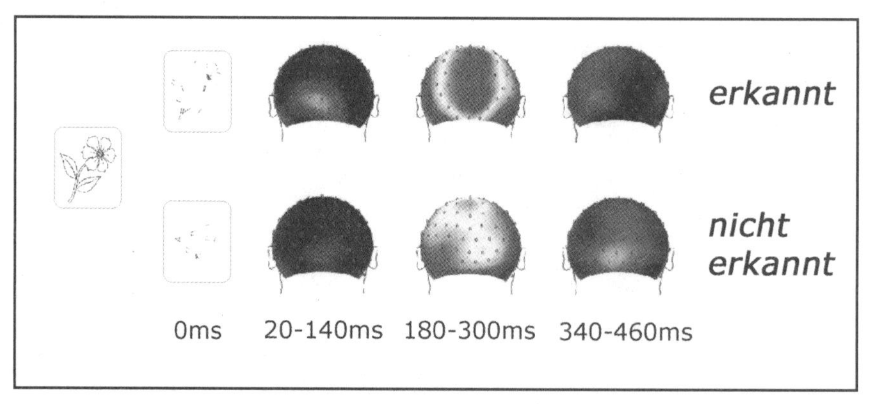

Diese EEG-Daten zeigen die verstärkten Aktivitäten im Gamma-Band, wenn ein Objekt erkannt wird: Ansicht eines symbolischen Hinterkopfes, an dem die Stärke der Gamma-Aktivität gezeigt wird (hell: höhere Aktivität, dunkel: geringere Aktivität). Wenn ein fragmentiertes Bild identifiziert wurde (obere Reihe), erschien etwa 180 bis 300 Millisekunden nach Darbietung des fragmentierten Bildes ein großer Bereich (weiß) mit erhöhter Gamma-Aktivität, sichtbar in der Mitte des Hinterkopfes. Konnte das fragmentierte Bild nicht erkannt werden (untere Reihe), wurde kein wesentlicher Anstieg der Gamma-Aktivität gemessen.

liert, wird geschlossen, dass es sich um die Ursache für bewusste Wahrnehmung handelt.

KORRELATE SIND KEINE URSACHEN

Die grundlegende und selten hinterfragte Sichtweise in den Neurowissenschaften ist, dass das Gehirn die Grundlage von allen messbaren und nichtmessbaren geistigen Prozessen ist. Darauf aufbauend führen die oben geschilderten Beobachtungen fast zwangsläufig zu dem Schluss, dass derartige Vorgänge im Gehirn tatsächlich die Ursache für Bewusstsein sind. Möchte man es jedoch etwas genauer wissen, so stellt man fest, dass es keine überzeugenden Vorstellungen darüber gibt, in welcher Weise physiologische Abläufe, die mit Bewusstseinsprozessen einhergehen, diese verursachen könnten. Obwohl man glauben mag, dass mit einem Erforschen der neuronalen Korrelate des Bewusstseins die Frage nach seiner Ursache zu beantworten sei, bleibt völlig ungeklärt, wie ein materieller Prozess ein geistiges Resultat hervorbringen kann. Zudem muss man sich davor hüten Korrelationen fälschlicherweise als Ursachen zu deuten. Dass zwei Phänomene – die gemessene Hirnaktivität und das geistige Ereignis – in einem engen zeitlichen Verhältnis zueinander stehen, heißt noch nicht, dass das eine der Verursacher des anderen ist. Tatsächlich kann es bedeuten, dass die Gehirnaktivität das geistige Ereignis verursacht, oder dass das geistige Ereignis die Gehirnaktivität auslöst, oder dass beide Ereignisse von ganz anderen, noch unbekannten Faktoren verursacht werden, die sich außerhalb des jeweiligen experimentellen Rahmens befinden. In diesem Sinne ist die Bezeichnung „neuronale Korrelate des Bewusstseins“, wenn sie richtig verstanden wird, ein sehr ehrliches und bescheidenes Statement, bedeutet es doch, dass wir hier eigentlich nur das gleichzeitige Auftreten von Gehirnaktivitäten und geistigen Ereignissen feststellen können, nicht mehr. Eine Korrelation beinhaltet jedoch keinerlei Annahmen über Ursachen!

In der buddhistischen Philosophie wird die grundlegende Anschauung, Materie als Ursache für Geist zu sehen, hingegen hinterfragt. Jeder Nachweis von Materie ist ja letztendlich ein Bewusstseinsprozess. Von einem Objekt (Materie, Gehirn), das unabhängig von einem beobachtenden, experimentierenden, analysierenden Beobachter (Subjekt) existieren würde, kann daher aus diesem Blickwinkel nicht gesprochen werden. Zudem zeigt die Physik und hier insbesondere die Quantenphysik, deren Ziel es ist, die Grundprinzipien der materiellen Welt zu entschlüsseln, dass die Vorstellung von fester materieller Existenz eigentlich eine extreme Vereinfachung der Wirklichkeit ist und unsere Entweder-oder-Vorstellungen im Mikrokosmos eigentlich nicht uneingeschränkt gelten. Gemäß Heisenbergs Unbestimmtheitsrelation lässt sich die Bewegungsbahn eines Teilchens, die sich aus Ort und Geschwindigkeit (genauer gesagt Impuls, dem Produkt aus Geschwindigkeit und Masse) zusammensetzt, nicht eindeutig

FORM & LEERHEIT

bestimmen. Je genauer wir den Ort bestimmen, umso weniger ist die Geschwindigkeit bestimmbar und umgekehrt. Ein Teilchen befindet sich also nicht eindeutig entweder in einem oder in einem anderen Zustand, sondern der Messprozess, die Frage die wir stellen, entscheidet, was für eine Antwort wir über den Zustand eines Teilchens bekommen. Offensichtlich wird in der Quantenphysik, wo man sich nicht mit der groben Erscheinungsweise der Phänomene zufrieden gibt, sondern mehr und mehr ihre Essenz erforscht, die Vorstellung von letztendlicher, fest definierter Seinsweise der kleinsten Bausteine der materiellen Welt in Frage gestellt. Sie weisen mehrere noch nicht in Erscheinung getretene Möglichkeiten auf, und erst der Messprozess entscheidet, was wir beobachten. Wie kann etwas, das selbst keine unabhängigen Eigenschaften besitzt, Grundlage unabhängiger Existenz sein?
Auch hält die Vorstellung, es gäbe kleinste, unteilbare Teilchen, einer logischen Untersuchung nicht stand. Unteilbare Teilchen dürften keine Eigenschaften wie Ausdehnung, Richtungen in die sie sich erstrecken, verschiedene Seiten usw., aufweisen. Hätten sie diese sich gegenseitig bedingenden Eigenschaften, wären sie weiter teilbar. Weisen sie diese Eigenschaften jedoch nicht auf, können sie sich niemals zu gröberen Objekten anordnen, da sie sich ohne Eigenschaften wie „oben", „unten" usw. niemals zu einer Form zusammenfinden könnten. Shamar Rinpoche schreibt dazu:
„Wenn etwas nicht mehr teilbar ist, dann kann es auch keine Größe haben, denn wenn es eine Ausdehnung hätte, könnte es wieder in ein Vorne und ein Hinten geteilt werden, ein Links und ein Rechts. Per Definitionem ist ein Atom[29] dimensionslos, aber wie können sich unter dieser Voraussetzung Atome zu größeren Massen verbinden? Ohne Dimensionen hat ein Atom keine Flächen oder Seiten, an denen andere Atome anhaften könnten, entweder direkt oder mit Hilfe irgendeiner vermittelnden Kraft. Dasselbe Argument lässt sich auch bei mentalen Partikeln anwenden, jene Bewusstseinsmomente, aus denen der Geist aufgebaut sein soll. Daher verliert sich hier die atomare Theorie in logischer Absurdität."[30]

Wie zuvor bereits erwähnt, stellt jeder Versuch, Materie nachzuweisen, einen Bewusstseinsprozess dar. Das Wissen über die „äußere" Welt existiert ausschließlich als ein Aspekt des Bewusstseins. Es gäbe kein Wissen über irgendwelche (äußeren) Phänomene, wenn sie nicht erfahren, vorgestellt, gedacht oder geträumt worden wären. Niemand würde jemals über ein hypothetisches Phänomen Bescheid wissen, das vollständig ohne Bezug zum Bewusstsein wäre. Selbst die am höchsten entwickelten wissenschaftlichen Instrumente zur Messung materieller Gegenstände beziehen ihren Sinn erst aus dem bewussten Beobachter, der sie benutzt. Die Position oder der Ausschlag eines Zeigers selbst am teuersten Messgerät muss von jemandem abgelesen und gedeutet werden, um irgendeinen Sinn zu machen.
Da Materie unabhängig von Bewusstsein keine bewiesene Existenz aufweist, erscheint die Vorstellung, das (materielle)

Gehirn sei die Grundlage aller geistigen Vorgänge, einschließlich dem Bewusstsein, äußerst willkürlich. Das einzige, worüber wir bezüglich materieller Erscheinungen sicher sein können, ist, dass wir sie erfahren können. Daher scheint es gerechtfertigt, dass wir dem Geist zumindest dieselbe Wertschätzung angedeihen lassen, wie sie der Materie von jenen Wissenschaftlern entgegengebracht wird, die davon überzeugt sind, dass sich der Geist ausschließlich durch materielle Prozesse erklären ließe. Obwohl es mit ein wenig geistiger Gymnastik intellektuell relativ einfach zu erfassen ist, dass Materie nicht vom Geist getrennt werden kann, verändert das nicht unsere Wahrnehmung der Welt. Ich sitze noch immer da, ein „Ich" irgendwo in diesem Körper, die Dinge da draußen beobachtend, die nicht viel mit mir zu tun zu haben scheinen. Die Ursache für diese Erfahrung wird in buddhistischer Ausdrucksweise „grundsätzliche Unwissenheit" genannt. Diese fußt auf der ungeheuer starken Tendenz des Geistes, sich nach außen zu richten. Der dritte Karmapa nennt dies den „Schlamm der drei Konzepte", der nach Lama Ole Nydahl die „oberflächliche Wahrnehmung einer Getrenntheit von Erleber, Erleben und Erlebtem" ist, und die „Ursache dieser Konzepte ist die Tendenz des unerleuchteten Geistes, wie ein Auge zu funktionieren. Er erlebt alles, was erscheint, außer sich selbst."

Wegen der äußerst starken Gewohnheit, den Geist nach außen zu richten, gehen wir davon aus, dass alle im „Außen" erfahrenen Phänomene realer sind als der innere Raum des Geistes, der alles wahrnimmt. Jedesmal wenn wir eine Trennung zwischen Erleber und Erlebtem erfahren, verstärkt und bestätigt sich diese Ausrichtung. Daraus können wir schließen, dass die reduktionistische Vorstellung, der Geist und das Bewusstsein würden durch die verschlungenen neuronalen Verbindungen und Interaktionen der rund 100 Milliarden Neuronen des menschlichen Gehirns erzeugt, eigentlich nur auf eine schlechte Gewohnheit zurückzuführen ist: den Schlamm der drei Konzepte, die Gewohnheit Erleber, Erleben und Erlebtes voneinander zu trennen. Es ist interessant zu sehen, dass auch ziemlich erfahrene buddhistische Praktizierende wie der Zen-Buddhist James Austin in diese Falle tappen. In seinem Monumentalwerk „Zen and the brain" („Zen und das Gehirn") schreibt er: „Die einzige Annahme, die dieses Buch über den Geist macht, ist dass er seinen Ursprung im Gehirn hat."[31]

Der dritte Karmapa weist in seiner Darlegung der höchsten buddhistischen Sicht in den „Mahamudrawünschen" immer wieder auf das Verhältnis zwischen Geist und Phänomenen hin. Er sagt: „Alle Dinge sind Trugbilder des Geistes"[32] und „Blickt man auf die Dinge, sind keine Dinge da. Man sieht auf den Geist."[33] Dennoch erklärt er auch, dass der Geist an sich auch nicht wirklich existiert: „Der Geist ist nicht als ‚ein' Geist vorhanden; er ist seinem Wesen nach leer. Obwohl leer, erscheint gleichzeitig alles ungehindert."[34]

In seinem Kommentar zu diesen Wünschen schreibt Lama Ole Nydahl:

„Dass alles vom Geist erschaffen ist, bezieht sich aber im gleichen Maße auf die äußere Welt. Bereits vor 2550 Jahren sagte

Buddha einige der wichtigsten Entdeckungen der heutigen Weltsicht voraus, die Karmapa hier auf einen Punkt bringt: dass auch die gemeinsam erfahrene Welt ein Spiel des Geistes ist, dass sie nur die Wirklichkeit eines gemeinsamen Traumes besitzt. Inzwischen hat man aus Licht Teilchen entstehen lassen, die Trennung zwischen Sein und Nichtsein ist aufgehoben, sie werden als zwei Seiten derselben Ganzheit verstanden."[35]

Während die Physik Beweise für diese Sichtweise der Wirklichkeit zu haben scheint, brauchen Hirnforscher und Leute, die sich mit der Beziehung zwischen Gehirn und Geist beschäftigen, wahrscheinlich Beweise, die mehr mit ihrer eigenen Arbeit zu tun haben. Ein wissenschaftlicher Beweis, dass Bewusstsein unabhängig von Materie – also dem Gehirn – existieren kann, sollte ein äußerst schlagkräftiges Argument für sie sein.
Aktuelle Studien von Sam Parnia, Peter Fenwick und ihren Mitarbeitern in Großbritannien sowie von der Forschergruppe um Pim van Lommel in den Niederlanden gehen in diese Richtung.[36] Die Forscher befragten eine Vielzahl von Patienten, die einen Herzstillstand erlitten hatten, aber wiederbelebt werden konnten. Ein Herzstillstand wird allgemein als der Zustand angesehen, der uns am dichtesten an den wirklichen Tod bringt. Von besonderem Interesse für den Zusammenhang zwischen Gehirn und Bewusstsein ist dabei die Tatsache, dass etwa 10 bis 20 Sekunden nach Aussetzen des Herzens keine messbare Hirnaktivität mehr feststellbar ist (die sogenannte „Flat Line" im EEG). Dennoch erinnerten sich mehr als zehn Prozent der befragten Patienten an Erlebnisse aus der Zeit während des Herzstillstands (siehe Tabelle 1). Die meisten dieser Erinnerungen fallen dabei in den Bereich der bereits katalogisierten sogenannten Nahtoderfahrungen (NDEs) wie dem Sehen eines Tunnels, eines hellen Lichts, verstorbener Verwandter oder mystischer Wesen, sowie auch dem Erlebnis außerhalb des eigenen Körpers zu sein und alles von oben zu sehen. Verglichen mit anderen Forschungen über Nahtoderfahrungen[37] unterscheiden sich diese Studien durch ihre wissenschaftliche Genauigkeit und Stringenz. Frühere Studien verfolgten einen zurückblickenden Zugang und verließen sich darauf, dass die Patienten aus eigenem Antrieb über ihre Erfahrungen berichteten. Dies geschah häufig erst lange Zeit – oft Jahre – nach dem Vorfall, weswegen die Genauigkeit der Berichte zweifelhaft ist. In den aktuellen Studien wurden die Gespräche mit den Herzstillstandspatienten geführt, sobald es nach dem tragischen Vorfall möglich war.

	Arten der NDEs	**Anzahl (von 62 Patienten)**
1	Bewusst, tot zu sein	31 (50%)
2	Positive Gefühle	35 (56%)
3	Außerkörperliche Erfahrungen	15 (24%)
4	Bewegung durch einen Tunnel	19 (31%)

	Arten der NDEs	Anzahl (von 62 Patienten)
5	Kommunikation mit Licht	14 (23%)
6	Wahrnehmung von Farben	14 (23%)
7	Wahrnehmung einer himmlischen Landschaft	18 (29%)
8	Treffen mit bereits Verstorbenen	20 (32%)
9	Lebensrückblick	8 (13%)
10	Vorhandensein einer Grenze	5 (8%)

Tabelle 1: Anzahl der Berichte über Nahtoderfahrungen (NDEs) in der vor der Veröffentlichung stehenden Studie von van Lommel[38]

Das Auftreten klarer, wohlstrukturierter Gedankenprozesse zusammen mit Aufmerksamkeits- und Gedächtnisprozessen zu einem Zeitpunkt, zu dem es keine messbare Gehirnaktivität mehr gab, lässt sich mit den allgemein üblichen Deutungen von Nahtoderfahrungen nur schwer erklären. Halluzinationen beispielsweise, die durch verschiedene Substanzen innerhalb des Gehirns ausgelöst werden können, treten üblicherweise nur in einem funktionierenden Gehirn auf. Außerdem zeigte sich in van Lommels Studie, dass es keine Beziehung zwischen den Medikamenten, die man den Patienten verabreicht hatte, und der Art der von ihnen beschriebenen Erfahrung gab, was es noch unwahrscheinlicher macht, dass bestimmte Substanzen diese Erfahrungen hervorgerufen haben könnten.

Man weiß auch, dass Gedankenprozesse auf der vernetzten Aktivität mehrerer Gehirnregionen beruhen, was unter diesen Umständen sicherlich nicht der Fall gewesen sein kann. Weiterhin wird in der Medizin die Erinnerungsfähigkeit als recht genaues Zeichen für die Schwere von Gehirnschäden verwendet, und normalerweise erinnern sich die Patienten nicht an die Ereignisse kurz vor und kurz nach dem Herzstillstand. Man würde also erwarten, dass dieser Gedächtnisverlust (Amnesie) auch den Zeitraum während des Herzstillstandes mit einschließen müsste.

Mit diesem und ähnlichen Argumenten lassen sich durchaus die Bedenken gegenüber solchen Nahtodstudien ausräumen. Dennoch kann man nicht vollständig die Möglichkeit ausschließen, dass die Erfahrungsberichte lediglich eine nachträgliche (möglicherweise unbewusste) Rekonstruktion sind. Weniger widerlegbar und meiner Meinung nach durchaus überzeugend ist der Umstand, dass einige Patienten sich daran erinnern konnten, was während des Herzstillstands und der Wiederbelebung rund um sie herum geschah, Erinnerungen, die später vom beteiligten Krankenhauspersonal bestätigt wurden. Dabei konnten die Patienten die Vorgänge um sie herum beschreiben, während ihr Gehirn sicher nicht in der Lage war, die angeblich für die geistigen Prozesse notwendigen Funktionen zu erfüllen. Wäre das Gehirn für bewusste Erfahrung alleine verantwortlich, wären solche Erinnerungen nicht möglich.

Pim van Lommel fasst es so zusammen:
„Da es für andere Theorien über NDE keine Beweise gibt, sollte man das bisher angenommene, jedoch nicht bewiesene Konzept, dass sich Bewusstsein und Erinnerungen im Gehirn abspielen, diskutieren. Wie kann ein klares Bewusstsein außerhalb eines Körpers erfahren werden, wenn in diesem Moment das Gehirn nicht mehr funktioniert, in einer Phase von klinischem Tod mit keinem Ausschlag im EEG?"[39]
Diese rigide durchgeführten Studien über Nahtoderfahrungen deuten darauf hin, dass es Bewusstsein jenseits des Gehirns geben könnte. Dennoch wird es noch mehr und genaue Forschungen brauchen, um das zweifelsfrei nachweisen zu können.
Weitere Beweise für die Idee, dass das Bewusstsein auch unabhängig von einem funktionierenden Gehirn existieren kann, sind rar, und manche Argumente, die vorgebracht werden, sind milde gesprochen überambitioniert. Zum Beispiel erscheinen immer wieder Berichte auf der Bildfläche, es gäbe normal funktionierende Menschen, deren Gehirn auf 10 Prozent der normalen Größe geschrumpft sei. Sie berufen sich dabei auf Aussagen von John Lorber, Professor für Kinderheilkunde und Neurologie, aus den 1980er Jahren.[40]
Er beschäftigte sich mit Kindern mit *spina bifida* (Spaltwirbel, ein Defekt des Neuralrohrs, aus dem das Gehirn entsteht), bei denen sich auch häufig ein Wasserkopf ausbildet. Dabei füllen sich die Ventrikel (Hohlräume) im Gehirn mit Flüssigkeit und dehnen sich so stark aus, dass die Betroffenen starke geistige Behinderungen davontragen oder sogar daran sterben können. Obwohl sich der geistige Zustand bei einigen von Lorbers Patienten nicht verschlechterte, zeigten Computertomografien der Gehirne, dass die Ventrikel so stark vergrößert waren, dass die Hirnrinde (Kortex) kaum noch zu sehen war. Das häufig gebrachte Beispiel ist das eines 26-jährigen Studenten mit einem IQ von 126 und einem erstklassigen Abschluss in Mathematik, dessen Kortikalmantel statt der üblichen vier bis fünf Zentimeter angeblich nur eine Dicke von einigen Millimeter aufwies. Nach Lorbers Schätzungen verringerte sich das Gewicht des Gehirns auf 100 bis 150 Gramm anstelle von durchschnittlich 1500 Gramm bei Erwachsenen.
Man geht inzwischen davon aus, dass Lorber seine Ergebnisse stark übertrieben hat. Zum Beispiel ist eine Großhirnrinde von lediglich wenigen Millimetern Dicke auf einer Computertomografie gar nicht mehr sichtbar. Auch zeigen moderne Abbildungsmethoden wie MRI, dass die hohe Anpassungsfähigkeit und Formbarkeit der neuronalen Verbindungen speziell bei dem sich langsam entwickelnden Wasserkopfsyndrom es dem Kortex erlaubt, sich an den vorhandenen Raum anzupassen. Solche Fälle können besser als beeindruckende Beispiele für die Plastizität der Großhirnrinde verstanden werden, denn als Beweis dafür, dass das Bewusstsein im Allgemeinen – wie auch speziellere kognitive Prozesse – unabhängig vom Gehirn existieren könnte.[41]
Diese Geschichte ist schon fast so etwas wie ein Großstadtmythos, und ich erwähne sie als warnendes Beispiel. Denn ob-

wohl es natürlich sehr spannend ist, wissenschaftliche Beweise für Buddhas Erklärungen über die Natur des Geistes und der Phänomene zu finden, sollten wir doch nicht unsere Glaubwürdigkeit dadurch gefährden, dass wir uns solche Erklärungsversuche leichtfertig aneignen. Hier muss man sich Buddhas Rat[42] in Erinnerung rufen, nichts ungeprüft anzunehmen „auf der Basis von Offenbarung, Tradition oder Bericht, oder weil es ein Produkt ist von reinem logischen Denken, oder weil es von einem bestimmten Standpunkt aus wahr ist, oder wegen einer oberflächlichen Beurteilung der Tatsachen, oder weil es zu unserer vorgefassten Meinung passt, oder weil es von einer Autorität stammt, oder wegen des Ansehens des Lehrers“[43].

Die bisher gefüllten Seiten sollten einen Eindruck davon vermitteln, wie in den Neurowissenschaften heute mit dem Thema Bewusstsein umgegangen wird. Mit Sicherheit ist die Darstellung unvollständig und an einigen Stellen stark vereinfacht. Zudem teilt nicht jeder Hirnforscher die hier vorgestellten Ansichten. Beispielsweise gibt es neuere Ansätze, die in der Zukunft vielleicht wichtige und spannende Ergebnisse liefern können. Einige Wissenschaftler sind auf ein großes Ungleichgewicht in ihrer Forschung aufmerksam geworden: Während es ein umfassendes und systematisches Detailwissen über unterschiedlichste Hirnprozesse gibt, ist das Wissen über den Aspekt, der hier erklärt werden sollte, sehr begrenzt. Über das Erleben selbst wissen wir vergleichsweise wenig und verlassen uns darauf, dass jeder in etwa das Gleiche erlebt, wenn er den gleichen Reizen ausgesetzt wird. Von einer detaillierten Systematik des Erlebens ist die Wissenschaft noch weit entfernt. Die interessante Schlussfolgerung einiger Forscher ist, Meditation als ein über Jahrtausende erprobtes und systematisiertes Werkzeug zur Erforschung des Erlebens einzusetzen. Es bleibt abzuwarten, ob dieser Ansatz breitere Anerkennung findet und sich die Labore der Hirnforscher mit meditierenden Versuchspersonen füllen.[44]

Was fangen wir nun mit all dem Gesagten an? Ich hoffe, es ist deutlich geworden, dass die Neurowissenschaften enorme Fortschritte im Verständnis der Hirnprozesse, die mit unserem Erleben in Verbindung stehen, gemacht haben. Diese Erkenntnisse werden unter anderem sehr hilfreich sein, um intelligentere Roboter zu bauen. In der Medizin wird das Wissen sehr erfolgreich bei der Entwicklung von Kochleaimplantaten (Hörschnecke) und künstlichen Netzhäuten eingesetzt, mit deren Hilfe Menschen wieder hören und sehen können.

Wenn wir jedoch unseren Geist und unser Bewusstsein verstehen wollen, dann – so sollte klar geworden sein – ist der wissenschaftliche Zugang allein nicht ausreichend. Erläuterungen des Themas können hilfreich sein (und ich hoffe, diese ist es auch), um Missverständnisse auszuräumen und eine klarere Sichtweise darüber zu entwickeln, wie sich unser Geist und seine Funktion Bewusstsein nicht erklären lassen. Sie sollten eine Gewissheit vermitteln, dass jeder Ansatz, der darauf beruht, Subjekt und Objekt als getrennte Einheiten zu betrachten, nur eine begrenzte Aussagekraft haben kann. Dagegen kommt wirkliche Erkenntnis genau dann zum Vorschein, wenn wir all dies gehen lassen können, um in dem zu verweilen, was wirklich ist. Wenn wir bewusst sind, ohne einer Sache bewusst zu sein, wenn ein natürlicher, nicht an Konzepten und Vorstellungen haftender Zustand eintritt, wird plötzlich die grundlegende Seinsweise aller Phänomene erlebt. Um mit einer Einsicht von Lama Ole Nydahl zu schließen:

„ … es geschieht ja immer etwas, außen wie innen, was Unerleuchtete tatsächlich für wirklich halten. Der Geist als Erleber ist der zeitlose Raum. Was äußerlich wie innerlich entsteht, sich ändert, wahrgenommen wird und wieder verschwindet, ist dessen Klarheit. Dass es beides gleichzeitig geben kann, in ständigem Austausch begriffen und ohne sich gegenseitig zu behindern, zeigt seine Unbegrenztheit. Der Geist kann sich ohnehin nur jenseits aller Begriffe wirklich erkennen. Dies geschieht am Schnellsten durch die ganzheitlichen Gefühle von Dankbarkeit, Vertrauen und Offenheit, früher Hingabe genannt. Ein so hautnahes Streben nach Erfüllung lässt Erwartung und Befürchtung immer weniger Raum. So werden Vorstellungen von Sein und Nicht-Sein wurzellos, und der Geist muss sich erfahren.“ [45]

ANMERKUNG:

Teile dieses Kapitels wurden bereits veröffentlicht unter: Malinowski, P. (2003). Das Gehirn – Quelle des Bewusstseins. *Buddhismus Heute,* 35, S. 78-85.

QUELLEN

1 Lama Ole Nydahl, Das Große Siegel: Raum und Freude grenzenlos. Die Mahamudra-Sichtweise des Diamantweg-Buddhismus, Joy Verlag, Sulzberg 1998, S. 1. Siehe auch Lama Ole Nydahls Kapitel über ‚Freude' in diesem Buch.

2 Christopher deCharms, Two Views of Mind: Abhidharma and Brain Science, Snow Lion Publications, Ithaca (NY) 1997.

3 z. B.: B. Allan Wallace (Hrsg.), Buddhism and Science: Breaking New Ground, Columbia University Press, New York 2003.

4 z. B.: Dalai Lama XIV, Jeremy W. Hayward, Francisco Varella, Gewagte Denkwege. Wissenschaftler im Gespräch mit dem Dalai Lama, Piper Verlag, München 1998.

5 Wie das Mind&Life Institute in Boulder (USA): http://www.mindandlife.org.
6 Dabei folge ich in den Grundzügen Adam Zeman, Consciousness: A User's Guide, Yale University Press, New Haven 2002.
7 Jonathan Shear & Ron Jevning, Pure Consciousness: Scientific Exploration of Meditation Techniques, in: Francisco Varela & Jonathan Shear (Hrsg.), The View from Within: First Person Approaches to the Study of Consciousness. Imprint Academic, Thorverton, UK 1999, S. 189-209.
8 Ähnliche Studien verwenden den sogenannten „Rouge-Test", bei dem getestet wird, ob das Kind (oder das Tier) einen heimlich angebrachten Rouge-Fleck entdeckt. Siehe dazu: G. G. Gallup Jr., Chimpanzees: Self-recognition, Science, 167, 1970, S. 86-87; G. G. Gallup Jr., Self-recognition in Chimpanzees and Man: A Developmental and Comparative Perspective, Plenum Press, New York 1979.
9 fragmentarische Erkenntnis (Tib. nam she) wird üblicherweise mit Bewusstsein gleichgesetzt
10 oder Weisheit (Tib. ye she).
11 Shamar Rinpoche, A Change of Expression, Edition Dzambala, 1992, S. 60.
12 Für mache Leser mag es überraschend sein, dass sie die Disziplin „Psychologie" hier im Zusammenhang mit Laborversuchen finden. Im alltäglichen Sprachgebrauch bezeichnen wir ja die Psychologie oft als eine Disziplin, die versucht, geistige Probleme zu verstehen, zu diagnostizieren und zu behandeln. Eigentlich sollte man hier von Klinischer Psychologie und Psychotherapie sprechen. Die akademische Disziplin Psychologie ist viel weiter gefasst, zielt auf das Verständnis von geistigen Prozessen und Verhaltensweisen ab und befasst sich mit dessen Anwendung in vielen verschiedenen Zusammenhängen. Physiologische Prozesse im Gehirn und im zentralen Nervensystem gewinnen dabei zusehends an Wichtigkeit.
13 Heute würde man wohl von kognitiven Zuständen (und Prozessen) sprechen.
14 aus: John B. Watson, Psychology as the Behaviourist Views It, in: Psychological Review, 1913.
15 Eine außergewöhnliche Studie am Max-Planck-Institut für Biologische Kybernetik in Tübingen bestätigte kürzlich die Annahme, dass das durch die MRT-Methode aufgefangene Signal tatsächlich Gehirnaktivität auf Zellniveau darstellt: Nikos K. Logothetis et al., Neurophysiological Investigation of the Basis of the fMRI Signal, in: Nature, 412 (6843), S. 150-157.
16 Hans Berger, Über das Elektroenkephalogramm des Menschen, in: Archiv für Psychiatrie und Nervenkrankheiten, 87, 1929, S. 527-570.
17 Jedes gute Lehrbuch der Biologischen Psychologie enthält weitergehende Informationen zu den Schlafphasen.
18 Für eine ausführliche Übersicht siehe: James H. Austin, Zen and the Brain: Toward an Understanding of Meditation and Con-

sciousness. MIT Press, Cambridge (MA); Michael Murphy & Steven Donovan, The Physical and Psychological Effects of Meditation: A Review of Contemporary Research With a Comprehensive Bibliography, 1931-1996, Institute of Noetic Sciences, Sausalito (CA) 21999 [verfügbar unter: http://www.noetic.org/research/medbiblio/index.htm].

19 R. J. Davidson et al., Alterations in Brain and Immune Function Produced by Mindfulness Meditation, in: Psychosomatic Medicine, 65, S. 654-670.

20 Für weitere Erklärungen ist James H. Austin, Zen and the Brain (s. Punkt 19) ein guter Ausgangspunkt.

21 D. J. Felleman & D. C. Van Essen, Distributed Hierarchical Processing in the Primate Visual Cortex, in: Cerebral Cortex, 1, 1991, S. 1-47.

22 K. M. O'Craven, P. E. Downing & N. Kanwisher, FMRI Evidence for Objects as the Units of Attentional Selection, in: Nature, 401 (6753), 1999, S. 584-587.

23 Als eines von vielen Beispielen möchte ich hier eine Studie meines früheren Lehrers und seines Teams anführen: D. Vorberg, U. Mattler, A. Heinecke, T. Schmidt & J. Schwarzbach, Different Time Courses for Visual Perception and Action Priming, in: Proceedings of the National Academy of Science of the USA, 100 (10), S. 6275-6280.

24 Nähere Erörterungen von Blindsight-Studien finden sich bei: L. Weisskrantz, Consciousness Lost and Found: A Neuropsychological Exploration, Oxford University Press, Oxford, UK 1997.

25 Christoph von der Malsburg, The Correlation Theory of Brain Function, in: Technical Report 81-82, Max-Planck-Institute, Departement of Biophysical Chemistry, 1981.

26 C. M. Gray, P. König, A. K. Engel & W. Singer. Oscilliatory Responses in Cat Visual Cortex Exhibit Inter-columnar synchronization which Reflects Global Stimulus Properties, in: Nature, 338, 1989, S. 334-337.

27 T. Gruber & M. M. Müller, Effects of Picture Repetition on Induced Gamma Band Responses, Evoked Potentials, and Phase Synchrony in the Human EEG, in: Cognitive Brain Research, 13, 2002, S. 377-392.

28 A. K. Engel & W. Singer, Temporal Binding and the Neutral Correlates of Sensory Awareness, in: Trends in Cognitive Sciences, 5 (1), 2001, S. 16.25.

29 Shamar Rinpoche bezieht sich hier auf die ursprüngliche Bedeutung von „Atom": ein Teilchen, das nicht weiter geteilt werden kann.

30 aus: A Change of Expression, op. cit. (vgl. Punkt 9), S. 70.

31 Zen and the Brain, op. cit. (vgl. Punkt 19), S. 93.

32 Das Große Siegel, op. cit. (vgl. Punkt 1), Vers 9, S. 84.
33 Op. cit., Vers 18, S. 152.
34 Op. cit., Vers 9, S. 84.
35 Op. cit., S. 86.
36 S. Parnia, D. G. Waller, R. Yeates & P. Fenwick, A Qualitative and Quantitative Study of the Incidence, Features and Aetiology of Near Death Experiences in Cardiac Arrest Survivors, in: Resuscitation, 48, 2001, S. 149-156;
S. Paria & P. Fenwick, Near Death Experiences in Cardiac Arrest: Visions of a Dying Brain or Visions of a New Science of Consciousness, in: Resuscitation, 52, 2002, S. 5-11;
P. van Lommel, R. Van Wees, V. Meyers & I. Elfferich, Near-death Experience in Survivors of Cardiac Arrest: a Prospective Study in the Netherlands, in: The Lancet, 358, 2001, S. 2039-2045.
37 siehe z. B. Kenneth Ring, Heading Towards Omega: in Search of the Meaning of the Near-death Experience. William Morrow & Co., New York 1984.
38 übernommen aus van Lommel et al., op. cit. (vgl. Punkt 37).
39 Op. cit., S. 2044.
40 J. Lorber, Is Your Brain Really Necessary?, in: Nursing Mirror, 152 (18), 1981, S. 29-30.
41 Eine kritische Auseinandersetzung findet sich bei: J. McCrone, Exploding the 10 Percent Myth, in: Science&Consciousness Review, 2004 [verfügbar unter: http://www.sci-con.org/articles/20040901.html].
42 im Kamala Sutra
43 Peter Harvey, An Introduction to Buddhism: Teachings, History and Practices, Cambridge University Press, Cambridge 1990, S. 30.
44 Für weitere Abhandlungen zu diesem Thema siehe Francisco Varela & Jonathan Shear (Hrsg.), The View from Within: First Person Approaches to the Study of Consciousness, op. cit. (vgl. Punkt 7).
45 Das Große Siegel, op. cit., S. 109.

DER ELEFANT IM GARTEN ODER WIE MATERIALISMUS ZU BEWEISEN WÄRE

DR. RENÉ STARITZBICHLER

Teil III

Im vergangenen Jahrhundert waren es Quanten- und Elementarteilchenphysik, deren Erkenntnisse nicht nur technologisch bahnbrechend, sondern auch von sehr hohem philosophischen Wert waren. in diesem Jahrhundert wird es wohl die Hirnforschung sein, die diesen Platz einnimmt. Entgegen der Physik, deren spannende Erkenntnisse kaum ihren Weg in das Allgemeinwissen geschafft haben, scheint es der Hirnforschung wesentlich besser zu gelingen, die Menschen mit ihren Einsichten zu erreichen. Die Hirnforschung erlaubt heutzutage Einblicke in Bereiche, welche sich lange der unmittelbaren, wissenschaftlichen Untersuchung entzogen haben, wie dem „Selbst" oder dem „Geist" und deren Wirklichkeit. Da noch vor relativ kurzer Zeit eine objektive Ebene fehlte, war viel Raum für Spekulation.

Während man in der Vergangenheit bereits durch den Zusammenhang zwischen einem körperlichen Defekt im Gehirn und dessen Auswirkungen auf Wahrnehmung und Verhalten Grundlegendes über den Zusammenhang zwischen Gehirn, Geist und Selbst lernen konnte, gestattet die gegenwärtige Hirnforschung auch das Verständnis des gesunden Gehirns, bis hin zu seiner zellulären Struktur und seiner biochemischen Funktionsweise. Insbesondere massivere Defekte von Gehirnregionen oder von wesentlichen, neuronalen Funktionseinheiten, die zu dementsprechend deutlichen Veränderungen führten, konnten posthum identifiziert werden.

Die Funktion einzelner Zellen und das Zusammenwirken einiger, weniger Zellen auf der einen Seite, wie auch das Zusammenwirken von großen Zellverbänden, d. h. von Millionen von Zellen, welches zu den vom EEG messbaren Strömen führt, auf der anderen Seite, sind bereits recht gut erforscht. Eine Lücke besteht in dem mittleren Bereich. Wie Prof. Jens Eilers von der Universität Leipzig es ausdrückt: „Es ist, als würde man das Verhalten einzelner Menschen und kleiner Gruppen kennen und dann das von Volkswirtschaften. Was dazwischen liegt, ist noch unbekannt." Auf der Ebene der kollektiven Aktivität ganzer Hirnbereiche werden bestimmte Vorgänge im Geist mit Hirnaktivität korreliert, „in Beziehung gesetzt", und dadurch viele Funktionen des Geistes verstanden.

Um zu ergründen, wie weit Hirnforschung in der Lage ist „Selbst" und „Geist" zu verstehen und zu erklären, wird es notwendig sein, einen etwas weiteren Rahmen zu spannen und einige Begrifflichkeiten näher zu beleuchten. Für diese Untersuchung sollte zwischen den Funktionen des Geistes und der Natur des Geistes unterschieden werden. Die Natur des Geistes, sein Wesen, seine Beschaffenheit, das was er „wirklich ist", ist etwas, von dem man sagen könnte, dass es hinter den Funktionen steht oder ihnen zugrunde liegt, mit ihnen einhergeht, sich dabei allerdings nicht notwendigerweise direkt zeigt. Diese Versteckheit erlaubt verschiedene Ansichten darüber, wie diese Natur aussieht. Interessanterweise hat man sich in der Psychologie, die sich ja eigentlich direkt mit dem Geist und seinen Störungen befasst, weitgehend davon abgewendet, überhaupt zu fragen, was die Natur des Geistes sein könnte, was darauf hinweist, dass es nicht ganz einfach ist, diese festzumachen. Dabei scheint es logisch, dass psychische Störungen besser zu verstehen und zu heilen sind, wenn man weiß, womit man es eigentlich zu tun hat.

Um den Unterschied zwischen der Natur des Geistes und seinen Funktionen zu verdeutlichen: Durch das Verständnis, welches man über die Funktionsweise der Neuronen erlangt hat, ist man in der Lage, dieselben Prinzipien mit elektrischen Schaltungen oder Computer-Programmen nachzuahmen. Diese Nachbauten sind in der Lage, intellektuelle Fähigkeiten wie Erkennen und Lernen erfolgreich zu imitieren. Die in vielen Bereichen angewendeten simulierten neuronalen Netze sind ein Beleg dafür, dass man die Grundlage bestimmter Funktionen bereits recht gut verstanden hat.

Wesentlich ist hierbei, dass die Nachahmungen keinerlei Bewusstsein benötigen, bzw. haben. Das heißt zum einen, dass man so etwas wie Bewusstsein nicht als „Zutat" braucht, um Funktionen des Geistes zu erklären. Zum anderen deutet dies bereits darauf hin, dass Bewusstsein sich nicht so einfach als „gewöhnliche" Funktion des Gehirns erklären lässt. Der Begriff des Bewusstseins beinhaltet, dass „jemand sich etwas bewusst ist". Das heißt, dass bei jeder Wahrnehmung drei Elemente beteiligt sind: das Wahrgenommene, der Vorgang des Wahrnehmens, und schließlich das, was wahrnimmt, das Erlebende.

Während es sich bei der Natur des Geistes um die Natur dessen handelt, was erlebt, bewegen sich die Funktionen des Geistes auf der Ebene der Wahrnehmung, Verarbeitung und des Agierens. Dabei sind äußere Welt, Wahrnehmung und wahrnehmender Geist nicht wirklich voneinander zu trennen. Es ist letztlich immer unsere Wahrnehmung, die uns mit der äußeren Welt verbindet.
Beispielsweise kann man streng genommen nicht behaupten, dass ein Gegenstand wirklich grün sei, sondern nur, dass er uns grün erscheint: Lichtteilchen (Photonen) werden von Objekten absorbiert und reflektiert. Die reflektierten Photonen werden dann im Auge von Rezeptor-Proteinen in elektrochemische Signale verwandelt, die dann in ihrer weiteren Verarbeitung im Gehirn zu dem Sinneseindruck grün führen. Das eigentliche Objekt selbst ist an sich nicht grün, dort sind nur Elektronenhüllen. Die Wahrnehmung wiederum ist durch frühere Eindrücke geprägt.

Der Wahrnehmung kommt offenbar eine besondere Rolle zu. Gerne hätte man eine ungetrübte Quelle der Information über die Welt. Dem Wahrheitssuchenden mag die Begrenztheit dieses Wunsches sicherlich betrüblich stimmen, aber ein genauerer Blick zeigt eine eher schwierige Lage: Da ist zunächst die unmittelbare Reizaufnahme durch die Sinnesorgane. Diese Information ist an dieser Stelle nur durch die (begrenzten) Möglichkeiten unserer Sinnesorgane beschränkt, als solches aber noch unbeeinflusst, wird dann aber in einem komplexen Ablauf von Zerteilung, Filterung, Überlagerung mit früheren Wahrnehmungen, Zuordnungen, Bewertungen bearbeitet und schließlich noch mit einer emotionalen Einfärbung versehen.

Das Endprodukt einer Wahrnehmung hängt stark von der vorherigen Bearbeitung ab. Nur etwa 5% dessen, was wir visuell wahrnehmen, ist aktuelle Wahrnehmung, der Rest wird vom Gehirn hinzugefügt, berechnet aus vorherigen Wahrnehmungsmomenten. Über die vielfältigen Möglichkeiten das Gehirn, also unsere Wahrnehmung, zu täuschen, wurden ganze Bücher geschrieben.
Aus der Betrachtung des Wesens der Wahrnehmung wird ersichtlich, dass die Art, wie die Dinge uns erscheinen, nicht notwendigerweise in Übereinstimmung mit der Natur der Dinge sein muss. Mit der Natur ist gemeint, was die Dinge wirklich

sind. Diese muss keineswegs identisch damit sein, wie sie uns erscheinen, entweder direkt durch unsere Wahrnehmung oder durch wissenschaftliche Methoden. Wirft man einen Blick auf die Elementarteilchenphysik, die sich mit den Bausteinen dessen befasst, was wir als wirklich erleben, kommt man zu der Einsicht, dass wir nicht sagen können, was diese kleinsten Teilchen sind, wir können nur sagen, wie sie uns erscheinen. In Bezug auf den Geist gilt zunächst eine analoge Limitierung.
Daraus, dass es keine spezielle, körperliche Entsprechung in der Gehirnaktivität für Bewusstsein gibt, sondern vielmehr mit den anderen Funktionen einhergeht, könnte man schließen, dass Bewusstsein weniger eine Funktion des Geistes ist, sondern vielmehr mit der Natur des Geistes zu tun hat. Da aber Bewusstsein auch Schwankungen unterworfen ist, gehört es letztlich zu den Funktionen des Geistes, allerdings einer, die enger mit der Natur des Geistes verknüpft ist. Es hat eine Sonderstellung insofern, dass es mit vielen körperlichen und geistigen Aktivitäten einhergeht, dass man sich dieser bewusst sein kann, andererseits gerade viele der körperlichen Funktionen auch funktionieren, ohne dass man sich dieser bewusst sein müsste oder könnte.

„Das, was wahrnimmt" wird im Allgemeinen als „Ich" oder ein „Selbst" erlebt. Es ist sinnvoll, eine Unterscheidung von „Erleber" und „Selbst" aufrechtzuerhalten, da der Begriff des „Erlebers" neutraler ist, d. h. weniger Eigenschaften des „Selbst" in sich birgt, die zuvor untersucht werden sollten. Die Wahrnehmung eines „Selbst" ist ein wesentlicher Aspekt des Geistes, dessen genauere Untersuchung ebenfalls mit der Natur des Geistes verbunden ist, da diese Grundlage aller mit dem Geist verknüpften Erscheinungen ist. Verschiedene Vorstellungen von dieser Natur führen zu unterschiedlichen Sichtweisen über das Selbst. Es lassen sich drei mögliche Sichtweisen bezüglich der Natur des Geistes unterscheiden, wohingegen es zu der Wirklichkeit des Selbst ein kontinuierliches Spektrum von Sichtweisen auf dem Weltmarkt der Philosophien und Religionen gibt.

Um von einem „Selbst" sprechen zu können, müssen mehrere Bedingungen erfüllt sein. Neben der erwähnten Abgrenzung vom Außen und vom „Anderen", müsste das „Selbst" auch für sich alleine bestehen können. Gäbe es das „Selbst" nur, weil oder solange etwas anderes da ist, kann man nicht sagen, dass es für sich selbst existiert. Dies deutet darauf hin, dass ein „Selbst" nicht mal auftauchen, dann wieder verschwinden könnte, um ernst genommen werden zu können. Auch müsste man eine gewisse Einheit von dem „Selbst" fordern. Sonst wäre das Selbst zusammengesetzt aus Bestandteilen, die wiederum ihrer Natur nach entweder „Selbst" sind, oder etwas anderes. Beide Möglichkeiten ergeben aber keinen Sinn.
Der Punkt, an dem sich drei verschiedene Vorstellungen oder Definitionen vom Geist genau voneinander unterscheiden lassen, ist der des Sterbens: ob alles Erleben im Moment des Todes endet oder sich darüber hinaus fortsetzt.

Wäre der Tod das Ende allen Erlebens, dann wären Bewusstsein und Selbst unmittelbare Produkte des Gehirns, d. h. Geist und Körper wären eine untrennbare Einheit, sie wären eins. Dies sollte nicht verwechselt werden mit dem Begriff der Nicht-Dualität, wie er in den alten östlichen Philosophien verwendet wird. Die materialistische Sicht, dass das Gehirn das Bewusstsein erzeugt, ist eine Sicht der Einheit zwischen Körper und Geist, jedoch die der Trennung, der Zweiheit, zwischen Objekt und Subjekt, d. h. der vollkommenen Trennung von erlebendem Geist und der erlebten äußeren Welt.
Materialismus hat im Wesentlichen zwei Aspekte, einen körperlichen und einen geistigen: der geistige, um den es hier geht, ist die Sicht, dass das Gehirn Erzeuger des Bewusstseins sei. Der physische ist der, dass die Materie, die dem Bewusstsein zugrunde liegt, real ist. Materialismus ist zwangsläufig rein diesseitig, eine über den Tod hinausgehende Erfahrung kann es in diesem Weltbild nicht geben.
Im Falle, dass das Erleben nicht im Tod endet, dass also etwas hinter den Erfahrungen steht, was nicht vom Gehirn erzeugt wird, gibt es zwei weitere Möglichkeiten, die zu klar unterscheidbaren Weltbildern führt. Entweder ist das, was hinter den Erfahrungen steht, geschaffen worden, oder es hat keine weitere äußere Ursache. Ersteres ist die Grundlage der alttestamentarischen Schöpferreligionen. In diesen findet sich das, was hier bislang Geist genannt wurde, in dem Begriff der Seele ausgedrückt.

Die Sicht, dass der Geist nicht aus einer äußeren Ursache heraus entstanden ist, wird in mehreren östlichen Philosophien wie Taoismus und Buddhismus gelehrt. Diese Sicht wird in den meisten Diskussionen zur Hirnforschung vernachlässigt. Meistens wird nur eine materialistische Interpretation versus einem Schöpfergott und damit unvollständig diskutiert.

Wie bereits erwähnt, hat diese analytische Zuordnung in Bezug auf die Natur des Geistes den Vorteil, zu genau drei voneinander abgegrenzten Weltbildern zu führen. Demgegenüber gibt es in der Erscheinungsweise, wie ebenfalls erwähnt, eine Vielzahl von Kriterien, die zu einer noch größeren Zahl von ineinanderfließenden Abstufungen führt. Obwohl sich in Bezug auf Individualität sehr unterschiedliche Sichweisen finden lassen, die zu dem kontinuierlichen Spektrum von Vorstellungen des „Selbst“ führen, hat dennoch jedes der Weltbilder nur eine bestimmtes Maß an Möglichkeiten, ein „Selbst“ zu definieren, welches immer eine Trennung impliziert.
Während im Materialismus Bewusstsein wie auch das „Selbst“ Produkte des Gehirns sind und damit keine eigene Wirklichkeit besitzen, hat in der Idee einer Seele der Erlebende eine eigene Wirklichkeit und auch ein gewisses Maß an Individualität, die erhalten bleibt. In einer naiven Vorstellung geht man ungefähr so, wie man sich selbst gegenwärtig wahrnimmt, nur ohne Gebrechen oder Schwächen, in den Himmel. Allerdings kann die Seele keine wirklich eigenständige Individualität darstellen, da sie geschaffen wurde und von ihrem Schöpfer nicht

getrennt sein könnte. Wenn man selbst nicht Gott ist oder zu ihm werden kann, sind Schöpfer und Schöpfung nicht das Gleiche. Dies hieße aber, dass der Schöpfer die Dinge und vor allem die Seelen aus etwas anderem heraus als sich selbst geschaffen hat, d. h. aus etwas, das unabhängig von ihm existiert, also nicht seine Schöpfung ist.

Die Position des Buddhismus ist in diesem Zusammenhang komplex: Die Grundlage allen Erlebens, der Geist, ist weder erzeugt worden, noch kann er zerstört werden. Obwohl der Geist nichts Dingliches ist, hat er Eigenschaften, die zwar zu jeder Zeit vorhanden sind, aber normalerweise nicht wahrgenommen werden. Dennoch wohnt jedem Wesen das vollständige Potenzial inne, ein Buddha zu werden. Es ist das Ziel des Buddhismus, dieses Potenzial freizulegen. Dass, was üblicherweise als Selbst erlebt wird, hat wenig Wirklichkeit, es ist zusammengesetzt aus einer Vielzahl sich ständig ändernder Geistesfaktoren, wie Erinnerungen, Wahrnehmungen, Emotionen, Denk- und Handlungsmuster mit denen man sich gewohnheitsmäßig identifiziert, in denen aber keine Einheit, nicht das Selbst zu finden ist. Die einzelnen Bestandteile der Wahrnehmung eines Selbst ändern sich ständig aufgrund von äußeren Bedingungen, haben zu wenig dauerhaften und unabhängigen Bestand um ihrerseits Grundlage eines wirklich existierenden Selbst zu sein. Die buddhistische Sicht ist konsequent nicht-dualistisch, d. h. jenseits der Extreme von Sein und Nicht-Sein, Wirklichkeit oder Nichts, Einheit und Zweiheit, Einssein oder Getrenntsein. Die Elemente, die den Körper und die äußere Welt formen, der Vorgang des Wahrnehmens, und das, was wahrnimmt, sind weder voneinander getrennt, noch sind sie ein- und dasselbe. Obwohl dem Geist Absolutheit zugemessen wird, wird auf der anderen Seite die Schwierigkeit (die in der Psychologie zum Abwenden von dieser Frage geführt hat) den Geist an sich zu definieren zum Gesetz: Dem Geist an sich kann keinerlei benennbare Eigenschaft, wie Ort, Größe, Farbe, Geschmack, zugeordnet werden, da er sie einfach nicht hat.

Was hat das alles mit der Hirnforschung zu tun? Nichts mit den eigentlichen Forschungsergebnissen, aber sehr viel mit den Rückschlüssen, die aus ihnen gezogen werden. In den meisten Fällen findet gerade in diesem Forschungsbereich neben der reinen Darstellung der wissenschaftlichen Erkenntnisse eine darüber hinausgehende Interpretation statt. Und genau diese Interpretationen haben sehr viel mit diesem Hintergrund zu tun, nur das im Allgemeinen nicht auf ihn eingegangen wird.

Es ist notwendig, zwischen wissenschaftlicher Erkenntnis und deren Interpretation zu unterscheiden. Die zunächst reine Beobachtung kann grob in zweifacher Weise interpretiert werden. Mit der wissenschaftlichen Beobachtung eng verbunden ist die Interpretation im Rahmen der Modelbildung, welche einer Datenmenge einen Erklärungsrahmen liefert und im weiteren Vorhersagen gestattet. Darüber hinaus kann eine wissenschaftliche Beobachtung in einem umfassenderen, philosophischen Rahmen menschlicher Existenz gedeutet werden. Hier soll der Unterschied zwischen reiner Beobachtung und philosophischer Interpretation im Rahmen der Hirnforschung hervorgehoben und untersucht werden. Jede Modelbildung oder Interpretation (und damit in gewissem Maße auch die Beobachtung selbst) ist sowohl durch frühere Modelle als auch durch ein stets, aber in unterschiedlichem Maße vorhandenes Wunschdenken, beeinflusst.

Ein wesentlicher Punkt dieses Textes befasst sich mit den verschiedenen Möglichkeiten, diese Forschungsergebnisse zu interpretieren, d. h. um das Einbetten isolierter wissenschaftlicher Beobachtung in ein umfassendes Weltbild, nicht um eine vollständige Darstellung des sich ohnehin ständig erweiternden Wissensstandes. Kernfrage ist dabei, ob man aus den Ergebnissen rückschließen kann, ob Bewusstsein ein Produkt des Gehirns ist oder nicht, ob sich damit eine der Weltauslegungen wie Materialismus, Christentum oder Buddhismus wissenschaftlich beweisen oder widerlegen lassen.
Übereinstimmungen zwischen Forschung und Weltbildern, die im Allgemeinen vollkommen unterschiedliche Methoden und Ziele haben, sind natürlich bemerkenswert. Beispielsweise stimmen die weiter gefasste Hirnforschung und der sich stark mit Wahrnehmung auseinandersetzende Buddhismus darin überein, dass Wahrnehmung als grundlegend getäuscht, bzw. täuschbar verstanden wird, und das sich bislang nichts finden lässt, das mit einem „Ich“ in Verbindung gebracht werden könnte.

Anstelle dieser Übereinstimmungen sollen hier jedoch die Unterschiedlichkeiten untersucht werden. Auch würde eine vollständige Vergleichsstudie den Rahmen dieses Textes sprengen. Daher konzentriert sich dieser Text auf eine Analyse des bereits erwähnten Kernpunkts, zu dem deutlich verschiedene Vorstellungen existieren. In den Medien finden sich zahlreiche Stellungnahmen von Wissenschaftlern, die behaupten, dass der Geist vom Gehirn erzeugt würde - die entgegengesetzte Sicht zu der des Buddhismus. Es lohnt sich, zu untersuchen, ob dies nur eine Annahme ist oder als bewiesene Tatsache gesehen werden kann.

Die Forschungen, die für diesen Gegenstand relevant sind, untersuchen den Zusammenhang zwischen Hirnaktivitäten und Funktionen des Geistes, wie Erkennen, Erinnerung, Gefühle, Assoziationen, Logik, usw. Es ist weithin akzeptiert, dass alle geistigen und körperlichen Prozesse mit spezifischen Aktivitätsmustern einhergehen. Zusätzlich führt eine Störung der Vorgänge im Gehirn zu einer Störung der geistigen und körperlichen Vorgänge. Das Einhergehen der Hirnaktivität mit ihrer geistigen Entsprechung ist die Beziehung zwischen Gehirn und Geist, welche experimentell vielfach beobachtet wurde und die als bewiesen angesehen werden kann. Diese Korrelation ist jedoch in Übereinstimmung mit allen Interpretationen wie Materialismus, genauso wie Schöpfer-Religionen wie dem Christentum oder auch „Philosophien“ wie Buddhismus, in denen der Geist in seiner grundlegenden Natur ohne Ursache gesehen wird. Leider wird dennoch häufig dieser Zusammenhang bereits als Beweis für Materialismus missverstanden.

Dass körperliche Aktivität gemeinsam mit geistigen Vorgängen auftritt, wird fälschlicherweise als Beleg dafür gesehen, dass körperliche Vorgänge die einzige Ursache für geistige Vorgänge wie Bewusstsein seien. Ein Beispiel dafür ist eine Ausgabe des Magazins Spiegel mit dem Titel „Der gedachte Gott". In dem entsprechenden Artikel wird beschrieben, dass die Erfahrung, einem Gott nahe zu sein, mit einer speziellen Aktivität im Gehirn verbunden ist. Allein aus dieser Korrelation haben Wissenschaftler in dem Artikel geschlossen, dass dies bereits der Beweis für die Nicht-Existenz Gottes sei. Derselbe logische Fehlschluss wird dort und an anderer Stelle wiederholt auf jegliche Art von spiritueller Erfahrung angewendet. Wie so häufig wurde auch hier ausschließlich Materialismus gegen Schöpfertum diskutiert und dabei die dritte Möglichkeit außer acht gelassen, die eines nicht-bedingten Geistes, der weder Ursache noch eine materielle Essenz hat.

Folgendes Beispiel illustriert den Fehler in der Schlussfolgerung der Nicht-Existenz eines Gottes: Wenn jemand einen Elefanten auf sich zu rennen sieht, wird sicherlich eine ganz spezifische Aktivität im Gehirn verursacht. Würde das gleiche Muster künstlich stimuliert, könnte dies sogar dazu führen, dass der Elefant wahrgenommen wird, ohne physisch da zu sein. In diesem Falle würde wohl kaum jemand dem Elefanten an sich jegliche Existenz absprechen, nur weil durch die Stimulation gleichzeitig eine bestimmte Aktivität im Gehirn festzustellen ist.
Dieses Beispiel zeigt, das die Messung eines bestimmten Aktivitätsmusters allein nicht als Beweis für die Existenz bzw. Nicht-Existenz des dabei wahrgenommenen Objektes geeignet ist.

Obgleich die Existenz oder Nicht-Existenz Gottes nicht das Thema dieses Artikels ist, haben ein nicht-bedingter Geist und die Idee eines Gottes gemein, dass sie sich wissenschaftlicher Untersuchung entziehen - im Gegensatz zu dem Elefanten. Ein nicht-bedingter Geist, welcher nicht durch das Gehirn erzeugt oder erschaffen wird, ist notwendigerweise nicht materieller Natur.

Da der nicht-bedingte Geist kein Ding ist, muss er nicht notwendigerweise in Wechselwirkung mit Materie treten, wenn er nicht mit einem Körper verbunden ist, d. h. er muss nicht nachweisbar sein durch wissenschaftliche Methoden.
Eine Messung beruht auf der Wechselwirkung von Objekten, eine Voraussetzung, welche nicht auf einen nicht-bedingten Geist zutrifft. Dennoch wird jede „Bewegung" des Geistes durch entsprechende Gehirnaktivität reflektiert, solange der Geist mit einem Körper verbunden ist. Allein durch die Beobachtung der Funktionen des Geistes und deren Ausprägung im

Gehirn ist es nicht möglich darauf zu schließen, ob ein nicht-bedingter Geist hinter den Erfahrungen existiert oder nicht.

Was wäre dann nötig, um Materialismus zu beweisen und ihn davor zu bewahren, nur ein Glaube zu sein? Um Materialismus zu belegen, müsste bewiesen werden, dass es kein Bewusstsein ohne Hirnaktivität geben kann. Dies wäre extrem schwierig zu zeigen. Den Zusammenhang zwischen Gehirn und Geist zu messen, ist dafür eben nicht genug. Selbst, wenn man niemals einen Bewusstseinsvorgang ohne entsprechende Hirnaktivität beobachten könnte, wäre dies immer noch kein Beweis. Dass man etwas nicht finden kann, ist kein wirklicher Beweis dafür, dass es nicht existiert.

Wesentlich einfacher wäre es, Materialismus zu widerlegen. Sobald es eine Wahrnehmung gibt, ohne dass elektrochemische Ströme durch das Netzwerk der Gehirnzellen fließen, ist Materialismus widerlegt. Der Punkt, an dem Wahrnehmung stattzufinden scheint, ohne dass das Gehirn aktiv ist, sind die sogenannten „Nahtod-Erfahrungen".
Sobald es hinreichende, statistische Belege dafür gibt, dass es, unter verlässlichen experimentellen Bedingungen, eine Wahrnehmung gab, während auch in den tieferen Hirnschichten keinerlei Aktivität stattfand, dann wäre Materialismus wissenschaftlich widerlegt. Die meisten der bislang beobachteten Nahtod-Erfahrungen scheinen diesen strengeren Kriterien noch nicht zu genügen.

Hat die Sicht über die Beziehung zwischen Gehirn und Geist eine Auswirkung auf das „normale" Leben, oder ist dies eine rein philosophische Frage? Die Konsequenzen der materialistischen Sicht auf Ethik, Rechtsprechung und Psychologie sollen im Folgenden kurz beleuchtet werden.

Eine reiche philosophische Tradition bildet die Grundlage für die deutsche Rechtsprechung. Es wird von einem mündigen Bürger ausgegangen, mit der Fähigkeit zur Vernunft, der seine Entscheidungen in gewisser Weise „frei" treffen kann. Bestrafung ist keine Rache oder Zurückzahlen, sondern dient vielmehr dazu, größeren Schaden zu vermeiden. Je stärker der Einfluss von Bedingungen, die zu dem begangenen Verbrechen führten, desto weniger frei war die Entscheidung und desto weniger schwer die Strafe.

Es gibt hochrangige Juristen, die einen Siegeszug des Materialismus fürchten, da dies dann Kriminellen die Möglichkeit geben würde, sich auf Schuldunfähigkeit zu berufen, da sie ihre Entscheidungen grundlegend nicht frei treffen könnten. Auf der Basis von Materialismus kann es keinen wirklich freien Willen geben und daher auch keine freien Entscheidungen. Alles wäre festgelegt durch das Gehirn, und damit könnte niemand als verantwortlich für seine Taten gelten.

Tatsächlich gibt es einen Grund dafür, die Auswirkungen des Materialismus zu fürchten, aber nicht dahingehend, dass niemand mehr ins Gefängnis käme. Sollte es sich unwiderlegbar zeigen, dass es keinen freien Willen gibt und damit keine freie Entscheidung, dann wäre die Grundlage der deutschen Rechtsprechung zerstört und müsste daher vollkommen erneuert werden. Anstelle der Möglichkeit für Kriminelle, sich auf eine Schuldunfähigkeit zu berufen, müsste die Gesetzgebung dahin geändert werden, dass Strafe zu einer Rückzahlung wird - ohne mildernde Umstände. Anstelle von leeren Gefängnissen würde jeder gleich bestraft, unabhängig von den Umständen. Dies wäre eine wesentliche Änderung des Rechtsystems in Deutschland und anderen demokratischen Ländern. In diesen Ländern beruht das Rechtssystem auf dem Erbe von Immanuel Kant: Natur ist festgelegt durch die Gesetze der Physik, aber unser Wille ist nicht Gegenstand dieser Gesetze und kann daher frei handeln.

Es wäre nicht einfach, einen freien Willen auf der Grundlage des Materialismus zu begründen: Wenn der Geist ein Produkt des Gehirns sein sollte, dann gäbe es nichts, was eine wirklich freie Entscheidung treffen könnte. Ohne Essenz wie einem nicht-bedingten Geist, könnte freier Wille nur eine Kombination aus Komplexität und Unschärfe in der Funktion des neuronalen Netzwerkes sein. Obwohl man damit sicher schon recht weit käme, ist dies letztlich doch eine etwas limitierte Vorstellung von Freiheit.

Die buddhistische Sicht ist jenseits der Extreme von freiem und nicht-freiem Willen: Auf der Ebene seiner Natur ist der Geist vollkommen frei, aber solange diese Ebene nicht realisiert wird, ist man in den Umständen gefangen. Buddhistische Meister sagen, dass unsere Entscheidungen normalerweise zu 50% durch die äußeren Bedingungen festgelegt sind – d. h. es gibt die Möglichkeit, Situationen zu verändern. Solange man sich als wirkliches und unabhängiges Selbst erlebt, ist man gefangen in einer Illusion und damit nicht frei. Sobald die limitierte Idee eines Selbst überwunden ist, ist man frei von allem Leiden, aber das Selbst, das sagen könnte „Ich bin frei", „existiert" nicht mehr.

Dies bedeutet, dass es im Wesentlichen zwei Ebenen von Freiheit gibt. Erstens, der freie Wille, der mit der Idee eines Selbst verknüpft und daher Teil der Illusion ist. Die zweite Ebene führt zur Wahrnehmung jenseits eines Selbst. Es ist der Zustand der Buddhaschaft, welcher frei von jedem Leiden ist, und der durch die Realisation der unbedingten Natur des Geistes erreicht wird. Dabei geht es nicht, wie häufig missverstanden, um die Auslöschung des Ichs, sondern um die Überwindung der begrenzenden Wahrnehmung eines Ichs und des daraus resultierenden „Um-Sich-Selbst-Kreisens". Im Materialismus kann man dem Ich, da es Produkt des Gehirns ist, keine Wirklichkeit beimessen, man bleibt aber weiterhin in der Wahrnehmung eines solchen gefangen.

Zu Beginn dieses Artikels wurde die Beziehung zwischen Geist und Gehirn untersucht. Es wurde betont, dass der nicht-bedingte Aspekt des Geistes außerhalb der Reichweite wissenschaftlicher Methoden der Hirnforschung liegt. Dann wurde diskutiert, wie verschiedene Sichtweisen über die Beziehung zwischen Gehirn und Geist zu verschiedenen Ebenen eines freien Willen führen. Ein nicht-bedingter Geist erlaubt im Prinzip, die größte Freiheit.

Die Sicht hat nicht nur Auswirkungen auf das Rechtssystem der äußeren Welt. Sie hat auch einen psychologischen Effekt auf den Menschen und darauf, wie ein Individuum mit seinem ethischen Rahmen umgeht.

Um dies zu untersuchen, betrachten wir zunächst die Auswirkung negativer Handlungen in den verschiedenen Weltbildern. Christen haben die Auswirkungen ihrer Taten zu fürchten, denn es erwartet sie das Jüngste Gericht. Auf der anderen Seite können sie auf die Vergebung ihrer Vergehen hoffen. Ein Buddhist hingegen sollte verstehen, dass er entsprechend der Samen, die er sät, Früchte ernten wird. Ohne eine äußere, strafende oder vergebende Kraft kann er in angenehme aber auch in extrem unangenehme Zustände geraten, als direkte Folge seiner eigenen Taten. Alle Eindrücke werden im Geist gespeichert und werden zu genau den entsprechenden Erfahrungen heranreifen: Anderen zu schaden wird zu Leid führen und anderen zu nutzen, wird zu Erfahrungen von Glück führen. Ein Schöpfer ist hierfür nicht notwendig, noch gibt es jemanden, der richtet, alles geschieht im eigenen Geist.

Ein Materialist andererseits muss sich nur einer weltlichen Bestrafung stellen (oder vermeiden), für ihn gibt es sonst nichts zu befürchten. Außer vielleicht, dass im Materialismus der Tod das Ende aller Wahrnehmung bedeutet, was eine beängstigende oder deprimierende Aussicht sein kann. Es bedarf eines hohen Maßes an Rationalität, um mit dieser Sicht dem Tod ohne Furcht entgegenzublicken.

Die unterschiedlichen Auswirkungen negativer Handlungen führen zu verschiedenen Begründungen von Ethik.
Schöpfer-Religionen wie das Christentum haben eine Reihe von Geboten und Verboten, deren Einhaltung verlangt wird. Buddhismus zeigt ganz einfach auf, wie die Dinge miteinander verbunden sind, indem zu jeder Ursache aufgezeigt wird, welche Wirkung aus ihr folgt. Diese Kausalitäten werden zu einer Ethik durch den natürlichen Wunsch eines jeden Wesens, glücklich zu werden. Dadurch wird die reine Beschreibung von Ursache und Wirkung zu Unterweisungen, was zu tun und was zu vermeiden ist, dauerhafte Freude zu erfahren.

Beim Materialismus ist es entweder die Aussicht auf Bestrafung oder der zugrunde liegende Vertrag, der das Zusammenleben regelt und sichert. Dieser Vertrag beruht auf der Einsicht, dass Gesellschaften dadurch gewinnen, wenn auf gegenseitige Schädigung verzichtet wird – sozusagen eine Maximierung von Lebensqualität und Glück für die größtmögliche Anzahl von Menschen.

Nicht einmal die Aussicht, ewig in einer Hölle zu schmoren, konnte Menschen davon abhalten, Verbrechen zu begehen. Dennoch enthalten die Sichtweisen verschieden weit reichende Möglichkeiten, Menschen davon abzuhalten einander zu schaden, oder, wenn sie bereits ein Verbrechen begangen haben, ihnen zu ermöglichen, wieder in eine normale Situation zurückzukehren. Materialismus ist begrenzt in dieser Hinsicht, denn man bräuchte nur schlau genug sein, nicht erwischt zu werden.

Die Strafe eines Gottes wäre hingegen unausweichlich – die perfekte Drohung. Andererseits hilft die Aussicht auf eine „bessere Welt" nach dem Leben vielen dabei, schwere Bedingungen zu ertragen. Durch die Vergebung für reuige Sünder hat das Christentum eine wesentlich stärkere Möglichkeit zur Wiedereingliederung als der Materialismus, welcher nicht in gleichem Maße Halt und Unterstützung vermitteln kann, wie ein väterlicher und mitfühlender Gott. Auf der anderen Seite verleitet das Wissen um die Verfügbarkeit von Vergebung dazu, negativ zu handeln - man erwartet, dass einem vergeben werden wird. Hier gibt es wiederum einen Mangel an logischer Begründung: Warum sollte ein allmächtiger Schöpfer Leiden erzeugen und dieses dann ungleich verteilen.

Der herausragende Nutzen des Buddhismus ist wohl, dass er nicht nur praktische Ratschläge gibt, was sinnvoll ist zu tun und was nicht, sondern vielmehr auch Methoden gibt, um die Absichten umzusetzen. Fast alle negativen Handlungen werden unter dem Einfluss oder der Kontrolle durch negative oder störende Gefühle begangen. Buddhismus bietet eine reichhaltige Auswahl an Methoden, um mit diesen umzugehen. Darüber hinaus gibt es auch Methoden, um mit bereits ausgeführten negativen Handlungen zu arbeiten. Da alles aus dem eigenen Geist heraus entsteht, können alle unerfreulichen oder leidbringenden Eindrücke im Geist entfernt werden. Ein treffendes Beispiel hierfür ist Milarepa, ein tibetischer Meditationsmeister, der, bevor er sich der Meditation zuwandte, viele Menschen umgebracht und dennoch das Ziel buddhistischer Praxis erreicht hat - einen Zustand tiefer Freude, der nichts vom Außen braucht und auch nicht durch Veränderungen im Außen wieder vergeht.

Materialismus bedeutet, dass der Geist keinerlei Wirklichkeit an sich hat. Er bedeutet außerdem, dass Materie wirklich ist. Sonst wäre er Nihilismus, der Glaube nichts sei wirklich. Wenn man jedoch tief in die Struktur der Materie hineinschaut, zeigt sich immer weniger Inhalt. Nur aus der „Ferne" betrachtet, erscheinen die winzigen Teilchen fest und wirklich durch ihre dynamische Wechselwirkung. Ihre eigentliche Natur versteckend, zeigen diese Teilchen ein unerwartetes Verhalten, das jedem starren Konzept von Wirklichkeit entgegensteht.

Eine der Erkenntnisse, welche man aus der Physik ziehen kann, ist, dass man nicht sagen kann, wie die Dinge wirklich sind, sondern nur, wie sie uns erscheinen. In ähnlicher Weise gilt dies auch für den Geist. Wenn der Geist – das, was bewusst ist - kein Produkt des Gehirns ist, ist er notwendigerweise nicht-materieller Natur und entzieht sich damit der direkten wissenschaftlichen Untersuchung. Die Hirnforschung erklärt mit großem Erfolg, wie Zustände und Funktionen des Geistes mit spezifischen Aktivitätsmustern des Gehirns zusammenhängen. Dieser Zusammenhang ist aber noch kein Beweis dafür, dass Bewusstsein ein Produkt des Gehirns ist. Im Gegenteil ist dieser Zusammenhang mit den drei grundlegend möglichen Weltbildern in Einklang: dem Materialismus, der Sicht, dass Bewusstsein vom Gehirn produziert wird, der Idee einer von Gott geschaffenen Seele und dem eines ungeschaffenen und nicht-bedingten Geistes - der Sicht des Buddhismus (bei letzteren beiden ist das Erleben nicht mit dem Tod beendet). Keine der Sichtweisen steht im Widerspruch zu einem engen Zusammenhang zwischen Geistesregung und Gehirnaktivität. Selbst wenn die Hirnforschung eines Tages eine auf allen Ebenen geschlossene und vollständige Beschreibung der Vorgänge im Gehirn geben wird, wäre dies immer noch kein Beweis für die Interpretation des Materialismus. Um diese Sicht letztlich zu beweisen, wäre es notwendig aufzuzeigen, dass es keine bewussten Vorgänge ohne Hirnaktivität geben kann. Wie sollte dieser Beweis geführt werden, wenn das, was man messen kann, stets nur der Zusammenhang von Hirnströmen und Erleben sind?

Sollten hingegen unter „Laborbedingungen" Bewusstseinsvorgänge bei Nahtod-Erfahrungen ohne entsprechende Hirnaktivität auch in tieferen Hirn-Regionen verlässlich dokumentiert werden, wäre die materialistische Sicht eindeutig widerlegt. Bliebe eine solche Beobachtung aus, wäre die Entscheidung, ob Materie, Seele oder Geist die eigentliche Grundlage des Erlebens ist, weiterhin Gegenstand persönlicher Vorliebe oder individueller Erfahrung.

FREUDE

REDE VON LAMA OLE NYDAHL AUF EINEM PSYCHOLOGIESEMINAR IN BASEL, SCHWEIZ.

Was sagen buddhistische Lehren zum Thema Freude? Ich will das Thema aus der weit gefassten Sicht eines „Verwirklichers" (Skt. Yogi) im Tibetischen Buddhismus darstellen.
Grundsätzlich unterscheidet der Buddhismus zwischen bedingter und nicht bedingter Freude, zwischen einer relativen und einer absoluten Art. Relative Freude hat mit Erlebnissen zu tun, absolute Freude mit demjenigen, der erlebt. Betrachtet man die äußere Welt, die Fabriken, Straßen, Häuser und Autos, dann wird klar, dass sie gebaut wurden, weil die Wesen etwas Angenehmes erfahren wollten. Krankenhäuser und Gefängnisse wurden hingegen errichtet, um bestimmte Arten von Leiden zu vermeiden. Genau genommen versuchen die Wesen die ganze Zeit, äußere Bedingungen so zu verändern, dass sie ein angenehmes Ergebnis erhalten. So schön Häuser, Autos oder Landschaften auch sein mögen, sie können keine Freude empfinden.

Das Einzige, was jemals froh sein kann, ist der Geist. Es geschieht alles dort, wo gerade jetzt etwas durch unsere Augen schaut und durch unsere Ohren hört. Daher sind alle Versuche, Freude auf äußere Bedingungen zu gründen, von Natur aus vergänglich und fehlerhaft. Es ist, als wolle man von Ferne etwas mit einem wabbeligen Stock bewegen. Es kann durch bedingte Ursachen einfach keine dauerhafte Freude erlangt werden.

Besonders zum Zeitpunkt des Todes wird klar, dass „das letzte Hemd keine Taschen hat", wie die Dänen sagen. Man kann nichts mitnehmen und daher zählen nur bleibende Werte. Darum ist es klug, seine Zeit dafür zu nutzen, die Ursachen für eine wirklich bleibende Freude zu finden. Da alles Bedingte, Hergestellte oder Geborene von seiner Natur her relativ und vergänglich ist, kann es nicht bestehen und muss wieder vergehen. Daher begegnen Wesen, die sich ihres zeitlosen Geistes nicht bewusst sind, drei Arten von Leiden: Die erste ist der katastrophale Zustand, bei dem nichts funktioniert. So zum Beispiel, wenn man sehr krank ist, die Hälfte der Familie und Freunde sterben, alles auseinander fällt und das Leben ist ein Drama, eine schmerzvolle Tragödie. Die zweite Art von Leiden wird oft fälschlicherweise als Freude angesehen – die Erfahrung des Neuen, dass Dinge sich ständig verändern. Man mag denken: „Oh, die ganze Zeit neue Bilder, wie aufregend", bis ein Moment kommt, in dem man versucht, sie festzuhalten. Das geht natürlich nicht, und am Ende rinnt alles durch die Finger und man fühlt sich verloren. Und schließlich gibt es eine dritte Ebene von Leiden, die sich als Unzufriedenheit oder Frustration ausdrückt. Die meisten Menschen entdecken sie nicht einmal, da sie bereits zu sehr mit den ersten beiden Arten beschäftigt sind. Es ist die Tatsache, dass der Geist fast immer verschleiert ist. Man erinnert sich kaum an gestern und die letzte Woche verblasst bereits. Man hat keine Erinnerungen an die Geburt oder frühere Leben und man weiß nicht, was in Zukunft geschehen wird. Eine oder mehrere dieser drei Arten von Leiden sind immer vorhanden, bis man sie erkennt und damit beginnt, vergängliche Werte gegen solche auszutauschen, denen man wirklich trauen kann.
Auf was in dieser Welt kann man sich wirklich verlassen? Weder auf Materialismus noch auf Nihilismus. Äußere und innere Phänomene sind weder existent noch sind sie nicht-existent. So

wie Gedanken und Gefühle kommen und gehen, so kann man Teile eines Atoms verschwinden lassen, während Partikel aus offenbar leerem Raum wieder erscheinen. Damit haben die beiden zentralen extremen Philosophien heutzutage ihre wissenschaftliche Grundlage verloren. Sein und Nichtsein lassen sich nicht beweisen, sondern müssen als zwei Seiten der gleichen Ganzheit betrachtet werden. Sucht man nach der wirklichen Essenz, dann verschwinden die Objekte wieder, und während man versucht, den Raum leer zu halten, füllt er sich von allein auf. Wenn das so ist, auf was kann man sich dann verlassen? Was hat die Kraft, die Dinge zu halten? Es gibt nur eine Sache, der man absolut vertrauen kann – dem Potenzial des Raumes. Raum ist viel mehr als ein schwarzes Loch oder ein Nichts. Häufig weiß man schon, wer anruft, bevor man die Stimme am Telefon hört. Häufig treffen Briefe von Leuten ein, an die man in letzter Zeit immer wieder denken musste. Das liegt nicht an besseren Augen oder Ohren, sondern geschieht in den Momenten, wenn wir vergessen, von der Ganzheit getrennt zu sein. Wenn wir einfach da sind, nackt, offen und in dem, was geschieht, ruhend, geschehen die Dinge. In solchen Momenten erfahren wir nicht nur durch unsere Sinne, sondern durch die Vibrationen jedes einzelnen Atoms in unserem Körper. Da Raum und Energie innen und außen Ausdruck derselben Ganzheit sind und nicht getrennt werden können, sind wir immer mit allem verbunden. Im Buddhismus wird dies „Wahrheitszustand" genannt, in Sanskrit „Dharmakaya" und im Tibetischen „Chöku". Das bedeutet, dass alles Teil derselben Ganzheit ist. Auf einer anderen Ebene drückt es aus, dass der Raum wie ein Behälter ist, – dass wir uns darin befinden. Dieses Gefühl der Ganzheit bedeutet nicht, dass man die Abstände zwischen den Dingen nicht mehr einzuschätzen braucht. Das benötigt man zum Überleben. Im Laufe der Jahrtausende konnten normalerweise diejenigen überleben und ihre Gene weitergeben, die einschätzen konnten, wie nahe der Tiger war, oder heutzutage, wie dicht der Laster vorbeifährt. Darum sträuben sich viele zunächst, diese Ganzheit zu verstehen. Es gibt jedoch eindeutig mehr Raum hinter den Wesen, als zwischen ihnen. Wenn man sich die Abstände zwischen den Sternen im All bewusst macht, ist sogar Australien ganz nah. Ich rate dazu, diese Sichtweise zu entwickeln. Es ist sehr wichtig, den Raum als etwas zu sehen, das die Wesen verbindet und lebendig ist, als Behälter, der auch Informationen zwischen den Wesen übermittelt.

Raum ist jedoch mehr als Bewusstheit und das macht ihn so spannend: Er ist von Natur aus freudvoll. Die Strahlkraft des Geistes ist viel reicher als die bedingten Erfahrungen, nach denen wir streben. Tatsächlich sind die besten Momente im Leben Geschenke, die erscheinen, wenn man sich selbst vergisst. Es sind Situationen, in denen Gefühle der Trennung verschwinden, wie etwa, wenn wir in den Armen unserer Liebsten liegen – der zeitlose Moment des „Einsseins". Hier kann sich die innere, zeitlose Freude des Geistes manifestieren und sie wird dauerhaft, wenn man jenseits von Hoffnung und Freude im Reichtum des unmittelbaren Erfahrens verweilt. Dieser Zustand ist nicht vom Raum zu trennen, er drückt seine grenzenlosen Qualitäten aus und ist höchst überzeugend. Höchste Freude ist damit untrennbar von der spontanen Einsicht des Geistes und ist eine Übertragung von Weisheit.

Schließlich drückt sich der Raum aufgrund seiner Unbegrenztheit als Liebe aus. Damit ist nicht die Art von Güte gemeint, bei der man als Westler aus einer intelligenten, hoch entwickelten Gesellschaft denkt, man müsste den Wesen in Ghettos und anderen armen Teilen der Welt helfen. Das ist natürlich sehr gut, vor allem, wenn man den Leuten ermöglicht, weniger Kinder zu bekommen. Das ist jedoch nur ein Schatten jener grenzenlosen Erfahrung, bei der Liebe aus dem Erlebnis des Einsseins entsteht. Wenn Subjekt, Objekt und Erfahrung eine Ganzheit sind und man seinen eigenen Wunsch nach Glück nicht von dem der anderen trennen kann, dann befindet man sich im absoluten Zustand. Betrachtet man die Welt, dann fühlt sich das immer natürlicher an. Ganz ohne Zweifel wünschen alle Wesen Glück und möchten Leid vermeiden. Diese vollständige Entfaltung des Geistes wird durch den Großen Weg oder Mahayana-Buddhismus vorbereitet und durch die zahllosen geschickten Mittel des Diamantwegs schnell erreicht. Die drei alten Schulen des Tibetischen Buddhismus, die auf Meditation und Übertragung basieren, versetzen uns besonders schnell in diesen Zustand. Unter Namen wie Großes Siegel oder Große Perfektion, werden Basis, Weg und Ziel befreiend. Besonders in der Kagyü-Linie sind der Spiegel und seine Strahlkraft nie getrennt. Raum und Freude werden als Einheit verstanden. Was durch unsere Augen schaut und durch unsere Ohren hört, ist klares Licht. Es ist nichts Äußeres. Es ist jedoch auch kein Leuchten das eines Projektors. Es ist ein ständiger Zustand von Frische, ein spannendes Hier und Jetzt, und spontane Einsichten erscheinen in direkter Verbindung mit der Erfahrung selbst. Ein mit jeder Erfahrung verbundenes, ständiges „Aha" ist wahre Freude und das Ziel.

Ein solch andauernder Zustand lässt sich jedoch nur ganz verwirklichen, indem man untersucht, wer man wirklich ist. Durch eine solche Analyse gelangt man zu der Überzeugung, dass man nicht der Körper sein kann. Körper ändern sich die ganze Zeit. Sie werden geboren, sterben irgendwann und befinden sich gerade jetzt in stetigem Wandel. Was keine dauerhafte Natur besitzt, kann nicht wahrhaft existieren. Die Erfahrung, nicht der Körper zu sein, überrascht die Leute zunächst, aber dann ist es eigentlich eine Erleichterung. Wer will schon etwas sein, das alt und krank wird und stirbt? Ein vergänglicher Körper kann offensichtlich nicht die Grundlage für wahre Freude sein.

Frustriert über den Körper identifizieren sich manche Leute dann mit ihren Gedanken und Gefühlen. Das ist jedoch noch weniger überzeugend. Die Geisteszustände der Wesen wechseln noch viel deutlicher, als ihre äußeren Hüllen. In einem Dialog in Goethes „Faust", zwischen dem Teufel (Mephisto) und Faust, bemerkt Mephisto, dass sich nichts schneller ändert, als die Gefühle der Wesen. Wer sich mit den bedingten Zuständen des Geistes identifiziert, wird wirklich verwirrt. Die einzigen wahren Gefühle, unveränderlich und zeitlos wie der Ozean unter den Wellen, sind Furchtlosigkeit, Freude und Mitgefühl. Sie entstehen nämlich nur aus einer Ursache, die sich niemals ändert: dem strahlenden und grenzenlosen Raum des Geistes. Nur der Raum ist nicht erschaffen und existiert aus sich selbst heraus. Wie bereits erwähnt, ist er von Natur aus reich und spielerisch, und als Behälter ist er grenzenlos. Er drückt mühelos Mitgefühl aus und vereint alles.

Das ist das Ziel von Buddhas Lehren. Er will, dass die Wesen erleben, dass sie der Ozean sind und nicht die Wellen, mit dem Ziel, alle zu befreien, indem er ihnen den Spiegel hinter den Bildern zeigt. Wer sich selbst als wissende Strahlkraft erleben kann, wird nicht von dem Strom dessen, was gewusst wird, gestört. Das möchte Buddha den Wesen vermitteln. Die grenzenlose Freude, die er aufzeigt, erfährt man, indem man den Geist selbst erkennt. Versteht man, dass er ungeboren und nicht erschaffen ist, dann wird alles im Leben zu einem Geschenk.

Hat man gelernt, seiner innewohnenden Buddhanatur zu vertrauen, dann bieten die Meditationen des Diamantwegs die Möglichkeit, mittels Form oder Abstraktion, mit dem Geist zu arbeiten. Die Form nutzt eine Aufbau- und eine Verschmelzungs- oder Auflösungsphase. Dabei erscheinen die Buddhas vor uns oder oberhalb als Formen aus Energie und Licht. Die Rückkopplung beeinflusst die Bewegungen in den Energiebahnen des Körpers. Das ist ein sehr freudvolles Erlebnis und pflanzt die Samen für überpersönliche Qualitäten und Fähigkeiten. Wenn der Buddhaaspekt sich verdichtet, bildet man eine zusätzliche Schwingungsbrücke – ein Mantra – zwischen sich und der Lichtform. Am Schluss löst man sie in Licht auf und lässt sie mit sich verschmelzen, so natürlich wie Wasser in Wasser fließt oder Licht in Licht strahlt. Dabei verschwindet jegliche Form und es gibt nur noch Bewusstheit. In ihrem grenzenlosen Raum, jenseits von Erleber, Erleben oder Erlebtem, ist Bewusstheit ohne Mitte oder Grenze, es gibt weder Hier noch Dort. Dieser Geist erkennt seine zahllosen Qualitäten aus eigener Kraft. Diese Phase erfolgt ohne Gewalt oder Zwang. Sie unterscheidet sich völlig von christlichen Versuchen, nur Gutes zu denken, oder dem hinduistischen Versuch, gar nichts zu denken, der den Geist vereinfacht. Indem man in der Essenz dessen, was bewusst ist, verweilt, während man zulässt, dass Gedanken natürlicherweise kommen und gehen, ohne sie zu beurteilen, erlangt man zeitlose Einsicht. Bevor die Bewusstheit dumpf wird, lässt man wieder eine strahlende, frische und neue Welt entstehen und teilt all die gesammelten guten Eindrücke mit allen Wesen.

Eine Diamantwegsmeditation ist sehr tief und durch die Kraft der eigenen Wünsche leicht zugänglich. Sie ändert Menschen zutiefst und ich lehre sie jedes Jahr in der ganzen Welt ein Dutzend Mal: Sie ist als „Phowa" oder Praxis des Bewussten Sterbens bekannt. Vor 950 Jahren brachte der Held Marpa die Übertragung von seinem Lehrer Naropa mit, und heute existiert eine solche Methode wahrscheinlich nur noch in den drei „alten" Schulen des Tibetischen Buddhismus. Man

lernt hier, den Sterbeprozess zu steuern, so dass man zum Zeitpunkt des Todes den Geist in das Reine Land höchster Freude übertragen kann. Diese Praxis bewirkt drei Stufen von Zeichen. Das äußere ist körperlich und besteht aus einer Öffnung, etwa acht Finger breit hinter dem ursprünglichen Haaransatz. Es ist normalerweise ein kleiner Riss, nichts Großes, aber druckempfindlich und sichtbar durch einen Tropfen Blut. Während der Praxis machen viele die Erfahrung, ihren Körper ungehindert zu verlassen. Das zweite oder innere Zeichen ist ein unvergesslicher Zustand höchster Freude und Freiheit. Es erscheinen auch viele unbewusste Eindrücke, während die kraftvolle Praxis den zentralen Energiekanal, der durch den Körper verläuft, reinigt. Dabei können auch Ängste und Unsicherheit auftreten, aber wenn ihre eigene Reife oder die Kraft des Lamas die Leute durchgezogen hat, berichten sie von echter Erfüllung und einer großen Erleichterung. Die dritte, geheime Verwirklichung ist die Sicherheit, dass man zu einem großen Teil seine Ängste verloren hat. Sie ist das Bewusstsein, dass man irgendwie unzerstörbar ist, dass nun bestimmte Arten von Leiden verschwunden sind. Durch das Phowa gelangen immer mehr Leute dahin, in ihrer eigenen Mitte zu ruhen und sich mehr mit dem Erleber ihres Bewusstseins eins zu werden, als mit den Objekten ihrer Erfahrung. Das ist nichts Intellektuelles, sondern eine Ganzheit. Jeder kann sehr leicht lernen, die richtigen Worte zu sagen. Man weiß ohne jeden Zweifel, dass Körper und Rede der eigene Reichtum sind, die Mittel, mit deren Hilfe man anderen Nutzen bringen kann. Auf diese Weise, der wichtigsten aller buddhistischen Erfahrungen, wächst die unerschütterliche Bewusstheit des Geistes. Man versteht, dass es nichts zu beweisen oder entschuldigen gibt. Man ist das, was gerade jetzt sieht und hört, was erfährt und bewusst ist. Es ist unsinnig, sich durch die flüchtigen Eindrücke des inneren und äußeren Disneylands aus der eigenen Mitte ziehen zu lassen. Von einer sicheren geistigen Ebene aus verwendet man Körper und Rede, um den Wesen in ihren vielen vorübergehenden und verwirrten Zuständen zu helfen. Von einer Ebene von furchtloser Freude und Mitgefühl nützlich für andere zu sein, ist das wahre Ziel.
Buddha lehrte verschiedene Methoden, dorthin zu gelangen. Weniger rebellischen Leuten, die lieber Schwierigkeiten vermeiden wollten, riet er zur Entsagung und empfahl ihnen, Mönche oder Nonnen zu werden. Dieser Status gewährt soziale Sicherheit; man muss nirgends auf Konfron-

tationskurs gehen und ist wirklich geschützt. Leuten, die das Leben erobern und eine deutliche Spur in der bedingten Welt hinterlassen wollten, riet er, als Laien zu leben. Hier legte Buddha den Schwerpunkt nicht darauf, was man vermeiden sollte, sondern auf das, was möglich und reizvoll ist, wodurch man das Leben für andere und sich selbst reicher und sinnvoller gestaltet.

Die höchste Ebene von Belehrungen, die Buddha sogenannten „Verwirklichern" gab, bezieht sich auf die Ebene der Sichtweise. Früher nannte man sie Yogis, aber dieses Wort erinnert zu viele Leute an einen Hindu mit Turban. Darum habe ich den neuen Begriff gewählt, der mehr das Ergebnis betont. Er schließt jeden ein, der furchtlos nach Erleuchtung strebt. Unter den Verwirklichern ist die „Sichtweise" die Nummer eins. Hier geht es darum, alles auf der Ebene höchster Reinheit zu erleben. Man muss verstehen, dass man, um diese zu erlangen, nicht erst sterben und in ein Reines Land gehen muss und dass man an sich nirgendwo anders hingehen muss. Es ist eine zutiefst befreiende Einsicht, dass der Geist jedes Wesens klares Licht ist, selbst das getrübte Bewusstsein einer kleinen Spinne, das nur ein paar Quadratzentimeter Netz erfassen kann. Wenn man dann noch durch gutes Karma alles als frisch und neu erkennen kann und fühlt, wie jedes Atom vor Freude vibriert und von Liebe zusammengehalten wird, kann der Geist wirklich seine freudvolle Kraft ausdrücken. Dann wird das Glück dauerhaft und es ist nur eine Frage des Vertrauens. Wer immer es wagt, seiner eigenen grundlegenden Güte zu vertrauen und von den Bildern in den Spiegel zu springen, erhält jedes Geschenk. Wenn das Bewusstsein von den Wellen zum Ozean wechselt und sich von den Erlebnissen zum Erleber hinwendet, gibt es nur noch selbst entstandene Freude.

Daher lassen sich meine Erklärungen heute Abend in einer einfachen Aussage zusammenfassen: „Benimm dich wie ein Buddha, bis du selbst einer geworden bist." Es bedeutet, die Ebene der Wahrnehmung anzuheben, und man muss eigentlich nur den Staub von den Augen entfernen, um alles als Ausdruck höchster Freude und selbst entstandener, perfekter Weisheit zu sehen; um zu sehen, dass hier und jetzt das grenzenlose Potenzial des Geistes spielt, ebenso wie sonst überall und immerzu. Nur diese Einsicht sichert wirklich absolutes und dauerhaftes Glück und buddhistische

Meditationen zielen direkt auf diese Erfahrung. Vor zweitausendfünfhundert Jahren, in Übereinstimmung mit dem Verständnis zu seiner Zeit, beschrieb Buddha seinen Zustand als „Ende des Leidens". Heute ist dies eine unglaubliche Untertreibung, und wir würden seine Erfahrung damit vergleichen, die Finger in eine Steckdose zu stecken und die Spannung unserer Stadt durch die eigenen Knochen zu ziehen. Diese Intensität, untrennbar von höchster Klarheit und Freude, ist der Zustand, über den wir hier sprechen, und das ist auch der Grund, warum Buddhas im höchsten Annutara-Zustand immer in vereinigter Form gezeigt werden. Das ist die Erfahrung der meisten Menschen, die am nächsten an diese Freude herankommt.
Drei Arten von Meditation versetzen Wesen in diesen Zustand. Die erste beruhigt und stabilisiert den Geist. Sie lässt sich mit einer Tasse Kaffee vergleichen, die nicht mehr umgerührt wird – die Dinge spiegeln sich ganz natürlich darin. Die zweite Ebene arbeitet mit der eigenen Motivation. Hier nähren Mitgefühl und Weisheit die Versenkung und mehr von der eigenen Ganzheit ist beteiligt. Auf der dritten und höchsten Ebene, der Einswerdung, ist nichts jenseits des eigenen Strebens. Mit ihrer Sichtweise und ihren Methoden bringen Verständnis, Kraft und tiefes Vertrauen alle innewohnenden Eigenschaften des Geistes zu voller Reife. Hier wird man zunächst einsgerichtet, da der Geist reich ist und nichts von irgendwo anders her benötigt. Er kann glücklich dort verweilen, wo er ist. Als zweites wird man dann ungekünstelt, da die Strahlkraft dessen, was hier und jetzt ist, über alles hinausgeht, was man sich auch nur vorstellen könnte. Als drittes wird der Geist sich seiner selbst in allem, was geschieht, bewusst und man fühlt in jedem Erlebnis den unerschütterlichen Erleber. Der Spiegel ist strahlender als die Bilder darin, und es ist wichtiger, dass man bewusst sein kann, und nicht, ob gerade angenehme oder unangenehme Dinge vorbeikommen. Auf der vierten Ebene schließlich ist keine bewusste Anstrengung mehr nötig. Ohne Zweifel oder Trennung zwischen Subjekt, Objekt und Tat erfüllt man automatisch das, was die Wesen auf lange Sicht reifer macht.

Letztendlich gibt es nur einen Punkt, der für Psychologen und Therapeuten befreiend sein muss: Dass die kollektive Wahrheit auf relativer Ebene eine Illusion ist. Die meisten denken, dass es

zwischen den rosaroten Hochs und den schwarzgrauen Tiefs irgendetwas Reales geben müsste, eine zuverlässige Ebene der Wahrheit. Auf der bedingten Ebene wurde so etwas noch nie entdeckt. Sucht man jedoch etwas, das wirklich da und unzerstörbar ist, findet man nur den Raum. Nur aus dem Raum erscheint alles. Durch seine Klarheit kennt man alle Dinge, und alles Äußere und Innere kehrt in seine grenzenlose Essenz zurück. In seinem perfekten Raum vervollkommnen sich höchste Freude, Liebe, Kraft, Mut, Energie, Weisheit und Einsicht gegenseitig. Mit anderen Worten: Wir haben eine echte Gewissheit. Die höchste Ebene der Funktion ist die höchste Ebene der Wahrheit. Je besser man sich fühlt, je reibungsloser alles vonstatten geht, je spannender die Seiten des Geistes die erscheinen, umso näher kommt man dem Buddhazustand. Es gibt nur einen Unterschied zwischen dem Buddha und anderen: Er hat alle Eigenschaften von Körper, Rede und Geist verwirklicht. Jeder kann genau dasselbe tun. Wie ich bereits mehrmals erwähnt habe, sind sowohl der Weg als auch das Ziel gut.
Viel Freude für euch und eure Umgebung!

BUDDHISM TODAY, Nr. 4, 1998

Teil III

DANKSAGUNG

Dieses Buch ist dem 17. Karmapa Trinley Thaye Dorje, Hannah und Lama Ole Nydahl gewidmet, die mit ihrer Weisheit und unermüdlich-freudigen Aktivität zum Besten Aller ein großes Beispiel für uns sind und dieses Projekt mit ihrem grenzenlosen Vertrauen ermöglichten.

Mit dem größten Vergnügen möchte ich mich von Herzen bei allen Beteiligten bedanken.
Das Konzept für diese Sammlung unterschiedlichster Fachartikel entwickelte Dr. Artur Przybyslawski. Um die Berührungspunkte von moderner Wissenschaft und östlicher Weisheit aufzuzeigen, konnte Artur für seine Veröffentlichung Lama Ole Nydahl (Kopenhagen), Prof. Dr. Burkhard Scherer (Canterbury), Dr. René Staritzbichler (Nashville), Mag. Guido Czeija (Salzburg), Prof. Dr. Kenneth Maly (Toronto), Dr. Emilia Nesheva (Sofia), Dr. Nikolai Neshev (Sofia) und Dr. Peter Malinowski (Liverpool) gewinnen. Diesem Buch liegt die polnische Erstausgabe des HUNG Verlages aus dem Jahre 2005 zugrunde. Die Idee für eine deutsche Übersetzung entstand etwas später an einem verregneten Sommertag des gleichen Jahres in einem Veranstaltungszelt in Kassel-Immenhausen. Während des internationalen buddhistischen Reiselehrertreffens beschlossen wir, die deutsch-polnische Freundschaft zu stärken und besiegelten in Gummistiefeln unsere grenzübergreifende Zusammenarbeit.

Es hat selten soviel Freude bereitet, an einem Projekt mit so vielen begabten Menschen mitarbeiten zu dürfen. Freundschaftlicher Humor und moderne Technik ermöglichten unserem internationalen Team, ohne jegliche Organisationstreffen auszukommen.
Die Übersetzung der englischen Quellentexte übernahmen Max Fürth (früher Wien, jetzt Wuppertal), Ingried Gegner (London), Claudia Krysztofiak (Sankt Augustin), Heidi Mischel (Rendsburg) und Anthony Pfriem (früher Kapstadt, derzeit Wien). Sprachlich standen uns erneut Heidi Mischel, Bianca Theurer (Berlin) und Pit Weigelt (Rendsburg) zur Seite. Inhaltlich erweiterte Dr. Birgit Eberle bei etlichen Fachfragen direkt vor Ort in Wuppertal unseren Horizont und unsere guten Feen Katrin Wiegel und Sandra Janke (Wuppertal) recherchierte die nicht enden wollenden Listen von Titelanfragen. Ralf Blüchel (Wuppertal) schaffte es nahezu alle griechischen Zitate in deutscher Übersetzung aufzufinden, und Florence Dubois schickte schließlich aus Bordeaux ihre gelungene Gestaltung. Othmar Hofmeister sicherte abermals in seiner galanten Wiener Art die Grundlage der Projektumsetzung ab.
Wir wünschen allen Lesern die gleiche neugierige Lesefreude, die uns ereilte.......

Mit herzlichen Grüßen

Kerstin Seifert

Lama Ole Nydahl
Prof. Dr. Burkhard Scherer
Dr. Atur Przybyslawski
Dr. René Staritzbichler
Mag. Guido Czeija
Prof. Dr. Kenneth Maly
Dr. Emilia Nesheva
Dr. Nikolai Neshev
Dr. Peter Malinowski

KURZBIOGRAPHIEN

LAMA OLE NYDAHL

PROF. DR. BURKHARD SCHERER

DR. ARTUR PRZYBYSLAWSKI

DR. RENÉ STARITZBICHLER

MAG. GUIDO CZEIJA

PROF. DR. KENNETH MALY

DR. NIKOLAI NESHEV

DR. EMILIA NESHEVA

DR. PETER MALINOWSKI

Lama Ole Nydahl, studierte Philosophie und Englisch an der Universität in Kopenhagen, Dänemark und arbeitet als Meditationslehrer des Diamantweg-Buddhismus (skt. Vajrayana) in der Tradition der tibetischen Karma-Kagyü-Schule. Seine internationale Lehrtätigkeit beginnt 1972, als H. H. der 16. Gyalwa Karmapa, das Oberhaupt der Karma-Kagyü-Schule, Ole und seine Frau Hannah nach langjähriger Meditationsausbildung zu buddhistischen Lehrern (tib. Lama) ernennt. Er ermächtigt das dänische Paar darüber hinaus, buddhistische Zuflucht sowie das Bodhisattva-Versprechen zu geben. Seither hat Lama Ole weltweit über 500 Meditationszentren gegründet. Er reist zweimal jährlich rund um die Welt, gibt Meditationskurse und hält fast täglich Vorträge. Die buddhistische Zuflucht – eine Zeremonie, durch die man formell Buddhist wird – hat er seither mehr als 250.000 Menschen gegeben. 1987 bittet Künzig Shamar Rinpoche, der seit dem Tod H. H. des 16. Karmapa im Jahr 1981 der höchste Lehrer der Karma-Kagyü-Linie ist, Lama Ole Nydahl, die Meditation des Bewussten Sterbens (tib. Phowa) an westliche Schüler weiterzugeben. Bis heute hat er diese Meditation weltweit mehr als 75.000 Schüler übertragen. Hannah und Lama Ole organisieren Reisen und Vorträge der höchsten tibetisch-buddhistischen Lehrer und unterstützen Studien- sowie Übersetzungsprojekte der Karma-Kagyü-Schule des tibetischen Buddhismus.

Seine deutschsprachigen Veröffentlichungen sind in 26 Sprachen übersetzt und er ist Autor von einer Vielzahl weiterer Artikel in seinem Fachgebiet. Ole und seine Frau sind Gründer der internationalen Fachzeitschrift „Buddhismus Heute" und Gründungsstifter der Buddhistischen Stiftung Diamantweg.
„Vom Reichtum des Geistes" (Knaur MensSana, München 2006)
„Wie die Dinge sind" (Knaur, München 2004)
„Der Buddha und die Liebe" (Knaur, München 2005)
„Das Große Siegel" (Knaur TB, München 2006)
„Die Buddhas vom Dach der Welt" (Aurum im Kamphausen Verlag, Bielefeld 2003)
„Über alle Grenzen" (Kamphausen Verlag, Bielefeld 2005)
„Die Vier Grundübungen. Ngöndro" (Joy Verlag, Kempten 2000)

Prof. Dr. Burkhard Scherer, arbeitet als Dozent für Religionswissenschaft an der *Canterbury Christ Church University* in England und als Honorarprofessor für Indo-Tibetischen Buddhismus am International Institute for Tibetan and Asian Studies (ITAS) in Karma Guen/Vélez-Málaga, Spanien. Er leitet die Forschungsgruppe Canterbury Mahāmudrā Research Group (CMRG), die sich dem „Leben und Werk der großen Mahāmudrā-Meister Tibets (14. bis 16. Jh.)" widmet. Seine Doktorarbeit „Mythos, Katalog und Prophezeiung" (Universität Groningen, 2002 veröffentlicht) beschäftigte sich mit religiöser Erzählforschung und Intertextualität. Burkhards akademische Interessen reichen von buddhistischer Pali-Literatur zum tantrischen Denken, Metaphorik und Symbolik. Unter seinen Veröffentlichungen befinden sich folgende Bücher: „Buddhistische Weisheiten" (2000), „Buddha" (2001 deutsch, 2002 niederländisch), „99 Fragen zum Buddhismus" (2002 deutsch, 2003 überarbeitete und erweiterte niederländische Ausgabe als 108 Fragen zum Buddhismus), „Die Weltreligionen - Zentrale Themen im Vergleich" (2003 deutsch, 2004 portugiesisch), „Buddhismus: alles, was man wissen muss" (2005).

Dr. Artur Przybyslawski, arbeitet am Institut für Philosophie an der Universität Łódź (Polen) und hält den Lehrstuhl für Kunsttheorie und -geschichte an der Akademie der schönen Künste in Łódź. Seine Doktorarbeit: „Das Denken von Thales und Heraklit in der Philosophie von Aristoteles, Hegel, Nietzsche und Heidegger" schrieb er an der Jagiello-Universität in Krakau. Er veröffentlichte im Jahre 2004 das Buch „Coincidentia oppositorum".

Dr. René Staritzbichler, schrieb seine Diplomarbeit zur Quantenfeldtheorie am DESY in Hamburg und forschte anschließend am Max-Planck-Institut für Biophysik in Frankfurt. Seine Doktorarbeit galt dem Thema „Neue Methoden zur Strukturvorhersage von Transmembranproteinen und die Simulation der Helixdynamik auf größeren Zeitskalen." Als „Postdoctoral Researcher" arbeitet René derzeit im „Center for Structural Biology" an der Vanderbilt University in Nashville.

Mag. Guido Czeija, schloss sein Studium der Physik und Mathematik mit einer Diplomarbeit im Team von Anton Zeilinger an der Wiener Universität ab („Verschränkung von Photonen aus intensiven Laserpulsen“). Er interessiert sich für Grundlagen der Physik und Wissenschaftsphilosophie. Vor kurzem organisierte er eine Wissenschaftskonferenz im Buddhistischen Zentrum der Karma-Kagyü-Linie Graz (Österreich).

Prof. Dr. Kenneth Maly ist Emeritus Professor der Philosophie an der Universität von Wisconsin-La Crosse, USA. Seit 2006 lebt Ken in Kanada und ist als Professor an der Universität von Toronto tätig. Seine Doktorarbeit trägt den Titel „Heidegger and the Question of Language“. Er ist Autor des Buches „Heidegger‘s Possibility“. Ken ist Mitgründer und Herausgeber des internationalen Jahrbuchs „Heidegger Studies“ sowie Gründer und Herausgeber der wissenschaftlichen Fachzeitschrift „Environmental Philosophy“. Zusammen mit Parvis Emad übersetzte er drei Bände von Heideggers „Gesamtausgabe“. Außerdem veröffentlichte er zahlreiche Artikel über Heidegger, Phänomenologie, das frühe griechische Denken, Sprache und Übersetzung. Kens Interesse gilt dem Nicht-Dualismus, der Phänomenologie und der Zufälligkeit der Phänomenologie, der „neuen Physik“ und dem Buddhismus im Hinblick auf den dynamischen, sich fortlaufend entfaltenden Zeit-Raum. Seit 2005 ist er Herausgeber der englischsprachigen Fachzeitschrift „Buddhism Today“.

Dr. Nikolai Neshev, arbeitet für das Forschungs- und Entwicklungszentrum HRIDAYA in Sofia, Bulgarien. Seine Doktorarbeit trug den Titel „Messmethoden, Halbleitergeneratoren und Modelle für die biologische Wirkung von elektromagnetischen Millimeterwellen.” Zurzeit beschäftigt er sich mit der relativistischen Quantentheorie und ihrer Bedeutung für Biologie und Medizin. Er ist an der Erforschung kohärenter Anregungen in Biosystemen und ihrer Anwendung in der Mikrowellenresonanztherapie beteiligt.

Dr. Emilia Nesheva, arbeitet für das Forschungs- und Entwicklungszentrum HRIDAYA in Sofia, Bulgarien, als Forscherin und Beraterin auf dem Gebiet der ganzheitlichen Medizin. Zuvor erforschte sie „biologische Auswirkungen von schwachen elektromagnetischen Feldern". Zurzeit widmet sie ihre Aufmerksamkeit unter anderem der Rolle der extrazellulären Matrix in der biologischen Regulierung.

Dr. Peter Malinowski, lehrt als Dozent an der Liverpool John Moores Universität, Großbritannien, am Institut für Psychologie, Arbeitsgruppe Bewusstsein und Transpersonale Psychologie. Seine Forschungsschwerpunkte: Kognitionswissenschaft der selektiven visuellen Aufmerksamkeit, funktionelle Gehirnasymmetrie, physiologische und psychologische Aspekte der Meditation, Bewusstsein und Gehirn, Überschneidungen zwischen Buddhismus und den Neurowissenschaften. Nach seiner Doktorarbeit über „Funktionelle Gehirnasymmetrien bei der Verarbeitung hierarchisch strukturierter Szenen" an der Universität Konstanz veröffentlichte er viele weitere Texte in seinem Fachgebiet.

ADRESSENLISTE BUDDHISTISCHER ZENTREN

DEUTSCHLAND (AUSWAHL)

Buddhistisches Zentrum Berlin, Grunewaldstr. 18 • D-10823 Berlin • Tel.: +49-30-78704213 • Fax: +49-30-78704214
Infoline: 030-78704215 • E-Mail: Berlin@diamondway-center.org

Buddhistisches Zentrum Bochum, Dorstener Str. 102 • D-44809 Bochum • Tel.: +49-2324-55225 oder 23649
Fax: +49-2324-22217 • E-Mail: Bochum@diamondway-center.org

Buddhistisches Zentrum Braunschweig, Kramerstr.18 • D-38122 Braunschweig • Tel.: +49-531-798601 • Fax: +49-531-791009
E-Mail: Braunschweig@diamondway-center.org

Buddhistisches Zentrum Frankfurt, Saalburgstr. 17 • D-60385 Frankfurt • Tel.: +49-69-4691001 • Fax: +49-69-4691002
E-Mail: Frankfurt@diamondway-center.org

Buddhistisches Zentrum Hamburg, Thadenstr. 79 • D-22767 Hamburg • Tel.: +49-40-4328380 • Fax: +49-40-43283810
E-Mail: Hamburg@diamondway-center.org

Buddhistisches Zentrum Heidelberg, Rohrbachstr. 59 • D-69115 Heidelberg • Tel.: +49-6221-601981
E-Mail: Heidelberg-Mitte@diamondway-center.org

Buddhistisches Zentrum Kiel, Jungmannstr. 55 • D-24105 Kiel • Tel.: +49-431-93533, Fax: +49-431-93633
E-Mail: Kiel@diamondway-center.org

Buddhistisches Zentrum Köln, Aquinostr. 27 • D-50670 Köln • Tel.: +49-221-7327475 • Fax: +49-221-7327475
E-Mail: Köln@diamondway-center.org

Buddhistisches Zentrum München, Gabelsbergerstr. 52/RGB • D-80333 München • Tel.: +49-89-52046330
Fax: +49-89-52046340 • E-Mail: München@diamondway-center.org

Buddhistisches Zentrum Schwarzenberg, Hinterschwarzenberg 8 • D-87466 Oy-Mittelberg • Tel.: +49-8366-98380
Fax: +49-8366-983818 • E-Mail: Schwarzenberg@diamondway-center.org

Buddhistisches Zentrum Wuppertal, Heinkelstr. 27 • D-42285 Wuppertal • Tel.: +49-202-84089 • Fax: +49-202-82845
E-Mail: Wuppertal@diamondway-center.org

ÖSTERREICH:

Buddhistisches Zentrum Graz, Pfeifferhofweg 94 • A-8045 Graz • Tel.: +43-316-670700 • Fax: +43-316-670070023
E-Mail: Graz@diamondway-center.org

Buddhistisches Zentrum Linz, Hauptplatz 15 • A-4020 Linz • Tel.: +43-732-680831 • Fax: +43-732-676534
E-Mail: Linz@diamondway-center.org

Buddhistisches Zentrum Wien, Siebensterngasse 25 • A-1070 Wien • Tel./Fax: +43-1-2631247
E-Mail: Wien@diamondway-center.org

SCHWEIZ:

Buddhistisches Zentrum Basel, Laufenstr. 15 • CH-4053 Basel • Tel./ Fax: +41-61-2720223
E-Mail: Basel@diamondway-center.org

Buddhistisches Zentrum Bern, Kramgasse 33 • CH-3011 Bern • Tel.: +41-31-3111451 • Fax: +41-31-8195297
E-Mail: Bern@diamondway-center.org

Buddhistisches Zentrum Zürich, Hammerstr. 9 • CH-8008 Zürich • Tel.: +41-1-3830875 • Fax: +41-1-3800144
E-Mail: Zürich@diamondway-center.org

Karmapa – König der Verwirklicher

„Karmapa, König der Verwirklicher“ ist die Übersetzung des 1976 erschienenen Buches „Karmapa – the Black Hat Lama of Tibet“. Es ist ein Zeitdokument der Karma-Kagyü-Linie, welches Nik Douglas und Meryl White auf Wunsch des 16. Karmapa Rangjung Rigpe Dorje veröffentlichten.

„Es waren Karmapas Begeisterung und Großzügigkeit, die dieses Werk ermöglichten. Es ist seine Geschichte, die hier auf althergebrachte Weise erzählt und unter seinem prüfenden Blick und Anleitung niedergeschrieben wurde. In Tibet heißt es, dass die Lebensgeschichten verwirklichter Lehrer ein ausgezeichnetes Mittel für die eigene innere Entwicklung darstellen. Man liest sie mit der inneren Geisteshaltung, eine Art von Einweihung zu erhalten.“
(Nik Douglas)

Hrsg. Nik Douglas und Meryl White
Übersetzung: Ralf Trunsperger und Claudia Krysztofiak

252 Seiten mit zahlreichen Fotografien
Integralbroschur mit Fadenheftung
Format 21x21cm
ISBN-10 3-937160-14-0
ISBN-13 978-3-937160-14-6
(D) 24,00 Euro

Hrsg. Buddhismus-Stiftung-Diamantweg
Text: Tanja Böhnke und Manfred Seegers

Fotografie: Ginger Neumann
240 Seiten mit 185 Farbfotografien
Hardcover mit Fadenheftung
Format: 23x23cm
ISBN-10 3-937160-07-8
ISBN-13 978-3-937160-07-8
(D) 38,00 Euro

Raum und Freude, Space and Bliss

Buddhistische Statuen & Ritualgegenstände
Buddhist Statues & Ritual Implements
Die Buddhismus-Stiftung-Diamantweg zeigt in diesem Ausstellungskatalog zum ersten Mal die Kunstwerke der Sammlung Blomeyer. Die buddhistischen Statuen und Ritualgegenstände stammen aus zwei Jahrtausenden und werden mit aussagekräftigen Fotografien präsentiert.
Manfred Seegers und Tanja Böhnke ermöglichen in einer zeitgemäßen Sprache umfangreiche Einblicke in die Geschichte und die Bedeutung der vorgestellten Statuen.
Ein wichtiges Buch sowohl für die Meditation als auch für das Studium des Diamantweg-Buddhismus.

Wissen über Meditation

Wie ist das Erleben von dauerhafter Freude möglich?
Der tibetische Buddhismus besitzt Methoden, die lebensnah und praktisch tiefe Einsichten in die Natur unseres Geistes ermöglichen. Manfred Seegers zeigt in diesem Buch, wie Verstandenes durch die Auseinandersetzung mit buddhistischer Meditation zu einer bleibenden Erfahrung wird.
Das Ziel von Buddhas zeitloser Weisheit ist es, die uns allen innewohnenden Fähigkeiten zu erwecken und vollständig zu entfalten. Die Praxis der Meditation hilft uns dabei, die Kraft unserer Wünsche, Sprache und Handlungen dauerhaft zum Besten Aller einzusetzen.

Manfred Seegers
Wissen über Meditation
Sichtweise und Meditation im Diamantweg-Buddhismus
mit einem Geleitwort des 17. Karmapa Trinley Thaye Dorje

224 Seiten
Paperback
Format: 16,5x23cm
ISBN-10 3-937160-08-6
ISBN-13 978-3-937160-08-5
(D) 18,80 Euro

DER BUDDHISMUS IN SEINER GANZHEIT

Wissen und Praxislösungen für Sekundarstufe I und II

Hrsg. Buddhismus-Stiftung-Diamantweg
Ca. 400 Seiten mit zahlreichen Illustrationen und Fotografien
Loseblattsammlung, 2 Ordner und CD

Format: 27,5x32cm
ISBN-10 3-937160-10-8
ISBN-13 978-3-937160-10-8
(D) 58,00 Euro

Buddhismus ist ein In-Thema im Religions- und Ethikunterricht. Diese Materialsammlung unterstützt Lehrkräfte mit reichhaltiger Hintergrundinformation sowie einer großen Fülle methodischer Ideen – und vor allem: sie stammt aus authentischer Quelle.
Buddhistische Lehrer aus der Karma-Kagyü-Line des tibetischen Buddhismus haben die Inhalte gemäß traditioneller Lehrdarlegung zusammengestellt. Professionelle Pädagogen haben daraus pfiffige und moderne Unterrichtsentwürfe entwickelt.
Die wichtigsten Themen des Buddhismus sind in 26 Kapiteln lebensnah und spannend aufbereitet. Die meisten Unterrichtsentwürfe können als einzelne Stunden verwendet werden.
Die Sammlung eignet sich aber auch hervorragend als Baukasten für längere, vertiefende Sequenzen. Querverweise zeigen, wo Themen aufeinander aufbauen oder sich ergänzen.